VÍRUS E HOMENS

AIDS: SEUS MECANISMOS E TRATAMENTOS

Ciência e Cultura

Direção:

César de Queiroz Benjamin

Ildeu de Castro Moreira

Entre o Cristal e a Fumaça
Ensaio sobre a organização do ser vivo
Henri Atlan

Teorias de Tudo
A busca da explicação final
John D. Barrow

História Natural do Homem
1. O homem imprevisto
André Bourguignon

A Escuridão da Noite
Um enigma do universo
Edward Harrison

Inteligências Extraterrestres
Jean Heidmann

As Origens de Nosso Universo
Malcolm S. Longair

Vírus e Homens
AIDS: seus mecanismos e tratamentos
Luc Montagnier

A Unificação das Forças Fundamentais
O grande desafio da física contemporânea
Abdus Salam et al.

Será que Deus Joga Dados?
A nova matemática do caos
Ian Stewart

De Arquimedes a Einstein
A face oculta da invenção científica
Pierre Thuillier

O Tempo na História
Concepções do tempo da pré-história aos nossos dias
G.J. Whitrow

Projeto Genoma Humano
Um conhecimento perigoso
Tom Wilkie

LUC MONTAGNIER

VÍRUS E HOMENS

AIDS: SEUS MECANISMOS E TRATAMENTOS

Tradução:
MARIA LUIZA X. DE A. BORGES

Revisão técnica:
DARCI FONTOURA DE ALMEIDA
Professor-titular do
Instituto de Biofísica, UFRJ

Jorge Zahar Editor
Rio de Janeiro

Título original:
Des virus et des hommes

Tradução autorizada da primeira edição francesa, publicada em 1994 por Éditions Odile Jacob, de Paris, França.

Obra publicada com apoio
do Ministério Francês da Cultura

Editoração eletrônica: TopTextos Edições Gráficas Ltda.
Impressão: Tavares e Tristão Ltda.

ISBN: 2-7381-0255-7 (ed. orig.)
ISBN: 85-7110-324-0 (JZE, RJ)

CIP-Brasil. Catalogação-na-fonte
Sindicato Nacional dos Editores de Livros, RJ.

Montagnier, Luc
M762v Vírus e homens: AIDS: seus mecanismos e tratamentos / Luc Montagnier; tradução, Maria Luiza X. de A. Borges; revisão, Darcy Fontoura de Almeida. — Rio de Janeiro: Jorge Zahar Ed., 1995.
240p. — (Ciência e cultura)

Tradução de: Des virus et des hommes
Inclui bibliografia
ISBN 85-7110-324-0

1. AIDS (Doença). I. Título II. Série.

CDD — 616.978
95-0960 CDU — 616.988

Sumário

AGRADECIMENTOS 8
INTRODUÇÃO 9

PRIMEIRA PARTE
DESCOBRIR

1 OS ACIDENTES DA PESQUISA 13

2 O CADERNO VERMELHO: HISTÓRIA DE UMA DESCOBERTA ... 35

SEGUNDA PARTE
COMPREENDER

3 HISTÓRIA DE UMA DOENÇA 69
Que é um vírus? 69
O HIV 71
Como se detecta a infecção? 75
O desenvolvimento da doença 80
A fase precoce 81
A fase assintomática 84
Os estados assemelhados à AIDS 85
A AIDS 86
Um processo inelutável? 89

4 HISTÓRIA DE UMA EPIDEMIA 91
A origem do vírus 92

A origem da epidemia 95
A contaminação 98
O desenvolvimento da epidemia 105

TERCEIRA PARTE
Tratar

5 Viver Com o Vírus 109
A comunicação da soropositividade 111
O acompanhamento médico 112
A vida cotidiana 114
Os exames 116
O hospital 117
Os cuidados paliativos 121
Humanizar a vida 122

6 Os Tratamentos Atuais 128
O tratamento das infecções oportunistas 129
Os tratamentos antivirais 132

QUARTA PARTE
Pesquisar

7 Novas Pistas 139
Os co-fatores infecciosos 139
Os fenômenos imunológicos e a apoptose 148
O estresse oxidante 153

8 A Vacina 155
Da vacinação em geral ao HIV em particular 155
As dificuldades 157
As diferentes abordagens 159
As pesquisas francesas 160
Os primeiros testes com o homem na França 162
A vacinoterapia 164
As orientações atuais da pesquisa 165
Testar a eficácia de uma vacina 168

9 As Perspectivas Terapêuticas 171
Os grandes eixos de pesquisa 172
Os testes clínicos 177
O futuro terapêutico 180

QUINTA PARTE
Prevenir

10 A AIDS em Nossa Sociedade 187
O caso do "sangue contaminado" 187
O sangue e a hemofilia 188
A transfusão 193
A implantação dos primeiros testes de detecção e suas dificuldades 196
A testagem 202
A prevenção 205

11 A AIDS no Mundo 210
Geografia da AIDS 211
O desenvolvimento da epidemia na África 213
O desenvolvimento da epidemia na Tailândia e no Sudeste Asiático 216
A epidemia atinge as mulheres 216
As crianças 218
O perigo da tuberculose 218
Discriminação e detecção 219
Razões para a esperança 221

Conclusão 225

Notas 228
Bibliografia 234
Glossário 236

AGRADECIMENTOS

As descobertas científicas são muitas vezes uma questão de circunstâncias e de acaso. O que era verdade no tempo de Pasteur continua sendo em nossos dias, e se confirmou por ocasião do isolamento do vírus da AIDS.

Faço questão de agradecer aqui a todos os meus colaboradores que me acompanharam nessa aventura, nos momentos difíceis e nos períodos de esperança. Sem eles todos esses trabalhos não poderiam ter sido realizados.

Penso especialmente em Jacqueline Gruest, prematuramente desaparecida.

Penso também em BRU, LAI, LOI e todos os outros, todos esses doentes que passaram a nos ser familiares pelas iniciais de seus nomes. Desde o início eles confiaram em nós. Conheci alguns, outros preferiram manter o anonimato. Estiveram sempre presentes em meu espírito; meu profundo reconhecimento e minha amizade vão para eles hoje.

Agradeço a Caroline Chaine, cuja colaboração e perseverança permitiram a realização desta obra, a Sophie Chamaret, que se dispôs a contribuir com sua leitura crítica para esta história, de que participou ativamente, a Marie-Lise Gougeon, Gustavo Gonzalez, Marc Girard, que aceitaram reler alguns capítulos, e a Jean-Luc Fidel que, no âmbito das Éditions Odile Jacob, prodigalizou-me seus conselhos e sua assistência.

Agradeço também a Marie-Noëlle Dehoux e a Édith Martin, que asseguraram a datilografia deste texto.

INTRODUÇÃO

> "Se a civilização humana se mantiver, se continuar a se ampliar, as doenças infecciosas aumentarão de número em todas as regiões do globo. [...] Os intercâmbios, as migrações introduzirão em todos os países as doenças humanas e animais de cada região. A obra já está muito avançada; seu futuro está garantido."
>
> Charles Nicolle,
> *Destin des maladies infectieuses*, 1932.

Esta previsão de Charles Nicolle, diretor do Institut Pasteur de Túnis, descobridor do vetor do tifo, lamentavelmente se cumpriu. A AIDS invadiu nossa sociedade, abalou nossas certezas, sacudiu nossos preconceitos e suscita a questão da solidariedade mundial. Três milhões de doentes no mundo, 17 milhões de soropositivos. A epidemia ganha terreno na África, no Sul e no Sudeste asiáticos. Diante deste novo flagelo, conseqüência negativa de uma civilização de intercâmbios em escala mundial, vão a medicina, a ciência permanecer impotentes?

Não é o que penso. Gostaria de poder contar esta história no passado, uma história encerrada, com final feliz. Ainda não é o caso, mas sem dúvida isso vai acontecer.

Quantos caminhos percorridos em dez anos! Em 1981 a doença foi identificada. Em 1983 o agente responsável por ela foi isolado pela primeira vez. Em 1984 a demonstração do papel causal desse agente na AIDS foi aceita por toda a comunidade científica. Em 1985 surgiram os primeiros testes comerciais de detecção. A rapidez desse avanço conseguiu gerar a crença de que a luta contra a AIDS seria uma guerra relâmpago, rapidamente ganha. Hoje, é uma guerra de posição que travamos. Ao entusiasmo dos primeiros tempos sucedeu, para os pacientes e para o público, um certo cansaço, embora os poucos pioneiros do início tenham dado lugar a um exército bem organizado de pesquisadores. Os mecanismos da doença são desmontados pouco a pouco.

Essas novas pesquisas básicas ainda não resultaram em aplicações concretas.

Mas nem por isso elas são menos essenciais, ainda que sejam pouco próprias para prender a atenção do grande público. É que o ritmo das descobertas se tornou mais lento, enquanto os doentes, seus amigos e seus médicos precisam lutar antes de mais nada contra o tempo — esse tempo que vê a epidemia se alastrar, o vírus se reproduzir e se modificar, a doença roer as defesas do organismo.

Seria falso, no entanto, dizer que a pesquisa está marcando passo, que a ciência está num impasse. Muita coisa foi feita, em particular o desenvolvimento de tratamentos que retardam o trabalho destrutivo do vírus. Os grandes eixos de pesquisa que permitirão fabricar uma vacina estão sendo explorados. O sistema de saúde soube responder às necessidades dos doentes e o trabalho empreendido por numerosas associações pioneiras começa a dar frutos, pelo menos nos países ocidentais, melhorando a vida cotidiana, humanizando a doença.

São cada vez mais numerosos, assim, os soropositivos que se convencem de que conseguirão sobreviver à longa travessia, de que talvez sejam poupados. E, quanto mais o tempo passa, cada um diz a si mesmo que será o primeiro a vencer a doença.

Hoje o combate deve ser travado com igual vigor e em três frentes ao mesmo tempo: trata-se ainda de compreender, mas trata-se também, e mais que nunca, de tratar e de prevenir. A esse preço, a possibilidade de escapar dessa doença deixará de ser uma quimera. E alguns, talvez, poderão dizer: "Tive AIDS." Teremos ganho nossa luta contra o tempo.

PRIMEIRA PARTE

DESCOBRIR

CAPÍTULO 1

Os Acidentes da Pesquisa

Ao norte de Poitiers, a estrada nacional 10 emerge dos contrafortes encravados do vale do Clain para se lançar rumo a um platô margeado por pequenos morros. É a antiga fronteira entre a França do Sul e a do Norte, próxima do ponto em que foram detidos os invasores sarracenos, nas portas da Aquitânia, cara à rainha Eleonora. Um pouco adiante, antes de Châtellerault, os tetos de telhas romanas dão lugar à ardósia angevina, e o sotaque cantado do Poitou, à pureza do falar da Touraine. A Nacional, transpostas essas colinas, faz um cotovelo para descer o vale do que hoje já não passa de um riacho, o Auxance. É aí que se aninha a aldeia de Grand-Pont.

A caminhonete seguia a toda e o motorista, seu proprietário, quase se espantava diante da facilidade com que o veículo aderia à estrada, fazendo as curvas mais fechadas. Era verão. O tempo estava bom e quente.

Subitamente, na saída da curva, um ser frágil atravessou a estrada. O motorista freou. Tarde demais. A criança se chocou violentamente contra o capô, ricocheteou como uma bola para aterrissar uns dez metros adiante, ao pé de um muro de pedra que ladeava a estrada. Um caminhão havia capotado ali alguns dias antes e deixara caixotes de garrafas quebradas. Os cacos de vidro transformaram numa chaga só aquela coisinha que não se mexia mais. O sangue escorria dos cortes, na cabeça, nos braços, nas pernas. As duas moças que acompanhavam a criança, suas primas, choravam por tê-la deixado escapar. A mãe chegou, enlouquecida. Um automóvel parou. Envolveram o corpinho numa manta. Levaram-no para uma clínica de Poitiers. O coração ainda batia.

Dois dias de coma, de hesitação entre a vida e a morte, e a jovem máquina recomeçou a funcionar. Uma ligeira fratura de crânio, um pouco de sangue no líquido cefalorraquidiano. Os outros ferimentos eram superficiais. Deles só ficariam cicatrizes indeléveis, em particular um feio buraco em forma de estrela na face esquerda, que mais tarde, diziam, ia se transformar numa covinha e agradar às mulheres.

Mas há outras cicatrizes. Ainda me lembro perfeitamente de meu despertar no quarto da clínica: tudo era branco, brancas as cortinas, as paredes, branco o leito laqueado, brancas as ataduras em torno dos meus membros e da minha cabeça. Finalmente me dei conta da presença da minha mãe que, lágrimas nos olhos, espreitava o menor sinal de despertar. Emergi sem a menor lembrança do que me acontecera. Por que estava ali? Minha mãe me contou do acidente, da caminhonete. Nenhuma imagem, nenhuma dor tinham ficado na minha memória. Só me lembrava dos minutos que tinham precedido o choque, da conversa com minhas primas. Depois mais nada. Mas esse "buraco" espicaçava minha curiosidade. Eu tinha cinco anos.

Recuperei-me muito depressa. As feridas cicatrizaram. Tiraram minhas dezenas de pontos. Fotografaram-me de cabo a rabo, cicatriz por cicatriz. Pois houve processo no tribunal correcional de Poitiers. O motorista foi acusado de imprudência, de excesso de velocidade. Mas a vítima também tinha sido imprudente: eu tinha atravessado sem olhar. O juiz pediu ao corpo de delito que viesse à frente do tribunal, para que todas as partes pudessem ver seu estado. O corpo de delito avançou num passo decidido, enquanto um murmúrio de satisfação percorria a audiência. A criança não guardaria seqüelas. O motorista foi absolvido. Estávamos em 1937.

Dois anos mais tarde veio a guerra, o êxodo, as bombas bloqueando a estrada pela qual fugíamos do exército alemão. Em junho de 1944, bombas ainda, destruindo uma parte da nossa casa em Châtellerault; soldados alemães, em debandada pelo campo, requisitaram as bicicletas dos meus pais, apesar de bem estragadas. A lembrança também das salas de aula sem aquecimento do colégio, onde professores embrulhados em seus mantôs nos ensinavam os rudimentos do latim e do grego. Eu começava a ler tudo o que me caía nas mãos, Balzac e Voltaire, romances de ficção científica, os de Jules Verne, mas também, na biblioteca municipal, uma imponente coleção de grandes livros encadernados de vermelho e dourado, de um autor russo do qual esqueci o nome, cujos heróis eu acompanhava com paixão pelo sistema solar e mais além. E, em revistas ilustradas controladas pelos alemães, as aventuras dos primeiros foguetes de lançamento criados por von Braun. Os foguetes, único meio de escapar da Terra... E os livros que meu pai deixava pela casa. Perito-contador na cidade, nos domingos, quando o tempo não lhe permitia ir pescar, fazia bricolagem com pilhas elétricas de sódio e, à noite, lia e relia livros de divulgação científica, das teorias físicas à química orgânica. Eu me beneficiava igualmente e acumulava assim conhecimentos de autodidata que vieram alimentar minha curiosidade científica nascente.

A notícia da explosão da bomba atômica, no dia 6 de agosto de 1945, foi terrificante para mim. Ela me revelou também que os físicos da estrutura do átomo e da radioatividade estavam certos. Li com paixão, desde o primeiro número, uma revista chamada *Atomes, Tous les Sujets Scientifiques d'un Nouvel Âge* e todas as obras de divulgação da época. Tinha quase 15 anos. Será que me tornaria também físico? Astrofísico? Físico teórico? Ou químico? Depois do bombardeio de nossa casa, a prefeitura de Châtellerault requisitou, para nos abrigar, uma casa vazia bastante moderna, que havia sido ocupada pela Gestapo local. Na adega subterrânea, que certamente havia servido a atividades sinistras, instalei um pequeno laboratório de química, onde me dedicava com entusiasmo à fabricação de hidrogênio, de aldeídos perfumados, de derivados nitrogenados que tinham a desagradável tendência a explodir no meu rosto.

Meus pais não viam com bons olhos essas infantilidades. Preferiam que eu cursasse o clássico para depois fazer o curso de direito e suceder a meu pai. No colégio, eu era mais brilhante nas disciplinas literárias que em matemática. Para fazer uma carreira de físico, teria sido preciso passar pelas grandes escolas científicas. Ora, eu não estava disposto a me matar de estudar para o *baccalauréat*.* Já que a física era inatingível, contentei-me com a biologia — na época chamavam-na ciências naturais — e a medicina. É preciso dizer também que um câncer digestivo, lento e cruel, matou meu avô. A descoberta dessa doença misteriosa e inexorável sem dúvida contou muito nessa escolha.

Depois de fazer meus dois *baccalauréats*, antes de completar 17 anos, inscrevi-me na classe preparatória (PCB) da faculdade de medicina e na faculdade de ciências de Poitiers. Meus pais estavam encantados. Já me viam médico, bem instalado na boa cidade de Châtellerault, a

* Exames de conclusão do curso secundário e acesso ao ensino superior na França. (N.T.)

dois passos de sua casa e pronto para socorrê-los na velhice. Mal sabiam que minhas intenções eram bem outras! Tudo o que queria era pesquisar, explorar os mistérios da natureza, da vida, de nossa origem.

A faculdade de ciências de Poitiers ficava perto da escola de medicina. Meu projeto era conjugar os estudos de medicina com uma licença em "ciências naturais". O PCB (*Physique, Chimie, Biologie*) podia dar acesso a ambos. Fui aprovado em primeiro lugar... para ficar sabendo no dia seguinte que um decreto ministerial acabava de mudar as regras do jogo. Era preciso um outro diploma para fazer os cursos de ciências! Sobretudo, era preciso ter rudimentos de... geologia, que eu ignorava por completo. Não fosse por isso! Com a cumplicidade do professor de geologia, o decano Patte, passei minhas férias a devorar os manuais em doses cavalares, aprendendo a reconhecer os minerais do laboratório da faculdade. Em outubro, consegui o diploma sem problemas. Comecei assim a me desdobrar entre o hospital de manhã e os cursos de ciências à tarde, para voltar depois à escola de medicina e assistir às aulas de anatomia de um certo Foucault, o pai de Michel...

As especialidades da faculdade eram bastante limitadas. De fato, só ensinavam ali a botânica, a zoologia e a geologia destinadas a formar professores do segundo grau, não pesquisadores. Felizmente, encontrei em Pierre Gavaudan, o titular da cadeira de botânica, um mestre apaixonado pela pesquisa. Com sua pequena equipe, ele explorava algumas avenidas ainda pouco freqüentadas da fisiologia vegetal e da farmacologia celular.

Eu mesmo havia começado uma pequena pesquisa nessa direção. Um microscópio acoplado a uma câmera de cinema me permitia filmar infusórios, rotíferos e outras criaturas que habitavam os charcos das redondezas. Um fenômeno atraiu particularmente minha atenção. Observando uma alga filamentosa de água doce, o mesocarpo,* eu havia notado que toda sua clorofila, condensada na forma de uma placa retangular chamada cromatóforo, girava em torno de seu eixo no cilindro celular, segundo a intensidade da luz. Quando a luz era forte, o cromatóforo só mostrava sua borda. Quando enfraquecia, a alga expunha maior extensão de sua superfície. Esse foi um de meus

* Ou *Mesocarpus*, antigo nome da alga conjugada hoje chamada *Mougeotia*. (N.T.)

primeiros maravilhamentos diante dos muitos mecanismos de regulação que fazem a vida das células. Esse fenômeno já fora descrito mais de meio século antes, mas seu mecanismo permanecia obscuro. Com a ajuda de filtros de diferentes cores, mostrei que era a luz azul, e não a luz vermelha, absorvida pela clorofila, que comandava essa rotação: portanto, outros pigmentos estavam implicados. O cinema acelerado revelou que a rotação da placa de clorofila dependia dos movimentos do citoplasma. Esse foi meu primeiro trabalho de pesquisa. Deixou-me muito orgulhoso, é claro, e valeu-me, em 1953, um diploma de estudos superiores em ciências naturais.

Mas Poitiers tinha seus limites. A escola de medicina na época era apenas preparatória. Os estudos duravam somente dois anos. Depois era preciso ir para Tours, ou para Paris. Eu achava que, na capital, o ensino de ciências biológicas devia ser muito mais variado, já que era ministrado pelas "sumidades" da ciência francesa. A proximidade geográfica entre a Sorbonne, onde eram ministrados os cursos de ciências, e a escola de medicina me permitiria, eu pensava, fazer ao mesmo tempo o curso de medicina e minha licenciatura em ciências. Assim, decidi "subir" para Paris.

A quantidade de alunos de medicina era tal que, para ter acesso aos doentes, tinha-se que fazer os concursos, primeiro o externato, depois o internato. Comecei portanto a acompanhar as conferências de preparação para o externato, maldizendo e aprendendo aos trancos e barrancos os "pontos" que era preciso decorar. Tinha uma memória excelente, mas minha alergia aos concursos logo reapareceu. Tanto mais que a defesa de minha pequena tese em Poitiers implicava uma pesquisa bibliográfica considerável sobre outro assunto: as formas L das bactérias.[1]

Era impossível realizar a contento essa exploração, que aliás me levou a freqüentar pela primeira vez a biblioteca do Institut Pasteur, a "Meca" da microbiologia, e as conferências do externato, cada vez mais absorventes. No meu quartinho mal aquecido da rue Tournefort, os papéis sobre as algas e as formas L suplantavam as apostilas de anatomia e patologia. O que tinha de acontecer aconteceu. Abandonei as conferências do externato e a via régia da medicina para terminar rapidamente minha dupla tese, a ser defendida em Poitiers. E comecei a seguir o curso de fisiologia geral na Sorbonne, ao mesmo tempo em que, de manhã, fazia meus estágios no hospital, "matava" as aulas de medicina da tarde e "devorava" as apostilas para compensar.

Meus estágios no hospital me ensinavam muito, ainda que envolvessem pouco contato com os doentes. Quanto à Sorbonne, ela me decepcionou profundamente. Os cursos eram em geral mal concebidos. Embora a biologia estivesse em plena revolução nos Estados Unidos ou na Grã-Bretanha, os mandarins da universidade afetavam ignorá-lo. De fato, a pesquisa francesa se ressentira profundamente do isolamento que lhe haviam valido os quatro anos de guerra. A ciência viva é comunitária. Sem trocas ela se extingue. A fisiologia do sistema nervoso me apaixonava particularmente. Eu lia e relia traduções francesas de obras inglesas. Na Sorbonne, continuavam a insistir em noções ultrapassadas e no culto dos grandes profetas nacionais do início do século. Fosse como fosse, era preciso viver. No ano seguinte, consegui uma vaga de monitor para os trabalhos práticos desse mesmo certificado de fisiologia geral. Por ocasião de uma conferência que viera dar em Paris, Pierre Gavaudan me apresentou a um daqueles famosos professores, que estava justamente à procura de um assistente.

Foi assim que, aos 23 anos, tornei-me assistente em biologia celular num laboratório da Fondation Curie, na rue d'Ulm. Centro de pesquisas contra o câncer, sede de estudos prestigiosos, a seção de física havia abrigado os Curie e o serviço de radiobiologia tinha vínculos estreitos com o Institut Pasteur. O serviço a que eu pertencia dependia também do Institut Pasteur, ao mesmo tempo que da universidade, mas, por razões de desentendimento pessoal entre os chefes, não tinha nenhuma ligação com os outros laboratórios, apesar do intrincamento dos locais.

Minha orientação mudou rapidamente. Da botânica, passei para as células animais e para o vírus da febre aftosa. No exíguo laboratório, familiarizei-me com métodos que datavam de antes da guerra, em particular a cultura de fragmentos de embrião de pinto, cara a Alexis Carrel. Depois passei para a cultura em suspensão dos linfócitos de baço de camundongo. Fracasso lamentável! Era inevitável: ainda não dispúnhamos dos fatores de crescimento adequados, as interleucinas, descobertas 20 anos mais tarde. Quanto à febre aftosa, fui encarregado no início de filmar — meus talentos de cineasta tinham contribuído muito para minha admissão no laboratório — as experiências de vacinação antiaftosa nos abatedouros de Ivry, depois num forte da ilha de Aix. Fracasso, fracasso de novo!

Enquanto isso, os primeiros ecos da biologia molecular chegavam ao laboratório. Eu tinha discussões arrebatadas com meu colega assistente, Jean Leclerc. Acompanhávamos também os seminários do clube de biologia molecular, organizados por Jacques Monod e François Jacob, não longe dali, no Institut de Biologie Physico-Chimique, na rue Pierre-Curie. E à noite eu ia à cinemateca de Pierre Langlois: bastava atravessar a rua.

O ano de 1957 decidiu minha vocação de virologista. Duas equipes, uma americana, a de H. Fraenkel-Conrat e, na Alemanha, a de A. Gierer e G. Schramm, haviam demonstrado que um ácido nucléico de um vírus de planta, o vírus do mosaico-do-tabaco, era infeccioso por si só. Após a descoberta do ácido desoxirribonucléico "transformante" (ADN) por Oswald Avery e a elucidação da estrutura em hélice dupla do ADN por James Watson e Francis Crick, era a primeira demonstração de que também o ácido ribonucléico (ARN) continha uma informação genética. O dogma fundamental da biologia molecular começava a ganhar corpo: sabia-se doravante que toda a informação genética necessária para a síntese das proteínas está contida nos ácidos nucléicos, ADN para as células, ARN para certos vírus. Pouco depois, o ARN de um vírus humano, o da poliomielite, revelou-se também infeccioso para células em cultura.

Com Jean Leclerc, passei a me dedicar febrilmente a extrair ARN do vírus que tínhamos em mãos, o da febre aftosa ou, mais exatamente, de tecidos infectados por esse vírus. Foi precisamente isso que me levou a desenvolver uma técnica original para aumentar a penetração do ARN nas células. Esse foi meu primeiro e último sucesso em pesquisa nos anos 50. Minhas relações como meu "chefe" se deterioraram. Os vírus me pareciam ser os elementos genéticos mais simples; seus segredos deviam portanto ser mais fáceis de descobrir e talvez pudessem ajudar na compreensão dos sistemas mais complexos, as células, das quais eles eram parasitos obrigatórios. O laboratório não dispunha das técnicas modernas da virologia, e sem elas eu não podia ir adiante. Era preciso partir.

Não precisei mais que bater à porta ao lado, a de Philippe Vigier, que trabalhava com um retrovírus (já!), o do sarcoma de Rous. Ele me apresentou ao diretor da seção de biologia do Institut Curie, Raymond Latarjet, que me acolheu calorosamente. Como assegurar meu "salvamento"? As possibilidades eram limitadas. Meu futuro na universidade estava barrado. Eu tinha terminado meus estudos de ciências e de medicina, mas não apresentara tese de medicina.

Contava fazer de minhas pesquisas sobre o ARN do vírus da aftosa o tema de minha tese de medicina. Um professor de medicina sondado para presidir minha banca era amigo do meu ex-chefe. Quando este soube de minhas veleidades iniciais, ficou furioso. Pediu ao professor que não aceitasse ocupar a presidência da banca. Ele obedeceu. Eram esses os costumes dos mandarins da época. Por vezes, ainda são.

Felizmente havia algumas exceções. Raymond Latarjet encontrou um novo presidente na pessoa de um professor de medicina não-conformista, Raoul Kourilsky, que logo compreendeu o problema e aceitou. Mas os meses se passavam. Estávamos no final do ano universitário de 1959. Eu tinha de esperar a sessão de novembro para defender minha tese. Ora, estava ficando claro que eu devia deixar rapidamente a França, ir aprender no estrangeiro as técnicas da virologia moderna, mas precisava também assegurar uma situação estável antes de partir. Apresentei então minha candidatura ao Centre National de Recherche Scientifique (CNRS), que a aceitou, e ganhei uma bolsa de intercâmbio entre o CNRS e o Medical Research Council britânico para ir trabalhar no laboratório de Kingsley Sanders, perto de Londres.

As circunstâncias me sorriam. O CNRS, órgão que fora fundado para fazer contrapeso ao mandarinato universitário, experimentava uma recuperação de prestígio sob o novo governo. Michel Debré, primeiro-ministro do general de Gaulle, estimulado por seu pai, Robert Debré, e pelos poucos biólogos moleculares que a França possuía, compreendera que era preciso apostar decididamente no desenvolvimento científico, criar cargos de pesquisador, novos institutos, enviar jovens para se formarem no exterior. Foi a época da criação da Délégation Générale à la Recherche Scientifique, órgão precursor do Ministério da Pesquisa.

Consegui assim passar mais de três anos num laboratório britânico, graças a bolsas sucessivas. Eu era, aliás, uma exceção, já que a maioria das bolsas eram concedidas para estágios em laboratórios americanos. Naquele início de verão de 1960, o horizonte parecia estar clareando. Só havia um problema, um detalhezinho de nada... eu não falava uma palavra de inglês. É claro que eu lia, ou melhor, decifrava, o inglês das revistas científicas. Mas daí a falar!

Meu estágio começou pela aprendizagem do inglês num curso de verão em Bournemouth. Numa bela manhã de julho de 1960, tomei a barca Dieppe-New Haven com meu carrinho. Uma vez a bordo, me vi num outro mundo. Os vagões do trem Paris-Dieppe regurgitavam de britânicos de rosto rubicundo que voltavam das praias da Côte d'Azur e se precipitavam em batalhões disciplinados, apossando-se da espreguiçadeiras de madeira e abrindo-as na coberta, para desfrutar mais um pouco daquele sol que lhes era tão mesquinhamente concedido do outro lado do *Channel*. Em terra, descobri um país exótico, onde dominavam o vento e a chuva, um chá tão forte que era preciso inundá-lo com leite e indígenas de índole amável e fraterna.

Algumas semanas mais tarde, munido de alguns rudimentos da língua de Shakespeare e de uma amiga inglesa que logo se tornaria minha mulher, apresentei-me a meu futuro chefe, em seu laboratório de Carshalton, no subúrbio do sul de Londres. Eu havia preparado algumas frases em inglês. Qual não foi minha surpresa quando me respondeu num francês perfeito! Kingsley Sanders não era um inglês típico. Fumante de *Gitanes*, bebedor de café preto, era também compositor de ópera nas horas vagas. Acessoriamente, dirigia um laboratório que era na época um dos melhores em virologia e que estudava em particular a multiplicação de um pequeno vírus a ARN: o vírus da encefalomiocardite do camundongo, muito danoso para o animal, que mata em 48 horas, mas inofensivo para o homem.

Na verdade, eu não fora parar ali por acaso. O laboratório já havia acolhido vários franceses e a família Sanders passava regularmente suas férias na França. *Entente cordiale* perfeita! A atmosfera do laboratório era particularmente descontraída. Kingsley, que morava no norte de Londres, levava uma hora e meia para ir até lá. Chegava em seu fusquinha por volta das dez da manhã. Às 11, o laboratório em peso se precipitava na cantina para a tradicional xícara de chá com leite. A mesma coisa à uma da tarde, dessa vez para um almoço invariável, à base de carne acompanhada de batatas ultracozidas e seguida de um pudim regado com creme inglês. Depois, às quatro horas da tarde anunciavam mais um chá com leite. Às cinco, cessava a vida no laboratório. Apesar desse ritmo dos mais tranqüilos, a pesquisa avançava. E eram apaixonantes as discussões com Kingsley Sanders e seu adjunto, Alberto Visozo, um espanhol antifranquista para quem a gíria inglesa não tinha mais segredos e que a ensinou para mim.

Como a molécula de ARN se replica? Precisei de três anos, três anos de trabalho furioso, sábados e domingos inclusive, para demonstrar que, durante a replicação de um vírus numa célula, o ARN toma, também ele, a forma de uma hélice dupla, muito semelhante, embora mais rígida, à famosa hélice dupla do ADN, descoberta por James Watson e Francis Crick.[2] Paradoxalmente, esse sucesso científico, que me deu confiança em minhas capacidades de pesquisador, teve por resultado... a dissolução do laboratório onde eu trabalhava. De fato, Kingsley Sanders recebeu, e aceitou, um convite para um cargo importante em Nova York, no Sloan-Kettering Institute. Os pesquisadores da unidade se dispersaram, uns nos Estados Unidos, outros na Inglaterra.

Quanto a mim, estava de olho na Califórnia. Queria, em particular, trabalhar no laboratório de Renato Dulbecco, que estudava vírus que estavam na origem de cânceres nos animais.[3] A pesquisa biológica vivia um período de esplendor. Novos institutos brotavam como cogumelos. E a virologia britânica, ao contrário do que se passava na França, contava muitas equipes de valor, como a de Michael Stoker e Ian Mac Pherson, em Glasgow, onde Renato Dulbecco acabou resolvendo passar um ano sabático. Adeus Califórnia! Foi Glasgow.

E lá fomos nós, em nosso carrinho azul, rumo à Escócia. Glasgow tinha nessa época todas as características de uma cidade industrial do século XIX em decadência: poços de minas abertos em plena cidade, casas abandonadas onde de tardezinha se refugiavam pássaros de pio estridente. Sábado à noite, a cerveja e o uísque corriam a rodo nos *pubs*. O instituto, próximo à universidade, era um oásis de modernidade e de calor para nós, os estagiários estrangeiros... tanto mais que congelávamos em nossos quartos mal aquecidos por aparelhos a gás em que, para que não parassem, era preciso inserir um *shilling* a cada quarto de hora.

Eu tinha, sobretudo, um problema administrativo. O CNRS só me permitia passar três anos no exterior. Eu tinha entrado no meu quarto ano! Raymond Latarjet atribuiu-me um laboratório fictício em Paris. Oficialmente, eu estava em Paris, ao mesmo tempo em que era uma espécie de clandestino em Glasgow. Foi justamente esse o momento que o CNRS escolheu para me conceder uma medalha de bronze por meus trabalhos sobre o ARN em hélice dupla. Que sorte a minha! A medalha foi enviada ao Institut Curie e... devolvida com a menção "não mora no endereço indicado". Confusão. Pasmo de Madame Plin, a administradora do CNRS, o pavor dos pesquisadores. Explicações embaraçadas de Raymond Latarjet: "Montagnier, ah, claro, ele está fazendo um estágio na Escócia, a senhora sabe, lá no alto, bem ao norte da Inglaterra. Ele vai voltar..." Mas o que Montagnier estava então fazendo em Glasgow? Ele não perdia tempo...

Enquanto eu estava em Carshalton, Kingsley Sanders havia obtido a linhagem BHK de células de *hamster*, de Michael Stoker e Ian Mac Pherson, transformada (cancerizada) pelo vírus do polioma. Ele queria adaptá-la para que se multiplicasse em suspensão no peritônio de *hamster*, de maneira a produzir aí grandes quantidades sem cultura. Kingsley havia também aprendido com um outro virologista, Peter Wildy, que essas células podiam viver nos profundezas de um tubo de ágar. Mostrou-me colônias produzidas por elas em placas de Petri contendo meio nutritivo geleificado por ágar. Ele pensava que essa era uma propriedade única das células que havia adaptado ao peritônio de *hamster*. Nos últimos meses de minha estada em Carshalton, eu também tinha tentado usar essa técnica. Orgulhoso, mostrei a Kingsley que uma variante das células BHK não cancerizadas pelo vírus do polioma também era capaz de se multiplicar no ágar.

Chegando a Glasgow, falei com meus anfitriões sobre essa nova técnica. Por que não utilizá-la para detectar as células recém-transformadas pelo vírus do polioma? Teríamos nesse caso uma medida precisa da cancerização. Dei início à experiência. Por erro, baixei a concentração de ágar até o limite extremo para formar um gel. Fui embora para Paris, pois Raymond Latarjet me avisara do caso da medalha. Uma semana mais tarde, de volta a Glasgow, olhei as placas de Petri. Maravilha! As placas de células de *hamster* que tinham sido infectadas pelo vírus do polioma exibiam magníficas colônias de células cancerosas que se expandiam em três dimensões no ágar. Contei a novidade a Mac Pherson, que me respondeu tranqüilamente que ele também, com minha técnica, havia obtido os mesmo resultados. Resolvemos assinar juntos dois artigos, um em francês, outro em inglês. É este último que é sempre citado.

Pela primeira vez, dispúnhamos de um teste preciso, *in vitro*, do poder cancerígeno de um vírus. A aplicação imediata foi demonstrar que o ADN extraído do vírus do polioma, sob todas as suas formas moleculares, era igualmente capaz de cancerizar as células. De infeccioso, o ADN passava a cancerígeno, o que demonstrava claramente que toda a informação necessária para causar o câncer estava, também ela, contida no ADN.

A variante de células de *hamster* que eu tinha isolado em Carshalton e que também se multiplicava no ágar era a exceção que confirmava a regra: tratava-se, nesse caso, de uma cancerização espontânea, pois essas células eram capazes de formar tumores no *hamster*.

Mas tínhamos de voltar para Paris, eu queria ao mesmo tempo continuar trabalhando com a biologia molecular dos vírus, enfrentando ao lado de Philippe Vigier um retrovírus — o vírus do sarcoma de Rous do pinto — e aplicar aquela excelente técnica do ágar na detecção de vírus cancerígenos no homem. Se esses vírus existiam, deviam, a meu ver, ser capazes de acarretar transformações cancerígenas de células humanas, por exemplo, células de pele embrionária, transformação que seria possível detectar pela formação de colônias em ágar. Isso era queimar etapas, pois a evolução das células desde a normalidade até o estado canceroso comporta várias delas, e a multiplicação em ágar corresponde a uma etapa tardia. Os tecidos humanos normais, ao contrário dos tecidos dos roedores, não engendram facilmente células que transpõem espontaneamente uma primeira etapa. Contudo, eu estava tomado por um entusiasmo de neófito e, com as equipes de Philippe Vigier e de André Boué, mostrei que o retrovírus de Rous também podia transformar as células humanas e levá-las a se multiplicarem num ágar muito puro, livre dos polímeros negativamente carregados que estão presentes no ágar comum.

Faltava lugar, eu só dispunha de uma peça e um corredor transformado em escritório no Pavillon Pasteur do Institut Curie. Para a detecção do vírus a partir de tumores humanos, consegui uma salinha no sexto andar do hospital, do outro lado da rue d'Ulm. Foi um fracasso. Até as células tumorais humanas, não adaptadas à cultura *in vitro*, se recusavam a proliferar em ágar.

Em contrapartida, do lado dos vírus cancerígenos dos animais as coisas avançavam rapidamente. No que diz respeito ao vírus do polioma, mostrei, com Robert Cramer e Raymond Latarjet, que, pelas radiações UV e gama, era possível dissociar o poder cancerígeno do poder infeccioso do vírus. O poder cancerígeno era mais resistente às radiações. Isso significava que existia um "gene" do câncer, que era um alvo menor que o conjunto dos genes necessários à replicação do vírus. Do lado dos retrovírus, a competição com as equipes americanas era dura. Em Berkeley, Peter Duesberg e William Robinson isolaram pela primeira vez o ARN intacto do vírus do sarcoma de Rous: com Jacques Harel e Joseph Huppert, fizemos o mesmo algumas semanas depois, com resultados iguais.

Restava o mistério da multiplicação desse ARN de tamanho grande, que de fato possuía uma estrutura em subunidades, como iríamos mostrar três anos mais tarde, quase ao mesmo tempo que Peter Duesberg. Howard Temin sustentava firmemente, mas sem provas convincentes, que havia um ADN intermediário nessa replicação. De minha parte, inclinava-me a pensar que esse ARN se replicava como os outros ARN de vírus, por formação de uma hélice dupla de ARN. No caso do vírus de Rous, porém, o ARN não era infeccioso. Seriam necessárias portanto técnicas refinadas de biologia molecular para separar essas hélices duplas, especialmente pelo uso da resistência a uma enzima, a ribonuclease, que só digere o ARN em fita simples.

Consegui realmente isolar um ARN desses a partir de células de pinto transformadas pelo vírus de Rous, mas ele estava presente também nas células de controle, não infectadas pelo vírus. Essas moléculas não eram, portanto, específicas do vírus; elas refletiam um processo puramente celular. Passei assim vários anos a analisar, com Louise Harel, a natureza dessas hélices duplas, perguntando a mim mesmo se elas não refletiam uma auto-replicação de certos ARN mensageiros da célula. De fato, é mais plausível que elas resultem de uma transcrição simétrica de dois filamentos da hélice dupla de ADN dos cromossomos ou das mitocôndrias. Em todo caso, isso nada tinha a ver com o retrovírus.

Restava a hipótese de um ADN intermediário. Não se encontrava ADN nas partículas virais, somente ARN. Era preciso portanto que uma enzima específica fosse capaz de fazer uma cópia em ADN do ARN virótico nas células infectadas.[4] Um batalhão de pesquisadores e técnicos contratados pelo National Institute of Health (NIH) estava preparando litros de reagentes e miligramas de retrovírus de pinto, de camundongo e de gato. Esse era um dos efeitos do esforço americano, lançado sob a égide de Richard Nixon, para demonstrar a origem virótica dos cânceres. Na base desse programa gigantesco, estava a idéia simples de que as leucemias, os linfomas ou os sarcomas do homem *deviam*, a exemplo de seus homólogos nos animais, ser causados por retrovírus. Era *preciso* portanto descobri-los utilizando reagentes preparados a partir dos retrovírus conhecidos dos animais. Daí essas produções de retrovírus, enormes para a época. Em junho de 1970, elas iriam permitir a David Baltimore, ao mesmo tempo que Howard Temin, isolar rapidamente a transcriptase reversa, a enzima que transcreve o ARN em ADN. Mas, sempre obnubilado por minhas teorias sobre a auto-replicação do ARN, não dei prioridade à pesquisa dessa enzima e passei assim ao largo dessa descoberta que sacudiu o mundo da biologia molecular.

No entanto, a descoberta dessa enzima, presente nas partículas virais, não punha um ponto final na pesquisa consagrada aos mecanismos de replicação dos retrovírus. Sua atividade havia sido observada num tubo de ensaio, mas restava provar que ela funcionava corretamente nas células infectadas, sintetizando uma cópia perfeita de ADN capaz de se integrar na célula e de reproduzir o vírus.

Hill e Hillova, um casal de emigrados tchecos que tinham fugido da repressão que se seguira à Primavera de Praga e tinham sido acolhidos por Joseph Huppert em seu laboratório de Villejuif, foram os primeiros a demonstrar que existia nas células infectadas um ADN "infeccioso", capaz de reproduzir o vírus. Seu sucesso era fruto de sua paciência e obstinação, pois os focos de células que assinalavam a presença do vírus só apareceram após três meses de cultura! Poucos acreditaram em seus resultados,[5] e no entanto a descoberta da transcriptase reversa iria ter conseqüências decisivas nos diferentes domínios da biologia. Em especial, iria permitir a síntese do ADN a partir do ARN mensageiro de qualquer gene celular, abrindo caminho assim para a clonagem dos genes. A pesquisa dos retrovírus implicados nos cânceres humanos receberia também um novo impulso, pois a atividade enzimática da transcriptase reversa permite detectar quantidades ínfimas de vírus.

Saul Spiegelman, na universidade de Colúmbia, e um recém-chegado ao clube do retrovírus, um certo Robert Gallo, se lançaram nessa senda no início dos anos 70. Quanto a mim, estava tentando extrair o ADN de tumores humanos e fazê-lo penetrar em células normais para investigar sua transformação em ágar. Também em vão! Foi também nessa época que apresentei, a pedido do CNRS, um projeto de instituto que associaria clínica e laboratórios de pesquisa em Orsay, análogo ao Institut Curie parisiense. Recusado!

Comecei a sentir coceiras, necessidade de me mexer. Tinha a impressão de que a esclerose me espreitava. Mas ir para onde? Num instante se percorria o circuito dos institutos avançados da França. Dois acontecimentos decidiram meu futuro nessa altura. O primeiro foi a "tomada do poder" por Jacques Monod, que assumiu a direção do Institut Pasteur. O segundo foi o encontro com pasteurianos, entre os quais André Lwoff e François Jacob, por ocasião da "Primeira conferência internacional sobre a diferenciação celular".

Com dois jovens colegas, Patricia Allin e Dimitri Viza, organizei — éramos bastante ousados — um congresso no hotel Négresco, em Nice, para reunir os principais nomes mundiais que trabalhavam com a diferenciação celular. De fato, estava claro que, após a elucidação dos mecanismos de regulação nas bactérias, a próxima grande questão seria saber se os mesmos mecanismos se aplicavam às células dos organismos superiores, das esponjas ao homem. "O que vale para a bactéria vale para o elefante", dizia Jacques Monod, mas essa *boutade* era recebida com ceticismo. Nosso objetivo era pôr em contato cientistas que trabalhavam com sistemas de diferenciação relativamente simples, em que era possível aplicar os métodos da biologia molecular. E entre os assuntos evocados, é claro, estava o câncer.

Alguns meses depois, tive um encontro com Jacques Monod no Institut Pasteur. Havíamos escolhido o dia 11 de novembro, feriado, para maior discrição. O chefe do serviço de vírus, Pierre Lépine, ia se aposentar; Ellie Wollman e Jacques Monod queriam reorganizar o serviço e transformá-lo num novo departamento. Um prédio construído depois da guerra podia ser reformado graças a fundos privados. Sentia-me um tanto perturbado por deixar meus amigos da Fondation Curie, a quem muito devia, e por abandonar a cancerologia, que não era a especialidade do Institut Pasteur. Mas, afinal de contas, eu me interessava sobretudo pelos vírus dos cânceres. Por que hesitar? Tanto mais que encontrava em Jacques Monod um diretor entusiasta. Aceitei seu oferecimento. E foi assim que, em 1972, foi criada a unidade de oncologia (cancerologia) viral, que ocupou o primeiro andar do prédio dos vírus. Esse título anunciava claramente uma linha. No entanto, eu havia começado no Institut Curie, com dois colegas belgas, Édward e Jacqueline De Maeyer, a abordar um outro tema: o das defesas antivirais.

Nosso arsenal de inibidores químicos da multiplicação dos vírus é muito limitado. Os vírus, parasitos intracelulares, se aproveitam na verdade dos mecanismos que a célula usa para transmitir suas mensagens genéticas. Por isso é difícil encontrar inibidores capazes de bloquear as sínteses virais sem afetar as sínteses celulares. Felizmente, todos os vertebrados "inventaram" uma defesa natural precoce que opera bem antes da resposta do sistema imunitário: é o interferon, ou melhor, os interferons. São pequenas proteínas que hoje em dia classificamos na família das citocinas, fatores de regulação que as células trocam entre si. Quando uma célula é infectada por um vírus, antes de morrer ela produz interferon. Essa proteína induz nas células vizinhas ainda não afetadas um sinal que mobiliza toda uma bateria de enzimas que restringem a multiplicação viral e, em menor medida, o metabolismo celular. Este segundo efeito está na origem do efeito antitumoral do interferon, tão bem demonstrado em Villejuif por Ion Gresser.

Havia na França excelentes laboratórios que trabalhavam com o interferon. Pensava-se, é claro, em sua utilização terapêutica nas doenças provocadas por vírus e nos cânceres. Infelizmente, era difícil fabricá-lo. A única tentativa feita nos anos 60 foi obra do finlandês Kari Cantell, que utilizou para isso glóbulos brancos, subprodutos das doações de sangue feitas à Cruz Vermelha finlandesa. Era por essa razão que muitos laboratórios pensavam em clonar o gene do interferon em bactérias, reduzindo assim o seu custo. Fazíamos parte dessa corrida.

Já em 1972, com Édward e Jacqueline, eu havia identificado o ARN mensageiro do interferon usando um método biológico. Estávamos então bem no início da era da engenharia genética. O Institut Pasteur estava relativamente bem situado nesse domínio. Muito depressa eu chamara a atenção de Jacques Monod para o interesse que essas técnicas apresentavam para a produção de vacinas contra os vírus. A isso se seguira uma intensa discussão no Institut Pasteur, reflexo do debate que estava ocorrendo em escala internacional. De fato, os próprios cientistas começavam a indagar se não seria perigoso liberar bactérias portadoras de genes humanos na natureza. Os jornais falavam dos "cientistas malucos do Institut Pasteur". Em 1974, na reunião de Asilomar, na Califórnia, decidiu-se por uma moratória. Na verdade ela durou pouco e tudo que sobrou foi uma mera fachada nos Estados Unidos. Mas havia-se superestimado o perigo, e aqueles de meus colegas que tinham sido os mais virulentos contra meus projetos foram os primeiros a se lançar nesse campo.

No Institut Pasteur, foi criado um laboratório de alta segurança, chamado P3, para que as bactérias manipuladas não escapassem. Nós o chamávamos de "o submarino", porque era tão difícil entrar nele quanto pela torre de um submersível. Implantamos quatro unidades de engenharia genética. Associei-me a Pierre Tiollais, um dos pioneiros nesse campo. Mas precisávamos de dinheiro, muito dinheiro, para a análise dos milhares de clones bacterianos dos quais um seria portador da mensagem do interferon "afogada" numa multidão de outras mensagens da célula. Tratava-se de procurar uma agulha num palheiro!

Os Laboratórios Roussel nos propuseram um contrato que forneceria o dinheiro necessário. *Niet*, respondeu a direção! Jacques Monod acabava de morrer e seus sucessores não tinham o mesmo poder de persuasão. Ora, o veto vinha lá de cima, do governo, que temia que o avanço da tecnologia pasteuriana fosse enriquecer a firma alemã Hoechst, que acabara de assumir o controle dos laboratórios Roussel. Era ignorar que o Institut Pasteur não tinha o monopólio dessa tecnologia, que iria ser explorada por milhares de laboratórios pelo mundo afora! Quem primeiro encontrou o clone de interferon humano foi a equipe de Charles Weissmann, um de meus ex-concorrentes no domínio da replicação do ARN dos vírus. Ora, essa equipe, instalada em Zurique, reunia ingleses e um japonês, e trabalhava em ligação com a Biogen, uma sociedade americano-suíça de biotecnologia. Nossa estreiteza nacionalista fazia uma bela figura! Hoje, os três grandes tipos de interferon estão clonados e produzidos industrialmente por engenharia genética.

As aplicações do interferon não são tão miríficas quanto se podia pensar, mas existem, inclusive na AIDS. O interferon bloqueia uma etapa tardia da replicação dos retrovírus: sua saída da célula. Na presença do interferon, as partículas virais são malformadas e não se desprendem da membrana da célula. Interferon, retrovírus: a associação entre os dois assuntos se impunha.

A procura de retrovírus implicados nos cânceres humanos estava perdendo o fôlego. Quantas vezes revistas importantes como *Nature* ou *Science* haviam anunciado a "grande descoberta" que depois se esvaziava como um balão: o retrovírus isolado se revelava um contaminante de laboratório, em geral um vírus de camundongo. Entre esses rebates falsos, o de Robert Gallo em 1977 não foi o menos retumbante. Um vírus de leucemia humana, o HL23, que ele acreditou ter descoberto, revelou-se uma mistura de retrovírus de macacos! Na verdade, no final dos anos 60, a maioria dos laboratórios estava desencantada com essa pesquisa e tinha se redirecionado para o estudo dos "oncogenes", genes que controlam a multiplicação celular e que, mutados ou expressos inoportunamente, estão na origem de muitos cânceres.

O primeiro a ser descoberto foi o gene *sarc*, capaz de cancerizar as células de pinto. Ele foi identificado no retrovírus do sarcoma de Rous graças a pacientes trabalhos de genética e de biologia molecular em que se distinguiram, em particular, Peter Duesberg, Peter Vogt, Dominique Staehlin e Michael Bishop, dos dois lados da baía de São Francisco.[6] O *sarc* está de fato próximo de um gene celular oncogênico que faz parte do patrimônio genético do pinto e do qual encontramos homólogos em todos os vertebrados, inclusive o homem. Tudo se passa como se o vírus de Rous tivesse um dia se apoderado de algum modo desse gene celular, inserindo-o entre seus próprios genes virais e modificando-o um pouco. Isso marcou o início de uma fantástica corrida dos laboratórios para isolar oncogenes dos outros retrovírus cancerígenos: cerca de duas dezenas deles foram assim identificados.

Meu laboratório não participou dessa maratona. A ela, preferimos a caça aos retrovírus do homem. De fato, havia se operado uma reconversão sutil, de que no início não me dei realmente conta. Meu interesse pelos ácidos nucléicos, suportes da informação genética, havia diminuído, voltando-se para os resultados da expressão dessa informação: as proteínas. Para lançar mão de uma comparação muito batida, os ácidos nucléicos são a banda magnética ou a partitura de um programa de música; as proteínas são a própria música. Que venha a música!

Minhas pesquisas sobre o mecanismo da transformação cancerosa me haviam levado, talvez indevidamente, para uma pista que não era a da genética molecular: a das membranas e das proteínas de membrana. No início dos anos 70, ainda se ignorava a estrutura de uma membrana biológica. Sabia-se que era constituída de proteínas e de lipídios. Mas como esses lipídios estavam organizados entre si e associados às proteínas? Mistério!

A solução foi fornecida em 1973 pelos americanos Singer e Nicolson. A estrutura em mosaico que eles propuseram explicava todos os fatos conhecidos e foi rapidamente acatada por todos: a membrana é constituída de uma camada dupla formada por lipídios. Nessa camada dupla, que constitui um meio bastante fluido, inserem-se proteínas ditas transmembranares, que a atravessam de lado a lado. Outras proteínas, situadas mais externamente e portadoras de cadeias de açúcares, estão mergulhadas no oceano de lipídios. A fluidez da membrana explica que as proteínas possam se agregar, especialmente aquelas que servem de receptor, podendo a agregação induzida pelas moléculas constituir, por si só, um sinal transmitido ao interior da célula. A presença de colesterol diminui a fluidez da membrana e pode assim modificar suas respostas. Essa descoberta, que me pareceu tão importante quanto a de James Watson e Francis Crick sobre a estrutura do ADN, passou no entanto relativamente despercebida, já que o grosso dos biólogos moleculares só pensava na memória central, o ADN. Mas os seres vivos não podem viver sem membranas.

Uma técnica de microscopia eletrônica nos permitiu "ver" as proteínas transmembranares, com os dois folículos da membrana lipídica abertos como a página dupla de um livro. Uma surpresa nos esperava... As proteínas agregadas em partículas eram duas a três vezes mais numerosas nas células cancerosas! Tentar isolá-las e estudá-las bioquimicamente não foi brincadeira.[7]

A pesquisa dos retrovírus humanos ilustra bem a aridez de nosso trabalho, em que a travessia do deserto termina num oásis imprevisto. Reconheço que muitos pontos me separam de Robert Gallo. Alguma coisa nos unia, contudo, sem que tivéssemos conhecimento um do outro, naquele final dos anos 70: a busca desesperada e desesperante dos retrovírus associados aos cânceres e às leucemias do homem.

Robert Gallo não era virologista de formação, e sim bioquímico. Ele só entrou no clube dos retrovirologistas depois da descoberta da transcriptase reversa. Sua falta de experiência em virologia talvez explique seus erros e as contaminações que ocorreram em seu laboratório. Mas sua vontade e forte estímulo que dava a seus colaboradores acabaram sendo recompensados: levaram ao isolamento do HTLV *(Human T Leukemia Virus)*,[8] de início a partir de tumores mal definidos; depois, graças também às contribuições japonesas, notadamente de Isao Miyochi e Yorio Hinuma, foi estabelecido o papel causal desse vírus numa leucemia rara observada no sul do Japão.

Minha abordagem era diferente. Conhecendo bem os retrovírus animais (tinha aliás de dar aulas sobre eles no curso de virologia do Institut Pasteur), tentei partir dos modelos animais mais próximos dos cânceres humanos: leucemias agudas, sarcomas, tumores mamários. A chegada a meu laboratório de uma nova equipe, animada por Jean-Claude Chermann e especializada em retrovírus de mamíferos, especialmente os do camundongo — muito numerosos —, permitiu ir mais adiante nessa direção. Jean-Claude com sua assistente, Françoise Sinoussi, e um técnico vinham do anexo do Institut Pasteur em Garches, onde Louis Pasteur desenvolveu seus soros e suas vacinas, e onde morreu.

Mas a pesquisa dos retrovírus nos cânceres humanos continuava me obsedando. Por que o homem seria uma exceção, quando se conseguia isolar retrovírus indutores de cânceres ou de leucemias em todos os mamíferos, inclusive os primatas, tão próximos dele? Eu sabia que o interferon era um poderoso inibidor dos retrovírus e que o sistema interferon era particularmente eficaz no homem. Talvez fosse por isso que não conseguíamos isolar retrovírus no homem: talvez eles estivessem totalmente inibidos pelo interferon produzido pelas células infectadas. Ion Gresser, em Villejuif, e Yves Rivière e Ara Hovanessian, em meu próprio laboratório, haviam mostrado que era possível aumentar uma infecção viral e torná-la mortal num animal, injetandolhe um soro antiinterferon contendo anticorpos que neutralizavam o efeito protetor do interferon. Por vezes, numa infecção crônica, a situação era inversa. O interferon se tornava nocivo e conseguia-se salvar a vida de filhotes de camundongo, por exemplo, injetando-lhes esse mesmo soro antiinterferon. Ion Gresser mantinha em Villejuif dois célebres carneiros, que produziam esse soro por injeções repetidas de interferon humano.

Resolvi empreender novas tentativas de pesquisar retrovírus humanos por meio desse soro. Fiz as culturas de células, enquanto Françoise Sinoussi buscava a transcriptase reversa. As leucemias provinham do hospital Cochin, do serviço de Jean-Paul Lévy. Ion Gresser havia me dado generosamente alguns mililitros do precioso soro antiinterferon de seus carneiros. De sua parte, Jean-Claude Chermann e Françoise Sinoussi procuravam verificar a hipótese no sistema dos retrovírus de camundongo. Mostraram assim que um soro antiinterferon de camundongo — sempre fornecido por Ion Gresser — aumentava por um fator de dez a 50 a produção de retrovírus por células de camundongo. Estávamos entusiasmados. Um artigo foi enviado à revista *Nature*, que o rejeitou sob o pretexto falacioso de que o interferon de camundongo que havia servido para a produção do anti-soro não era puro! Na época, ninguém era capaz de produzir quantidade suficiente de interferon de camundongo purificado para fabricar um antisoro!

No que diz respeito aos retrovírus humanos, as experiências começaram em 1977. Eu as anotava num caderno vermelho, o mesmo que mais tarde me serviu para descrever o isolamento do vírus da AIDS. Essas experiências se sucederam, todas negativas. De vez em quando, chegávamos até a observar uma atividade enzimática: mas ela não correspondia a retrovírus, e sim a... micoplasmas.

Em 1979 chegou enfim a tão propalada notícia da descoberta do HTLV1 pela equipe de Robert Gallo. Este fez uma conferência detalhada em Villejuif sobre esse vírus, que parecia específico do homem, mas fora isolado de um câncer raro, a micose fungóide. Muitos estavam céticos, em face dos erros passados de Gallo. O que atraiu minha atenção, contudo, foi o anúncio que ele fez da descoberta, em seu laboratório, por Doris Morgan e Frank Ruscetti, de um novo fator de crescimento, a que haviam chamado TCGF *(T Cell Growth Factor)*: ele permitia multiplicar por muito tempo linfócitos T humanos normais. Por sua vez, esses linfócitos podiam ser usados na cultura de retrovírus humanos que tivessem uma afinidade por eles. O vírus HTLV1 se replicava bem nesses linfócitos T cultivados em presença do fator, mas ele os "transformava", no sentido de que eles passavam a ter cada vez menor necessidade desse fator para se tornar independentes e imortais: isso correspondia muito bem à fase inicial da leucemia no homem.

Comuniquei a Gallo os resultados que havia obtido no camundongo com o soro antiinterferon. Iniciou-se uma colaboração. Françoise Sinoussi (que se tornou Barré por casamento) foi a seu laboratório com a missão de transpor para um sistema de símio (para maior aproximação com o homem) os resultados obtidos com camundongo.[9] Tratava-se de verificar se o soro aumentaria a produção de um retrovírus de gibão que infectava cronicamente células humanas. Os resultados foram positivos, mas o efeito era menos nítido que no camundongo. Mesmo assim, esse resultado me estimulou a pesquisar outros retrovírus humanos pelo cultivo de linfócitos T humanos em presença do fator de crescimento T, de R. Gallo e do soro antiinterferon de I. Gresser. Recebi de R. Gallo um frasco com o meio de cultura de células ativadas contendo esse fator, em estado impuro. Isso me permitiu fazer certo número de experiências no início de 1980. Já em abril de 1982, no entanto, esse reagente se esgotou, e tive de recorrer a outras fontes para as culturas do vírus da AIDS, realizadas em 1983.

Um retrovírus podia estar implicado não somente nas leucemias, mas também no câncer do seio. Um bom modelo viral desse câncer era encontrado no camundongo, que possui retrovírus causadores de tumores mamários, seja hereditários, seja transmitidos pelo leite. Aliás, nos anos 70, vários pesquisadores, entre os quais Saul Spiegelman, haviam acreditado ter encontrado partículas virais semelhantes no leite de mulheres, em particular das mulheres parses. Os parses formam uma seita muito fechada de indianos, de origem persa, em que reina uma estrita endogamia: os parses se casam entre si. Ora, quase um terço das mulheres parses, mesmo jovens, têm cânceres do seio. Na África do Norte, existe também um câncer do seio, dito inflamatório, que atinge também mulheres jovens e evolui rapidamente. Graças aos progressos da biologia molecular, tornava-se possível reabrir esse dossiê com melhores chances de sucesso.

Sem dúvida teríamos continuado nessa via, se, no final de 1982, uma outra pesquisa de retrovírus não tivesse começado a nos preocupar... Em todo caso, dispúnhamos da tecnologia e do entusiasmo necessários para passar dos retrovírus do câncer aos da AIDS. Mas o câncer do seio das mulheres parses, 14 anos mais tarde, conserva seus mistérios e, de longe em longe, volta a me interessar.

Estávamos no início dos anos 80, precisamente em 1983. O HIV já se multiplicava em outra parte do laboratório. Tive de parar todas essas pesquisas, pois era impossível levá-las adiante ao mesmo tempo que as referentes ao novo retrovírus. Ainda assim, nossos resultados foram publicados em revistas de biologia celular de boa qualidade. Passaram totalmente despercebidos. Seria engano do leitor, aliás, pensar que as pesquisas de um laboratório sempre culminam em publicações, mais ou menos importantes, mais ou menos famosas. Na verdade, 90% das experiências não se concluem, ou por um imprevisto tecnológico, ou porque a idéia inicial se revela incorreta. O cotidiano do pesquisador é feito assim de decepções, entremeadas, aqui e ali, por sucessos que lhe permitem conservar o entusiasmo. É preciso ter o estado de espírito do jogador, ou do pescador. Quanto a mim, só me interessam os peixes grandes... mas eles são bastante raros. Meus armários estão repletos de cadernos de experiências, de inícios de manuscritos que jamais serão publicados, a menos que eu os envie à *Revista dos Resultados Irreproduzíveis*, criada por um colega israelense brincalhão.

CAPÍTULO 2

O CADERNO VERMELHO: HISTÓRIA DE UMA DESCOBERTA

Foi em 1982 que a AIDS começou a atrair minha atenção de pesquisador. Foi então que se soube, a partir do número de casos repertoriados entre homossexuais, que se tratava de uma doença transmissível. Os toxicômanos, o segundo grupo a ser afetado pela doença, utilizavam todos drogas pesadas por via intravenosa: eram contaminados pelo sangue. Alguns casos registrados entre os hemofílicos indicavam também que a infecção podia provir de produtos derivados do sangue. A AIDS não podia ser causada por uma bactéria clássica, um fungo ou um protozoário, pois todos esses germes são retidos pelos filtros através dos quais são passados os produtos sanguíneos necessários à sobrevivência dos hemofílicos. Não restavam senão organismos ainda menores: o agente responsável pela AIDS podia portanto ser um vírus.

A verdadeira história da doença começou um ano antes, em 1981. O Center for Disease Control (CDC), instalado no subúrbio de Atlanta, é um órgão importante a que estão ligados mais de quatro mil pesquisadores. Sua missão geral: proteger a saúde dos americanos, o que implica que se ocupem também do resto do mundo. Todos os riscos sanitários são examinados com lupa. Foi sobretudo no campo das doenças infecciosas que o CDC — criado em 1942, pouco depois de Pearl Harbor, para controlar a malária nas zonas de guerra — conquistou uma reputação internacional. Milhares de amostras de sangue e de órgãos, centenas de vírus e de micróbios, vindos de todo o planeta, são conservados ali para servir à pesquisa. Sobretudo, o CDC compreende um departamento composto por médicos e cientistas que são um pouco caçadores de micróbios, sempre prontos a ir a qualquer lugar do mundo para se lançar na pista de um agente infeccioso ainda desconhecido. Nos anos 70, os vírus das febres hemorrágicas africanas, muito contagiosos, tinham lhes dado bastante trabalho. Desde o início dos anos 80, porém, a situação estava razoavelmente calma.

No entanto, na primavera de 1981, o CDC recebeu informações intrigantes. Em Los Angeles, um jovem clínico, Michael Gottlieb, acreditava ter encontrado traços de uma epidemia inquietante: segundo ele, jovens homossexuais estavam morrendo de pneumocistose, uma forma particularmente grave de pneumonia, num hospital da cidade. Três dos doentes, em particular, apresentavam uma diminuição do número de linfócitos T4,[1] que defendem o organismo contra as infecções. A pneumocistose tem origem numa infecção por um protozoário, o *Pneumocystis carinii*, parasito normalmente bem eliminado pelo sistema imunitário. Essa pneumonia só se desenvolve em crianças que nascem sem sistema imunitário ou nos doentes cujas defesas são deliberadamente rebaixadas para se evitar a rejeição de um órgão transplantado. Ora, os casos não correspondiam a nenhuma dessas situações.

A pneumocistose é uma doença parasitária tão rara que o único fabricante de um dos medicamentos que permitem debelá-la não se dera nem mesmo ao trabalho de cumprir os procedimentos necessários para que ele fosse vendido livremente. Em caso de necessidade, era preciso passar pelo CDC, que controlava sua distribuição. Curiosamente, no prazo de algumas semanas os pedidos aumentaram bruscamente. Foi por isso que, em 5 de junho de 1981, os homens do CDC publicaram, no boletim mensal do órgão, um artigo com o seguinte título: "Casos de pneumocistose — Los Angeles". Naquele momento, porém, aquilo não pareceu mais interessante que a habitual ladainha sobre intoxicações alimentares, febres e envenenamentos registrados nos quatro cantos do mundo.

Um mês depois, no entanto, sobreveio um novo alerta. Em seu número de 4 de julho de 1981, o mesmo boletim publicou um novo artigo, intitulado dessa vez "Sarcoma de Kaposi e pneumocistose em homossexuais masculinos — Nova York e Califórnia". Informava à comunidade médica que, nos últimos 30 meses, o sarcoma de Kaposi havia sido diagnosticado em 26 jovens nova-iorquinos. Foi Alvin Friedman-Kien quem primeiro assinalou que estava tratando de vários jovens homossexuais atingidos por essa curiosa doença, muito rara. De fato, essa forma de câncer acomete sobretudo as pessoas idosas. Dessa vez, as atenções se voltaram de cheio para o sarcoma de Kaposi, a pneumocistose e, de maneira geral, para as infecções que surgem em caso de destruição do sistema imunitário nos homossexuais.

Um grupo de trabalho dirigido por James Curran foi imediatamente encarregado de um levantamento. Duas vias de pesquisa se esboçaram. Antes de mais nada, era preciso verificar todas as amostras de tecidos e de sangue para constatar se, como era de supor, existia realmente uma ligação entre aqueles diferentes sintomas. Ao mesmo tempo, era preciso acumular o maior número de dados possível sobre os diferentes pacientes para encontrar a pista da doença. Quinhentas perguntas, cobrindo 23 páginas, foram então elaboradas pelos especialistas do CDC: elas formam o "CDC Protocol 577", que deve fornecer o perfil característico do doente. Pois, naquela altura, ninguém era capaz de encontrar resposta para esta questão aparentemente simples: por que esses jovens homossexuais se encontram subitamente privados de defesa imunitária?

Iniciado em outubro de 1981, esse vasto levantamento foi encerrado em 1º de dezembro. Era preciso então esquadrinhar todos os questionários. As hipóteses evoluíam bem, e também as pressões, interessadas em minimizar o impacto do que parecia a alguns uma verdadeira epidemia. A comunidade científica, contudo, no início pouco alarmada por essa doença que aparentemente só atingia os homossexuais, começou a se inquietar quando foram descobertos outros casos em hemofílicos tratados com produtos derivados do sangue.

No final de 1982, o CDC resolveu fixar o nome dessa doença não identificada, que por pouco não foi chamada GRID (de *Gay Related Immuno Deficiency*: imunodeficiência ligada à homossexualidade). Ela se tornou AIDS (de *Acquired Immuno Deficiency Syndrome*: síndrome da imunodeficiência adquirida). Em francês, SIDA.

Já se sabia então que a AIDS atingia pessoas com menos de 60 anos que não apresentavam nenhuma doença e não tinham passado por nenhum tratamento capaz de acarretar uma depressão imunitária. Ela se manifesta por uma ou várias infecções que são chamadas oportunistas ou por um sarcoma de Kaposi. A epidemia já tinha acometido 750 pessoas nos Estados Unidos, uma centena na Europa e um número indeterminado na África. Todas eram jovens, apresentavam o mesmo tipo de imunodeficiência (uma diminuição dos linfócitos T4) e 75% eram homossexuais com múltiplos parceiros ou bissexuais. Os 25% restantes eram homens ou mulheres heterossexuais, usuários de drogas intravenosas, haitianos recém-emigrados para os Estados Unidos e alguns hemofílicos. O perfil da doença começava a se delinear, mas sua origem precisa, embora tudo indicasse tratar-se de um vírus, permanecia desconhecida. Um imenso trabalho, contudo, já fora realizado ao longo de quase dois anos: dali em diante, sabia-se onde e o que procurar.

Foi nessa ocasião, no outono de 1982, que Paul Prunet, o diretor científico do Institut Pasteur Production, veio me ver. Estava com um probleminha...

Por convenção, todas as descobertas feitas no Institut Pasteur são exploradas por sua filial, o Institut Pasteur Production (IPP), que lhe destina uma parcela do total apurado em suas vendas. Em particular, cabe ao IPP fabricar industrialmente e comercializar vacinas e testes. Para desenvolver a vacina contra o vírus da hepatite B, o IPP utilizava grandes quantidades de plasmas de doadores de sangue que já haviam sido infectados por esse vírus. Os doadores franceses não eram suficientes. Assim, era preciso comprar plasma nos Estados Unidos (2.500 litros em 1981). De fato, nesse país as doações de sangue são pagas, o que atrai doadores expostos a muitas infecções, em particular toxicômanos, que vendem seu sangue para comprar a droga. Na França, ao contrário, a doação de sangue repousa exclusivamente na doação voluntária e gratuita.

Anteriormente, o diretor do Laboratoire National de la Santé (LNS), Robert Netter, havia se preocupado com os diferentes vírus que podiam contaminar os plasmas utilizados para a preparação da vacina da hepatite. Lembro-me de ter participado de reuniões onde foi evocada a presença eventual de retrovírus. Por proposta minha, decidiu-se então que uma amostra de cada lote de plasmas seria testada num dos laboratórios de minha unidade, o de Jean-Claude Chermann, para se buscar uma atividade transcriptase, sinal da presença de um retrovírus. Naturalmente, o teste não teria sido capaz de detectar quantidades muito pequenas de retrovírus, mas nem por isso deixava de ser uma precaução útil. Assim, no início dos anos 80, dois plasmas foram identificados como positivos por esse teste e eliminados da preparação da vacina. De que retrovírus se tratava? Jamais saberemos, porque esse vírus eventual nunca pôde ser cultivado. Mas isso mostra que, bem antes do isolamento do vírus da AIDS, nossa equipe, a do IPP e o LNS admitiam a existência de retrovírus humanos patogênicos.

Além disso, Paul Prunet estava sentindo necessidade de reforçar a formação e a informação de seus colaboradores mediante a contratação de um imunologista. Nesse intuito, o IPP publicou um anúncio em meados de 1982. Uma pessoa, que só tinha precisado atravessar a rua, se apresentou: era Jacques Leibowitch, que vinha do hospital Necker e se instalara havia pouco no hospital Raymond Poincaré, em

Garches, bem em frente às instalações do IPP. Ele despertou a atenção de Paul Prunet para um novo perigo: os plasmas americanos podiam transmitir o agente da AIDS. Comunicou-lhe também sua convicção de que esse agente podia ser um retrovírus. O único deles conhecido no homem até então era o HTLV *(Human T Leukemia Virus)*, que acabara de ser descrito pela equipe de Robert Gallo no NIH.

Na época eu não conhecia Jacques Leibowitch. Mas Paul Prunet veio ter comigo no outono de 1982 para falar desse problema e me perguntar se eu tinha condições de pesquisar a presença do HTLV em seus preparados destinados à vacina da hepatite B. Falei a respeito com Jean-Claude Chermann e Françoise Barré-Sinoussi, que aceitaram imediatamente a idéia de participar de uma pesquisa como essa. Era preciso pesquisar esse vírus não só nos plasmas mas também nos linfócitos de pessoas atingidas pela AIDS. As coisas eram facilitadas pelo fato de que estávamos praticando o mesmo tipo de análise para procurar o retrovírus que estaria na origem dos cânceres do seio. Restava entrarmos em contato com clínicos.

Eram poucos, na época, os casos de AIDS na França, no máximo algumas dezenas. Mas — o que eu ignorava então — formara-se em torno de Willy Rozenbaum e Jacques Leibowitch um grupo de jovens médicos muito ativos, preocupados em analisar a doença, avaliar seu desenvolvimento, difundir a informação em nosso país. Foi assim que, num belo dia de dezembro de 1982, recebi um telefonema de uma outra Françoise. Tratava-se de Françoise Brun-Vézinet, uma ex-aluna de meu curso de virologia do Institut Pasteur. Responsável pelo laboratório de virologia do hospital Claude Bernard, ela havia conhecido Willy Rozenbaum antes que ele ingressasse no serviço de doenças infecciosas e tropicais do hospital da Pitié-Salpêtrière, dirigido por Marc Gentilini. Françoise se ofereceu para me trazer a biópsia de um gânglio retirado de um jovem paciente de Willy Rozenbaum, para que eu pesquisasse nele a presença do retrovírus HTLV.

No dia 3 de janeiro de 1983, Willy Rozenbaum promoveu a retirada do material. Enviou metade para o laboratório de anatomopatologia do Pitié-Salpêtrière, para a pesquisa de um linfoma[2] que teria requerido quimioterapia, enquanto Françoise Brun-Vézinet trouxe a outra metade para o Pasteur, juntamente com um tubo de sangue do doente. Como a biópsia só fora feita no fim da manhã, Françoise chegou ao meu laboratório na hora do almoço e teve bastante dificuldade para encontrar um interlocutor. Finalmente, os dois primeiros tubos aterrissaram na minha geladeira, onde os encontrei por volta das cinco da tarde, com um bilhetinho de Willy Rozenbaum, que guardei: linfadenopatias persistentes num homossexual, e o nome do paciente. Ele passou a ser BRU, iniciais de seu nome.

Por que sangue? Por que gânglios? Sabia-se na época que a AIDS é uma doença que destrói os linfócitos T4 e que é precedida por enfartamentos ganglionares que podem persistir por meses, até anos. Era lógico, portanto, que se pensasse que o agente responsável pela AIDS se encontrava não só no sangue como também nos gânglios linfáticos. Estes últimos são de fato, com o baço, o reservatório por excelência dos linfócitos. Cada gânglio constitui um ponto de parada para os germes invasores, vírus ou bactérias. Os linfócitos proliferam então e o gânglio aumenta de volume, para regredir quando a infecção é debelada. O grupo de trabalho sobre a AIDS havia concluído também que era preciso extrair o gânglio capaz de abrigar o vírus no paciente antes que este apresentasse sinais de imunodepressão: o vírus que pudéssemos encontrar nesse estádio precoce teria assim mais possibilidades de ser a causa da infecção e não conseqüência dela.

Já era noite quando me pus a trabalhar, no laboratório cuja planta eu desenhara para evitar as contaminações, pesadelo dos cultivadores de células. O bico de Bunsen, que os bacteriologistas e virologistas conhecem bem, começava a ser substituído por um novo procedimento de trabalho em meio estéril, o da capela de fluxo laminar.[3] Naquela altura, eu dispunha de uma só capela, aliás bastante primitiva: era de madeira. Comecei a dissociar a biópsia.[4] A operação não demandou mais que alguns minutos e, após algumas lavagens por centrifugação, obtive uma bela suspensão de linfócitos. Congelei uma parte a -80ºC para dela extrair mais tarde o ADN. Pus a outra em cultura, em presença de uma fração protéica proveniente do estafilococo, a proteína A, capaz de ativar os linfócitos.[5] Com a indução de uma multiplicação celular ativa, tratava-se de fazer "sair" o retrovírus que supostamente persistia, em estado latente, em certos linfócitos. Mas eu não sabia em quais. Seria em linfócitos B? Linfócitos T? No momento, coloquei os dois frascos com as etiquetas BRU 3.01.83, contendo as culturas de linfócitos de sangue e de gânglio, em estufa mantida a 37ºC, condição de crescimento ideal. No dia 6 de janeiro, para alimentar minhas culturas, acrescentei fatores de crescimento dos linfócitos T, da interleucina 2,[6] bem como soro antiinterferon.[7]

Teve início então uma longa espera. Todos os dias eu observava as culturas ao microscópio. Estavam se multiplicando bem. De três em três dias, retirava uma parte do meio de cultura e entregava a Françoise Barré-Sinoussi, que devia avaliar a presença de retrovírus pela pesquisa de uma atividade de transcriptase reversa. Que retrovírus procurar? Se ele fosse análogo ao vírus de camundongo, a transcriptase reversa só reagiria em presença de íons de manganês. Se fosse próximo do vírus do pinto e do HTLV, seria preciso usar magnésio. Tínhamos portanto de seguir essas duas pistas.

A cultura dos linfócitos do sangue era sempre negativa. Em contrapartida, em 15 de janeiro, apareceu na cultura das células ganglionares uma pequena reação sensível ao magnésio. No 23º dia, uma nova porção retirada confirmou esse fenômeno. A pista do retrovírus parecia portanto frutífera. Mas as células estavam começando a morrer. Se estivessem infectadas pelo HTLV deveriam, ao contrário, multiplicar-se indefinidamente e dar origem ao que chamamos uma cultura "imortal". Devia se tratar, portanto, de uma variante desse vírus, que infectava as células sem as "imortalizar". Fosse como fosse, esses resultados eram compatíveis com o retrato que então se traçava do vírus: tínhamos um retrovírus capaz de se multiplicar nas células dos gânglios linfáticos e talvez de acabar matando-as. Nesse ponto, devíamos tentar propagar o vírus para outros linfócitos, a fim de caracterizá-lo e compará-lo com o vírus HTLV de Gallo. Comuniquei esses primeiros resultados aos colegas clínicos, mas com prudência.

Se o vírus fosse um HTLV, ele devia se desenvolver nos linfócitos T normais. Pedi então a meu colega André Eyquem, que dirigia na época o centro de transfusão do Institut Pasteur, que me enviasse uma amostra de sangue fresco. Os linfócitos de um doador que se apresentou nesse dia, um espanhol, se revelaram excelentes. Eu os misturei com o que restava dos linfócitos de BRU. Ao cabo de alguns dias, a cultura reagiu e o vírus voltou a se propagar. Será que se propagaria no sangue de qualquer doador? Não tínhamos a menor idéia. Por precaução, pedi a André Eyquem que me fornecesse mais sangue do nosso espanhol. Mas o homem tinha voltado para a Espanha e foi impossível localizá-lo. Fizemos então tentativas com linfócitos de outros doadores, sobretudo de recém-nascidos.[8] Mas o vírus se multiplicava sem jamais transformar as células. Eu anotava cuidadosamente todos os nossos resultados num caderno vermelho, o mesmo que me servira, desde 1977, na pesquisa de retrovírus em cânceres humanos. Na página BRU, escrevi "enfim", enfim alguma coisa de sólido.

Aquele vírus tinha algum parentesco com o HTLV? Para saber, precisávamos de reagentes específicos deste último. Por telefone foi impossível entrar em contato com Robert Gallo. Só havia uma saída: escrever-lhe e confiar a carta a Jacques Leibowitch, que estava de partida para o NIH, para se encontrar com Gallo e discutir a hipótese HTLV. Nessa carta, chamei a atenção de Gallo para o fato de que tínhamos isolado um retrovírus num doente que apresentava uma síndrome linfoproliferativa, sem fazer qualquer menção à AIDS, e pedi-lhe que me enviasse reagentes do HTLV para que eu pudesse comparar a sorologia dos dois vírus. Essa prática de troca, muito comum no meio da pesquisa, é ideal para a identificação de um vírus: ele só reage com o anticorpo que lhe é específico. Se os reagentes do HTLV não dessem resultado, teríamos certeza de que estávamos realmente diante de um novo vírus. Gallo nos enviou rapidamente os reagentes pedidos, por um lado anticorpos que reconhecem especificamente esse vírus e, de outro, células infectadas pelo HTLV, que, tendo chegado em estado lastimável, nos induziram em erro. De fato, Jean-Claude Chermann e seus colaboradores observaram que o soro de BRU reconhecia as células produtoras de HTLV: BRU parecia, portanto, ter estado em contato com um vírus desse tipo. Na verdade, essa reação se deveu unicamente ao mau estado das células; não voltou a ser observada depois, com células em bom estado.

De minha parte, com uma de minhas fiéis colaboradoras, Sophie Chamaret, obtive um resultado inteiramente diferente: ele indicava que o vírus nada tinha a ver com o HTLV, porque sua proteína interna não reagia com os anticorpos dirigidos contra a proteína interna p24 do HTLV. Resultado idêntico foi obtido por J.-C. Chermann e sua colaboradora Marie-Thérèse Nugeyre, com a utilização de outra técnica. Se as diferenças quanto às proteínas internas eram tão grandes, isso indicava que os vírus eram eles mesmos muito diferentes. De fato, todos os retrovírus têm uma árvore genealógica comum, que divergiu ao longo do tempo. Alguns de seus constituintes variam mais que outros: é o caso, em geral, das capas. Em contrapartida, as proteínas internas mudam menos: no seio de uma mesma família, elas possuem os mesmos determinantes reconhecidos pelos anticorpos contra o vírus.

A partir desse momento nossa excitação tornou-se intensa. Parecia-nos, cada vez mais, que esse novo retrovírus podia estar na origem da AIDS. Para doença nova, agente novo, acreditávamos. Mas ainda havia muito a fazer. Era preciso, em particular, ver o vírus e mostrar que ele estava de fato associado à AIDS, isolando-o em diferentes pacientes e detectando neles os respectivos anticorpos.

Por iniciativa minha, formou-se um grupo que logo adquiriu o hábito de se reunir aos sábados de manhã, no meu gabinete, para fazer o balanço dos trabalhos da semana: ali estavam, além dos três virologistas do Pasteur, Willy Rozenbaum, Françoise Brun-Vézinet e sua assistente, Christine Rouzioux, Jean-Baptiste Brunet. Depois Jean-Claude Gluckman, David Klatzmann e Étienne Vilmer juntaram-se a nós. Novos resultados chegavam, mais ou menos depressa, mais ou menos claros. A balança pendia cada vez mais em favor de nossa hipótese.

Para ver o vírus, um instrumento se impõe: o microscópio eletrônico. Charles Dauguet, o responsável pelo laboratório de microscopia eletrônica do departamento de virologia, contava 20 anos de carreira no laboratório do Institut Pasteur dedicado aos vírus. Grandes ou pequenos, ele os conhecia em todas as suas facetas. Era também meu íntimo colaborador havia anos. Com muita paciência, durante dias e dias de obstinação, os olhos fixos em seu microscópio, ele procurou a célula, uma em cem ou em mil, que abrigava o vírus. No dia 4 de fevereiro de 1983, Dauguet encontrou partículas em forma de pêra nos cortes do gânglio de BRU. No centro, o "núcleo" era muito denso, bem negro. Essas imagens não correspondiam às do HTLV. Alguns dias mais tarde, Dauguet encontrou, na superfície dos linfócitos em cultura, imagens de brotamento de partículas imaturas, típicas dos retrovírus. Mostrou-me suas primeiras fotos, foram as que publicamos. Por sua vez, Françoise Barré-Sinoussi e Jean-Claude Chermann tinham desenvolvido as condições ideais para a detecção de uma atividade de transcriptase reversa e se empenhavam em caracterizar melhor aquele novo retrovírus.

Mas isso não passava de uma primeira etapa. Para conhecer melhor as propriedades do vírus, era preciso produzi-lo em maior quantidade, com linfócitos de doadores de sangue ou com linhagens celulares de origem tumoral. Todas as tentativas deste último tipo realizadas com o vírus isolado de BRU fracassaram. Restavam os linfócitos normais, cuja fonte a partir dos doadores de sangue é quase ilimitada. Mas quem sabe existiriam "bons" e "maus" produtores?

Para avançar, faltavam-nos pessoal e instalações. Já em fevereiro de 1983 pedi à direção do Institut Pasteur locais suplementares, em particular uma grande sala de trabalhos práticos desocupada, situada ao lado do laboratório onde trabalhava Jean-Claude Chermann. Recusado! Responderam-me que, se eu acreditava ter encontrado um vírus importante, tudo que podia fazer era adaptar minhas próprias salas! Ofereceram-nos contudo créditos para comprar uma nova capela de fluxo laminar e material miúdo. Foi assim que a sala de lavagem do laboratório Chermann se converteu em "Sala BRU" para o cultivo de novos vírus. Habituados a trabalhar com vírus perigosos, não tivemos nenhum caso de contaminação durante as manipulações. O pessoal que trabalhava com o vírus era, aliás, em número muito limitado. Consegui contratar um engenheiro gratuitamente: estando em estágio de readaptação, seria pago por sua antiga empresa, La Française des Parfums. Encarreguei-o da produção em massa do vírus e de sua purificação, sob a supervisão de Jean-Claude Chermann, que tinha experiência na purificação dos retrovírus de camundongo.

Uma vez que o isolamento do vírus a partir do gânglio linfático de BRU fora bem-sucedido, tentamos com Willy Rozenbaum recomeçar a operação com biópsias de pacientes na mesma fase da doença. Os resultados foram negativos ou geraram confusões. O segundo paciente, MOI, por exemplo, tinha anticorpos para o vírus BRU e o vírus HTLV. Robert Gallo, de sua parte, estava provavelmente encontrando o mesmo tipo de paciente, mas, como só procurava o HTLV, só encontrava esse vírus. De certa maneira, foi uma sorte que BRU, nosso primeiro paciente, tivesse sido infectado somente pelo vírus que isolamos.

Nessa época só procurávamos o vírus na fase ganglionar que precedia a AIDS, reservando-nos para pesquisá-lo mais tarde nos pacientes atingidos por AIDS declarada. Olhando para trás, isso foi um erro que atrasou o isolamento de uma cepa de cultivo mais fácil. De fato, os pacientes com AIDS declarada têm maior número de vírus que é possível isolar diretamente a partir dos linfócitos de seu sangue. Além disso, posto em cultura, esse vírus é mais "maléfico": mata os linfócitos e se multiplica em grande abundância em culturas de células tumorais.

Havia chegado o momento de publicar nossos primeiros resultados: o isolamento e a caracterização de um novo retrovírus, que era diferente do HTLV e se desenvolvia nos linfócitos T sem imortalizá-los num paciente que se encontrava num estádio precursor da AIDS. Esse paciente possuía anticorpos para seu próprio vírus, o que eliminava a possibilidade de que o vírus proviesse de uma contaminação de laboratório. Estávamos em abril de 1983, e eu tinha começado a preparar um texto para a revista *Nature*. Na segunda-feira de Páscoa, Robert Gallo telefonou para minha casa — disse que iria submeter à revista *Science*, para publicação, os primeiros resultados que obtivera sobre o papel do HTLV na AIDS, reforçados por um trabalho análogo de Max Essex. Poderíamos relatar nossos resultados no mesmo número? Ele estava convencido de que, como ele, tínhamos encontrado um HTLV, e que nossos três artigos, se publicados na mesma revista, se reforçariam mutuamente.

Escrevi o artigo em dois dias e o confiei à minha colaboradora mais experiente, Jacqueline Gruest, que partia no mesmo dia para visitar a filha e o genro, que trabalhava no NIH, no mesmo prédio que R. Gallo. O manuscrito estava endereçado ao editor da *Science*, mas foi entregue em mãos a R. Gallo. Esse procedimento inusitado visava ganhar tempo, pois eu não tinha dúvida de que o americano seria um dos especialistas designados pela revista para a *peer review* do artigo.

Na pressa, esqueci de redigir o resumo que deve figurar na cabeça do artigo. R. Gallo se ofereceu para escrevê-lo ele mesmo. Para ganhar tempo, aceitei. Mas o resumo que fez tendia a incluir nosso vírus na família dos HTLV, ao passo que o resto do artigo e seu título indicavam o contrário. De fato, sem nos dar conta, já tínhamos entrado numa querela científica que só terminaria vários anos depois. No dia 20 de maio de 1983 os três artigos foram publicados na revista *Science*.

Três dias antes, organizei no Institut Pasteur um seminário sobre os retrovírus da AIDS. Françoise Barré-Sinoussi apresentou nossos resultados. Mantínhamos a prudência e propúnhamos simplesmente uma hipótese: o vírus cujas características estávamos apresentando podia ser o agente da AIDS. Mas estávamos também orgulhosos e convictos de que nossos colegas pasteurianos iriam acolher nossos trabalhos com entusiasmo. A reação deles foi claramente fria. "Lá vêm de novo 'os Montagnier' fazendo alarde!", diziam uns. "Mas por que trabalhar com uma doença de homossexuais?", perguntavam outros. "Isso dá uma imagem negativa do instituto e pode prejudicar seu financiamento, que repousa em parte em doações privadas."

A comunidade científica internacional, ao ler nosso artigo na *Science*, ficou ainda mais morna. Atrelado ao trem do HTLV, nosso vírus passou despercebido. Os resultados obtidos por Max Essex indicavam que 30% dos pacientes acometidos de AIDS tinham anticorpos para proteínas de superfície das células infectadas pelo HTLV. Da mesma maneira, o artigo de Robert Gallo relatava sinais moleculares da presença de HTLV em pacientes atingidos pela AIDS, inclusive os atendidos por Jacques Leibowitch. No primeiro caso tratava-se de um artefato, o mesmo que Jean-Claude Chermann encontrara, e, no segundo, os doentes estavam sem dúvida infectados ao mesmo tempo pelo HTLV e por nosso vírus, mas a metodologia neles não lhes havia permitido diferenciar este último.

Apesar dessa decepção, convencidos de que estávamos seguindo uma boa pista, decidimos, Françoise Barré-Sinoussi, Jean-Claude Chermann e eu, dedicar mais tempo a esse vírus. Cada um de nós desacelerou suas pesquisas em outros campos. Era preciso determinar se o vírus que tínhamos isolado estava realmente presente em todos os pacientes acometidos pela AIDS, e também em todos os pacientes afetados por uma síndrome linfadenopática persistente. O cultivo em massa do vírus permitiria também o desenvolvimento de um teste diagnóstico.

Em 9 de junho, Willy Rozenbaum nos encaminhou a biópsia de um gânglio e uma amostra de sangue de um doente de AIDS, um jovem homossexual francês atingido pelo sarcoma de Kaposi cujas iniciais eram LAI. Seu gânglio estava invadido pelas células cancerosas do sarcoma de Kaposi. Pus linfócitos e células cancerosas em cultura. Estas últimas não produziram vírus. Mas os linfócitos exibiram uma atividade de transcriptase reversa considerável já no quinto dia, quando com BRU fora preciso esperar 23 dias. Transmitido para linfócitos de doadores normais, o vírus assim evidenciado multiplicou-se também muito depressa. Ele viria a se tornar célebre, porque essa cepa seria usada no mundo inteiro para a fabricação de testes de detecção, rapidamente acrescido de outros isolados de vírus.

Era a hora do batismo. Por precaução, propus dois nomes. Tínhamos a prova de que "nosso" vírus estava sem dúvida associado à AIDS e à síndrome pré-AIDS, mas faltavam ainda alguns elementos para passar à noção de agente causal. Portanto, podíamos chamar de LAV *(Lymphadenopathy Associated Virus)* os vírus isolados nos pacientes acometidos de adenopatias e de IDAV *(Immune Deficiency Associated Virus)* aqueles isolados em pacientes acometidos de AIDS declarada. Tudo indicava, no entanto, que esses dois tipos de vírus eram idênticos, salvo talvez pelo grau de virulência. Certos dados epidemiológicos revelavam na época que nem todos os pacientes acometidos da síndrome dos gânglios persistentes evoluíam para a AIDS. Em 1985, ainda carecíamos do recuo necessário e tudo que se sabia era que 10% dos doentes com adenopatias iam evoluir para a AIDS dentro de cinco anos. Era admissível, portanto, que esses vírus tivessem maior ou menor virulência. Hoje sabemos que, sem dúvida, os vírus isolados nos aidéticos são mais "mortíferos" que os presentes nos soropositivos. Mas a soropositividade evolui quase sempre para a AIDS: entre esta e o síndrome ganglionar que a precede há apenas uma questão de tempo. Não se trata, portanto, de dois tipos de vírus, mas de um único, que evolui.

Naquele momento, sabíamos que o vírus se replica nos linfócitos T, mas restava determinar se ele se multiplicava na população T4, a mais atingida pela AIDS, ou em outras populações. Para isso, era indispensável a colaboração de imunologistas. O Institut Pasteur tinha muitos imunologistas de talento. A maioria, porém, só se interessava por questões básicas e trabalhava com camundongos: o homem era "complicado" demais e as pesquisas que queríamos fazer lhes pareciam excessivamente aplicadas — por mais espantoso que isso pareça na casa fundada por Louis Pasteur! Em contrapartida, Willy Rozenbaum conhecia, na Pitié-Salpêtrière, dois pesquisadores especializados em imunologia clínica: Jean-Claude Gluckman e seu assistente, David Klatzmann, ambos membros do grupo de trabalho sobre a AIDS. O segundo, que acabara de aprender num laboratório britânico uma técnica de separação dos linfócitos T4 e T8, aplicou-se à separação de linfócitos de doadores de sangue soronegativos. A infecção dessas frações efetuadas em nosso laboratório mostrou claramente que o vírus só se replicava nos linfócitos T4 e que inibia sua multiplicação.

Por outro lado, no laboratório de Jean-Claude Chermann, Françoise Brun-Vézinet e Christine Rouzioux trabalhavam no desenvolvimento de um teste para a detecção de anticorpos anti-LAV a partir do vírus BRU produzido por linfócitos de doadores de sangue. Os primeiros estudos, já em junho de 1983, mostraram que a maioria dos pacientes que apresentava adenopatias tinha anticorpos para o LAV e não para o HTLV.

Um dia, em junho de 1983, na cantina do instituto, conversei com um colega virologista do Pasteur, Ewald Edlinger, sobre nossos resultados e sobre o aspecto morfológico muito particular do vírus ao microscópio eletrônico: dessa conversa resultou que o LAV era muito parecido com o vírus da anemia infecciosa do cavalo. Este último é um lentivírus.[9]

Saí da cantina direto para a biblioteca do Institut Pasteur. Em obscuras revistas de patologia veterinária guardadas nos anexos, sob o telhado, enfrentando a poeira e o calor, encontrei finalmente minha felicidade: fotografias tão parecidas com as do LAV como duas gotas d'água. Meus colegas da Escola Veterinária de Maison-Alfort enviaram-me uma amostra da cepa de referência do vírus da anemia infecciosa do cavalo, bem como amostras de soros de cavalos infectados. Para nossa grande surpresa, esses soros de cavalos infectados reconheciam a proteína interna p25 do LAV, a que é menos variável na família de cada retrovírus. Cheguei a pensar que talvez a AIDS proviesse de uma variante desse vírus. Mas não, o vírus do cavalo se recusava a crescer em linfócitos humanos e o nosso não crescia em linfócitos de cavalo. Além do mais, nem o vírus do cavalo nem o vírus Visna do carneiro atacavam os linfócitos T4 ou causavam imunodepressão. O parentesco, portanto, era longínquo. Mas restava o importante: o LAV estava próximo desse grupo de vírus e distante do HTLV.

Em junho de 1983 encontrei-me com Robert Gallo em Paris, no apartamento de um amigo comum, Guy de Thé. A discussão começou, áspera. Apresentei um argumento após outro. Mas Gallo não queria ouvir nada: sustentava que o LAV era uma variante do HTLV. Na verdade, acredito que nessa época ele não estava familiarizado com os lentivírus, e sobretudo que não era capaz de conceber que um homem pudesse ser atacado por duas famílias tão distintas de vírus quando suas pesquisas tinham sido infrutíferas durante anos. Não obstante, convidou-me para participar de uma reunião do grupo de trabalho que havia formado do NIH e pediu-me que levasse uma amostra de LAV para que seus colaboradores o analisassem.

Lá estava eu, no início de julho, chegando à casa de Gallo, perto do NIH, com uma amostra do LAV congelado em gelo-seco. Era domingo, fazia calor. Uma vez posta a amostra num congelador, a -20ºC, participo por um momento de uma partida de handebol já no final. A reunião, no dia seguinte, foi um verdadeiro festival pró-HTLV. Mal me deram alguns minutos para falar do LAV e mostrar as fotografias que tínhamos feito ao microscópio eletrônico. Deixei claro em minha exposição que o LAV era muito diferente do HTLV, que estava mais próximo de um lentivírus, o da anemia infecciosa do cavalo. Mattew Gonda, o microscopista que colaborava com Gallo, foi talvez o único a observar que aquelas imagens eram exatamente as de um lentivírus e a compreender a importância daquela analogia como os lentivírus animais. O resumo da seção, elaborado pelo secretariado de Gallo, mal fez alusão à minha exposição e mencionou de passagem um vírus isolado na França, a que dava o nome de HTLV3. Ao chegar em Bethesda, eu tinha um projeto de colaboração entre o NIH e o Institut Pasteur, preparado por Danielle Bernemann, responsável pelo serviço de propriedade industrial de nosso instituto. A seu pedido, havíamos depositado rapidamente os principais produtos por nós isolados na Collection Nationale de Culture de Micro-Organismes (CNCM). Depois da reunião, fui tomado pela exasperação: era inconcebível trabalhar em conjunto em semelhantes bases. De volta ao Institut Pasteur, estava ainda mais determinado a prosseguir na via que tínhamos tomado.

De fato, o verão trouxe novas provas. Isolamos os vírus LAV a partir do sangue de um jovem hemofílico acometido de AIDS. Ele tinha um irmão igualmente infectado, mas em bom estado de saúde... Os dois, que sofriam de hemofilia B, haviam recebido produtos sanguíneos (fator IX) preparados pelo Centre National de Transfusion Sanguine (CNTS). Mas como, numas férias passadas na Áustria, eles haviam recebido também produtos preparados à base de plasmas americanos, a origem de sua contaminação permanecia indeterminada.

Os primeiros estudos epidemiológicos efetuados com a ajuda dos primeiríssimos testes ELISA (*Enzyme-Linked Immunosorbent Assay*) por Françoise Brun-Vézinet e Christine Rousioux mostraram que a maioria dos pacientes atingidos por adenopatias tinha anticorpos para LAV, estando portanto infectados pelo mesmo tipo de vírus.[10] De todo modo, já tínhamos um número suficiente de elementos para agir, tanto junto aos poderes públicos como junto à comunidade científica.

Em agosto de 1983 encaminhei às autoridades competentes, notadamente o diretor geral do CNRS, ao diretor geral do Inserm*, ao diretor geral do Ministério da Saúde Pública, ao diretor de pesquisas do Ministério da Pesquisa, cartas de conteúdo quase idêntico: "Resultados recentes indicam que um jovem hemofílico acometido de AIDS está infectado pelo vírus LAV (HIV), sendo o modo de contaminação mais provável os concentrados anti-hemofílicos que recebe regularmente. Esses dados fragmentares me autorizam a considerar esse vírus potencialmente perigoso para o homem e a alertar as autoridades

---

* Institut National de la Santé et de la Recherche Médicale. (N.T.)

responsáveis para o interesse que haveria, para a França, em desenvolver rapidamente meios de diagnóstico e de prevenção contra a disseminação desse vírus, não se podendo excluir a via sanguínea." Escrevi também ao professor Soulier, diretor do CNTS, para informá-lo da utilidade do aquecimento dos produtos anti-hemofílicos.

As cartas suscitaram apenas respostas polidas, que no entanto se concretizaram pela visita de dois colegas próximos da esfera de decisão, Jean-Paul Levy e Jean-François Bach, e pela liberação de 500 mil francos pelo Ministério da Pesquisa. Não era o suficiente para a construção de um laboratório P3, laboratório de segurança indispensável para se produzir o vírus em massa sem perigo.

Mas que significava a centena de casos de AIDS recenseados na França, sendo a grande maioria de homossexuais? Aquilo não configurava um problema de saúde pública. Além do mais, nossos resultados não podiam ser verdadeiros, já que não eram confirmados pelos americanos... Só um Charles de Gaulle em política e um Jacques Monod entre os cientistas teriam podido compreender e tomar as decisões necessárias. Mas eles não estavam mais lá.

Da parte dos especialistas, a acolhida não foi melhor. Fui convidado por Robert Gallo para um colóquio sobre os retrovírus que James Watson lhe pedira para organizar em Cold Spring Harbor, com Max Essex e Ludwig Gros, o descobridor do primeiro retrovírus de leucemia de camundongo. Cold Spring era a Meca da biologia molecular: James Watson, um dos pais da hélice dupla, montou ali seus laboratórios e fez dele um local incomparável para congressos. O colóquio centrou-se no HTLV e nas leucemias; uma única sessão, a última, que se realizaria à noite, deveria ter a AIDS por tema. Estávamos em 15 de setembro de 1983.[11] Muitos participantes do congresso já tinham ido embora e falei para uma sala pela metade. Além disso, o presidente da sessão, Don Francis, do CDC, parecia ter pressa em encerrá-la e não me concedeu nenhum tempo adicional além dos meus 20 minutos regulamentares. Uma saraivada de perguntas seguiu-se à minha apresentação, algumas de boa-fé, outras menos... Eu tinha certeza de que se tratava de um retrovírus? Havia mesmo sido observada uma atividade de transcriptase reversa? O próprio Guy de Thé me disse estar convencido de que havíamos encontrado um novo retrovírus. Comunicou-me suas reservas, porém, no tocante a seu papel causal. Quanto a Robert Gallo, perguntei-lhe a razão de sua atitude, uma vez que, com meu manuscrito, ele tinha em mãos todos os detalhes de nosso trabalho. "*You punched me out*", ele me respondeu: eu havia demolido todo o seu trabalho sobre o HTLV e a AIDS. Apesar disso, na conclusão de minha exposição, querendo ser ecumênico, não descartei tampouco o HTLV... Havia acreditado ingenuamente que conseguiria convencer. Esbarrei contra uma parede de indiferença ou de má-fé.

Antes de voltar a Paris, fiz uma conferência em Nova York, na universidade Rockefeller. Ouviram-me polidamente, sem mais. Na minha volta, pensava fazer uma reunião com jornalistas, bem como uma entrevista. Ela devia ser feita por John Maurice, um jornalista que havia falado do LAV (e do HTLV) no *JAMA*, o *Journal of the American Medical Association*. Cancelei a entrevista e a direção do Pasteur, em acordo com a do CNRS, pediu-me que abrisse mão da coletiva prevista em Paris e publicasse um simples comunicado. Um outro desapontamento me esperava. David Klatzmann havia preparado um artigo sobre o tropismo do vírus para os linfócitos T4 e o submetera à *Nature*. A revista o recusou. Um dos especialistas consultados refutou a origem humana do LAV: não seria um contaminante de laboratório proveniente de um vírus de camundongo? No entanto, sabíamos perfeitamente que isso era impossível, já que o doente tinha anticorpos contra seu próprio vírus. Além disso, muito elegantemente, o especialista nos aconselhava a esperar dois anos para publicar nossos resultados, "como o tinha feito Robert Gallo em relação ao HTLV". Não havia dúvida de que aquele britânico estava ligado a Gallo. Apesar de nossos protestos, nossas respostas, nossas explicações, a decisão mostrou-se irrecorrível, hostilidade espantosa da parte de uma revista científica de alto nível a uma descoberta que fugia às normas.

De raiva, enviei à *Nature* o manuscrito que havia depositado em Cold Spring para ser publicado no livro do congresso. Este tinha sua publicação prevista para janeiro de 1984. De fato, fui um dos raros a depositar o manuscrito antes da data limite. O livro acabou sendo publicado apenas em junho de 1984 e incluiu capítulos sobre o vírus HTLV3 de Gallo (idêntico ao LAV) escritos já em 1984, muito depois do congresso. Quanto ao artigo sobre o tropismo T4, importante para demonstrar o papel do LAV na AIDS, sua sorte foi ainda mais funesta. Depois que foi rejeitado pela *Nature*, Jean-Claude Gluckman e David Klatzmann o reescreveram para enviá-lo a uma outra revista de alto nível, *Proceedings of the National Academy of Sciences* (*PNAS*). O artigo tinha primeiro de ser proposto por um membro da academia, que designaria dois *referees*. André Lwoff aceitou apresentar o artigo e eu lhe submeti uma lista de especialistas possíveis. Um deles jamais devolveu seu parecer, como se nunca tivesse recebido o manuscrito... Finalmente, na primavera de 1984, enviamos o texto à *Science*. Os artigos de Gallo sobre o HTLV já tinham sido publicados e Ruth Kulstadt, do corpo de editores da *Science*, nos fez saber que acolheria os artigos do grupo francês. David Klatzmann e Jean-Claude Gluckman reescreveram pela terceira vez — numa noite — uma nova versão, que foi publicada em julho de 1984, quase um ano após o primeiro envio à *Nature*.

Nesse meio tempo, um artigo que eu tinha enviado à *Science* sobre a homologia com o vírus da anemia do cavalo não teve melhor sorte. Publiquei-o finalmente em março de 1984 nos *Annales* do Institut Pasteur. Guardo — e penso que também meus colaboradores e colegas — uma grande amargura desse período. Sabíamos que tínhamos razão, mas estávamos sozinhos. Muitos descobridores devem ter passado pela mesma experiência, mas dessa vez tratava-se de um problema de saúde pública. Muitas vezes perguntei a mim mesmo se as coisas teriam podido ser diferentes. Talvez devêssemos ter publicado rapidamente em revistas de língua francesa, como os *Comptes Rendus de l'Academie des Sciences* e alertar a imprensa. Mas não tenho certeza disso. A comunidade dos virologistas franceses se contentava em só ver surgir a luz do outro lado do Atlântico. O próprio Jacques Leibowitch, se por um lado havia tomado a dianteira para propor um retrovírus, ficara preso ao HTLV e, ainda em março de 1984, publicou um livro, intitulado *Un virus venu d'ailleurs*, em que o HTLV foi apresentado como a causa da AIDS, e o LAV não mereceu mais que um parágrafo. Quanto à imprensa, os jornais que davam o tom pendiam para o lado de Robert Gallo, como *Le Monde*, embora este tenha publicado um dos primeiros artigos favoráveis ao LAV, escrito por Jean-Yves Nau e que lhe valeu muitas críticas. Uma conferência organizada em Paris em outubro de 1983 pela Association pour la Recherche sur le Cancer (ARC) me pôs em confronto com Gallo. Apresentei os primeiros resultados do teste ELISA e anunciei que ele seria comercializado pelo Institut Pasteur Production. Meu colega americano levantou-se então para advertir o IPP e as autoridades francesas dos riscos de tal aventura. A mesma coisa num congresso organizado pelo Inserm em Seillac, perto de Blois: até pretensos especialistas franceses puseram em dúvida a natureza retroviral do LAV. Sem dúvida é o destino dos pioneiros não serem compreendidos de saída! Mas tamanha ignorância — burrice ou má-fé? — iria acarretar atrasos no desenvolvimento do teste de detecção, com conseqüências mortais para os hemofílicos e os que recebiam transfusões. Alguns meses mais tarde, felizmente, o vento iria virar.

Enquanto isso não acontecia, os resultados continuavam a chegar. O vírus BRU inicial se modificou. Tornou-se mortal para os linfócitos em cultura. Em outubro, com minha saudosa colaboradora Jacqueline Gruest, descobri uma nova propriedade do vírus que havíamos pesquisado em vão no início de seu isolamento, a de se multiplicar em linhagens tumorais contínuas. Não se tratava de linhagens T4, mas de linfócitos B produtores de anticorpos, tomados do sangue de doadores e imortalizados pelo vírus de Epstein-Barr ou provenientes de linfomas de Burkitt. Essa descoberta permitiu uma produção bem melhor do vírus.

Atribuímos essas modificações à longa série de passagens *in vitro* do vírus BRU. Em particular, o grupo Klatzmann-Gluckman, com Jean-Claude Chermann, tentou infectar precursores dos linfócitos T presentes na medula óssea. A experiência não foi conclusiva, mas a variante originada pelo vírus assim propagado, chamada MT, parecia mais vivaz e mais virulenta. Foi esse vírus que utilizei para as experiências com as linhagens de linfócitos B. Assim também, em setembro de 1983, apesar da desconfiança crescente que começava a nos separar de Robert de Gallo, voltamos a lhe enviar, a seu pedido, duas amostragens de vírus, uma delas do MT.[12] A amostragem que eu lhe levara em julho, ao que ele dizia, não crescera em seu laboratório. De fato soubemos, somente em 1991, que esse vírus MT não era BRU, mas o do paciente LAI. Teria ocorrido um erro de etiquetagem, uma mistura acidental por ocasião da cultura simultânea dos três vírus BRU, LAI e LOI para a produção do teste ELISA? É preciso ter em mente que, quando um agente infeccioso se replica mais depressa que os outros, ele pode substituir rapidamente as outras variantes, mesmo que de início estivesse presente em pequena quantidade.[13] Fosse como fosse, o vírus BRU/MT/LAI contaminou as cepas virais locais de vários laboratórios do exterior, entre os quais o de Robert Gallo nos Estados Unidos e o de Robin Weiss em Londres.

Em fevereiro de 1984, Jean-Claude Chermann e Françoise Brun-Vézinet seguiram para Park City, onde se realizaria um dos múltiplos congressos organizados todos os invernos pela universidade de Los

Angeles. Chermann apresentou todos os nossos resultados sobre a AIDS, enquanto Robert Gallo, em público, insistiu em suas posições com relação ao HTLV. Muitas coisas estavam acontecendo em seu laboratório — que mais tarde ficaríamos sabendo. Mika Popovic, pesquisador tcheco que trabalhara com os retrovírus em Bratislava, ingressara em sua equipe. Foi o responsável por todas as culturas de HTLV1. No outono de 1983, Popovic conseguiu fazer nosso vírus MT crescer em linhagens tumorais T4. Quando estava prestes a reconhecê-lo, avisou Robert Gallo, mas recebeu ordem para manter silêncio. Em dezembro Popovic telefonou-me para pedir soro antiinterferon, mas teve o cuidado de não me dizer que aprendera a cultivar nosso vírus numa linhagem contínua; contentou-se em observar laconicamente: "Sei como multiplicar seu vírus."

Em Park City, Jean-Claude Chermann teve uma acolhida melhor que a que me fora reservada em Cold Spring Harbor. Os pesquisadores do CDC, em particular Don Francis, se mostraram mais abertos e reconheceram a legitimidade do nosso trabalho. As investigações sobre o HLTV marcavam passo, enquanto as nossas avançavam. O teste ELISA, graças ao vírus produzido com linhagens contínuas, ganhara maior qualidade.

No final de março de 1984, Robert Gallo me telefonou para dizer que tinha isolado um novo vírus que crescia muito bem, um HTLV um pouco diferente dos outros: chamara-o HTLV3. Segundo ele, tratava-se do agente da AIDS. Ele o tinha comparado com o LAV? Um silêncio ao telefone. Alguns dias mais tarde ele veio a Paris. Estávamos no início de abril. Jean-Claude Chermann o havia convidado, juntamente com vários pesquisadores do CDC, entre os quais Don Francis, para dar uma série de conferências e despertar os cientistas franceses para a origem retroviral da AIDS. Robert Gallo se recusou a falar do HTLV3 em público, pois seus resultados seriam publicados na *Science* no início de maio. Aceitou, contudo, nos dar alguns detalhes em particular. Don Francis quis participar dessa reunião. Ele próprio, no CDC de Atlanta, havia isolado um vírus comparável ao nosso. Robert Gallo, porém, não aceitou que ele estivesse presente quando fosse falar do HTLV3, comentando: um vírus a mais não é nada comparado aos 48 isolados dele! Fiquei extremamente embaraçado com essa reação, no mínimo descortês. Finalmente, Don Francis concordou em sair da sala, e ficamos os três, Jean-Claude Chermann, Françoise Barré-Sinoussi e eu, diante de Robert Gallo. Ele repetiu que não tinha comparado seu novo vírus com o LAV, mas estava disposto a firmar para tanto uma colaboração, cujos resultados seriam anunciados para o mundo inteiro. Antes disso, seus resultados seriam objeto de uma entrevista coletiva à imprensa, mas esse anúncio não dependia dele e sim do governo.

Estávamos ao mesmo tempo satisfeitos, porque o vírus HTLV3 que o americano nos descrevia parecia um irmão gêmeo do LAV/MT, e desapontados, porque, pela ética, ele já o devia ter comparado com o vírus que lhe havíamos enviado e, se fosse idêntico, não cabia rebatizá-lo. É essa a minha principal censura a Robert Gallo. Ele reconheceu seu erro, em conversas privadas, e considera que o pagou muito caro mais tarde. Tanto mais que o isolado mais célebre (por ter sido o utilizado nos testes de detecção americanos), o chamado HTLV3, não passava de uma contaminação do vírus pasteuriano, LAV/MT2 ou LAI. Mas não antecipemos...

A coletiva ocorreu no dia 28 de abril de 1984. Gallo, que eu percebia estar muito tenso, telefonou-me antes e depois do evento. Eu lhe recomendara não deixar de mencionar nossos trabalhos no Pasteur, o que posteriormente ele me garantiu ter feito. Na realidade, o relato da conferência, tal como chegou aos teletipos e depois às rádios, anunciava uma grande vitória da ciência americana. A ministra da saúde dos Estados Unidos, Margaret Heckler, foi acometida de uma infeliz afonia que a impediu de ler o parágrafo destinado a homenagear os trabalhos da equipe pasteuriana. Passados mais de dez anos, esses acontecimentos ainda me deixam um travo, embora eu reconheça que, paradoxalmente, a extraordinária publicidade que Gallo fez em torno de seu vírus acabou repercutindo sobre o nosso. Para toda a comunidade científica, a partir daquele momento a questão estava clara: o LAV/HTLV3 era realmente a causa da AIDS, ponto final.

Para os meus caros colegas franceses, a América finalmente lançara suas luzes sobre nós. Já era tempo, pois era preciso passar rapidamente às aplicações. Quando algumas semanas antes o uso de um teste para a detecção do LAV nos centros de transfusão parecia excessivamente caro e inútil, agora nossos parceiros comerciais começavam a se mobilizar e a pedir nossa assistência técnica.

Nos Estados Unidos, o NIH abriu uma concorrência junto às diferentes empresas interessadas e, finalmente, adjudicou um litro de cultura de células infectadas pelo HTLV3 a cinco empresas de grande porte com experiência em testes de diagnóstico: Abbott, Dupont, Ortho etc. Na França não houve licitação porque, por convenção, nossa invenção devia ser explorada pela filial industrial do Pasteur, o IPP. Este se dividira em dois no início de 1984, tendo o setor de diagnóstico ficado sob o controle da Sanofi (Diagnostics Pasteur) enquanto o setor de vacinas estava associada à Mérieux.

Naquela altura a Diagnostics Pasteur era uma empresa pequena. É isso que torna ainda mais notável o fato de a transferência de tecnologia do laboratório para a produção ter sido tão rápida. De fato, os técnicos e engenheiros da DP foram os primeiros a se beneficiar do laboratório de segurança P3 que eu vinha exigindo para nós mesmos desde agosto de 1983. Em janeiro de 1984, a direção do Pasteur decidira finalmente construí-lo, com verbas próprias. Ele foi terminado em junho de 1984 e serviu aos engenheiros da DP, até que pudessem instalar a produção viral em seu próprio laboratório, em Garches.

Para a produção em massa do vírus, era preciso também fazer uso de uma linhagem de células que o produzisse em grandes proporções. Podíamos obter quantidades não desprezíveis de vírus no laboratório com linfócitos de doadores de sangue. Fora esse mesmo processo que permitira a Kari Cantell, na Finlândia, uma produção em massa do interferon antes que este pudesse ser obtido por engenharia genética a partir de bactérias. Teria sido possível, portanto, adaptar esse procedimento à escala industrial, à falta de melhor solução. Mas a melhor solução não demorou a chegar: a partir do início de 1984, passamos a dispor de uma linhagem tumoral derivada de linfócitos B que produzia o vírus MT sem ser morta por este. Bastava trocar as células de quando em quando, porque o rendimento baixava. Depois, graças a uma colaboração britânica, chegou uma linhagem T ainda melhor, a CEM, derivada da leucemia linfóide aguda de uma criança.

Em setembro de 1983, a Comunidade Européia começou a se interessar pela AIDS. Um grupo europeu de trabalho sobre a doença foi criado em Bruxelas. Uma de suas primeiras iniciativas foi fazer, a Robert Gallo e a mim, um convite para expormos nossos resultados, respectivamente sobre o HTLV1 e o LAV. Muitos participantes pareceram convencidos pelo LAV. Em particular, o representante inglês, David Tyrell, passou informação a respeito dele para Robin Weiss, especialista em retrovírus de Londres.

Este me telefonou, propondo-se a enviar uma jovem colaboradora sua, Rachanee Cheingsong-Popov, para aprender as técnicas de multiplicação do LAV em linfócitos. Assim, em fevereiro de 1984, ela veio fazer um estágio em meu laboratório e levou consigo para a Inglaterra a cepa BRU/MT2.[14] Dois meses mais tarde, ela voltou a meu laboratório trazendo uma cepa CEM infectada com esse vírus. Como já havíamos tentado um mês antes a mesma experiência com a cepa BRU recém-isolada e o ensaio fora negativo, pensei — equivocadamente — que não era nosso vírus que havia mudado, e sim que as células CEM de Robin Weiss deviam ser diferentes das nossas. Em nossas mãos, a cepa londrina se revelou, de fato, particularmente rica em vírus.

Propus então a Robin Weiss e à instituição que ele dirigia na época, os laboratórios de cancerologia do Chester-Beatty Institute, uma colaboração para uma aplicação industrial dessa linhagem. No entanto, antes de encaminhá-la à Diagnostics Pasteur, mandei verificar se era desprovida de micoplasmas, que contaminam freqüentemente esse tipo de linhagem tumoral. A resposta do laboratório especializado chegou: aquelas células estavam cheias de micoplasmas e, por isso, morriam muito rapidamente após a infecção. Não podiam, portanto, ser utilizadas em escala industrial.

Assim, decidi me dirigir à "biblioteca das células", a American Cell Type Collection, para retornar à CEM original, tal como havia sido depositada por Foley, seu "inventor" americano, em 1965. Esta era seguramente isenta de micoplasma (na verdade, tinha uma contaminação residual muito pequena).[15]

A partir de abril de 1984, nossos testes de laboratório ELISA, fabricados a partir de vírus produzido com linhagem B, passaram a dar, com os soros codificados enviados pelo CDC, uma resposta tão boa quanto as do ELISA fabricado com o vírus produzido com a linhagem H9 de Robert Gallo.

Por ocasião daquela famigerada reunião com Robert Gallo em abril de 1984 em Paris, havíamos combinado trocar nossos vírus. Eu o fizera sem entusiasmo, pois, lembrando-me da frase com que Mika Popovic me dera a entender que descobrira como multiplicar nosso vírus, eu achava que o laboratório de Gallo deveria ter feito essa comparação sozinho. Entretanto, foi decidido que um colaborador de Gallo, Sarngadharan, a quem chamavam de Sarang, iria trazer vírus "HTLV3" inativado a meu laboratório, para que pudéssemos comparar lado a lado suas proteínas com as do LAV, por eletroforese em gel, e a reatividade de ambos em face do soro de pacientes. Sarang chegou no dia 15 de maio de 1984, com vírus vivo e células H9 infectadas, coisa que eu não tinha pedido! Evidentemente, a comparação mostrou que os vírus eram irmãos. Eram o mesmo, eu saberia mais tarde, gêmeos idênticos! Houve algumas divergências de interpretação sobre as proteínas de capa. Na época, nem a equipe Gallo nem a minha tinham identificado a proteína "grande" de superfície do vírus, que no entanto é tão preciosa para a detecção de anticorpos contra ele. Essa proteína, a gp120, seria identificada no outono de 1984 por Max Essex e por mim, independentemente. Em contrapartida, a técnica chamada Western Blot havia permitido a Gallo e a seus colaboradores identificar a gp41, a proteína "pequena" de membrana que serve de suporte à grande. Nossas técnicas não tinham permitido detectá-la, uma vez que era possível confundi-la com uma proteína celular carregada pelo vírus, a actina, e também com um precursor incompletamente clivado das proteínas *gag* do vírus.

A segunda comparação deveria ser efetuada em Bethesda, no laboratório de Gallo. Tratava-se de comparar os ácidos nucléicos por meio dos chamados mapas de restrição: trata-se, para os genes, do equivalente à pontuação para um texto. Se a pontuação for a mesma, as palavras também devem ser idênticas.

Em nossos dois laboratórios, a corrida para a clonagem molecular dos genes do vírus havia começado. Mas o laboratório de Gallo, que dispunha de mais recursos nesse domínio, estava mais adiantado. Ele já tinha comparado o mapa de restrição de vários isolados de vírus e encontrado diferenças que já revelavam a sua extrema variabilidade. No entanto, para nossa grande surpresa, o mapa de restrição do HTLV3-B e o do LAV/BRU eram rigorosamente idênticos!

Em julho-agosto de 1984, Gallo me telefonou para anunciar esse espantoso resultado, dando a entender que talvez eu tivesse contaminado nosso LAV com o vírus vivo que Sarang trouxera em maio daquele ano ao nosso laboratório. Gallo conta que eu não tive reação alguma. Se estivéssemos usando videofones, ele me teria visto pular literalmente da minha poltrona, à beira da apoplexia! Retruquei que, se tinha havido contaminação, ela só podia ter ocorrido no sentido inverso. De fato, eu tinha enviado o LAV/MT2 a outros laboratórios além do dele, especialmente a Malcolm Martin, um de seus colegas do NIH, ainda em abril de 1984, antes de recebermos o HTLV3-B, e Malcolm encontrou igualmente um mapa de restrição idêntico.

A partir desse momento, comecei a pensar seriamente, com os jovens biólogos moleculares que me cercavam, se o HTLV3-B não seria, afinal de contas, o próprio LAV, batizado com outro nome.

O estudo do LAV por biologia molecular avançava rapidamente em nossos laboratórios. No entanto, fora muito difícil deslanchar. Eu tinha confiado a Marc Alizon, um jovem médico que fazia o serviço militar no hospital Percy e fora deslocado para meu laboratório, a árdua tarefa de clonar em bactérias o ADN sintetizado a partir do ARN viral pela transcriptase reversa. Por meio dessa sonda, era preciso depois pescar por hibridação o ADN proviral que constituía, nas células infectadas, toda a informação genética do vírus. Numa terceira fase, o seqüenciamento permitiria conhecer os nove mil encadeamentos dos quatro tipos de bases (quatro letras de um alfabeto) que formavam o código genético do vírus e determinar o quanto havia nele de genes e de proteínas que poderiam ser sintetizadas a partir desse código. A primeira fase foi realizada, não sem dificuldade, por Marc Alizon. Uma equipe mais consistente, composta por colaboradores de Pierre Tiollais, Pierre Sonigo e Simon Wain-Hobson, veio se juntar a ele para realizar a segunda fase. Finalmente, para a terceira, a direção do instituto, que começava a compreender a importância da AIDS e daquela pesquisa, acrescentou dois jovens pesquisadores, Olivier Danos e Stewart Cole, tomados de "empréstimo" a outros laboratórios do Pasteur. Esses "cinco mosqueteiros", extraordinariamente motivados, trabalhando dia e noite, conseguiram fazer o seqüenciamento em tempo recorde, compensando assim todo o nosso atraso em relação às equipes americanas. E no entanto Robert Gallo tinha em torno de si umas duas dúzias de pesquisadores, alguns oriundos de grandes laboratórios farmacêuticos.[16] De todo modo, em novembro de 1984 a seqüência do LAV/BRU/MT2 estava terminada no Pasteur.

Eu tinha sido convidado, com Jean-Claude Chermann, para participar de um congresso sobre o vírus da AIDS organizado no NIH por Sam Broder. Como Jean-Claude Chermann estava impedido de ir, sugeri a Sam Broder que convidasse em seu lugar Simon Wain-Hobson, que apresentaria a estrutura dos genes do LAV. Havia muitas coisas espantosas nessa estrutura. Além dos genes clássicos presentes em todos os retrovírus, Simon Wain-Hobson e seus colegas tinham identificado toda uma série de pequenos genes, a que chamavam por letras, F, Q, R, S, T. Esses pequenos genes não existiam nos retrovírus conhecidos de animais. Além disso, a seqüência do LAV o situava em posição diametralmente oposta à do HTLV na árvore genealógica dos retrovírus, confirmando assim sua classificação entre os lentivírus. Senti Sam Broder muito reticente com relação à apresentação de Simon

Wain-Hobson. Finalmente, consegui que fosse dado a ele o mesmo tempo de exposição que eu teria: 20 minutos.

Chegando a Bethesda, descobri a razão. A equipe do NCI* não estava inteiramente pronta para apresentar a seqüência do HTLV3 porque enfrentava dificuldades na sua interpretação. Eles queriam a todo custo que a ordem dos genes fosse a mesma que a dos genes do HTLV1 e 2, já que era preciso encaixar o novo vírus da AIDS na família dos HTLV. Na verdade, quando Simon Wain-Hobson apresentou os novos genes do LAV, os americanos amarraram a cara: descobriram que tinham "deixado escapar" um gene. No intervalo do café, Paul Luciw me confirmou que havia encontrado a mesma estrutura que Simon Wain-Hobson no vírus que Jay Levy isolara, independentemente, em São Francisco.

O anúncio de resultados num congresso público significa que a publicação está próxima. Simon Wain-Hobson havia telefonado para o editor adjunto da *Nature*, Peter Newmark, para lhe perguntar se a revista aceitaria publicar nossa seqüência. A resposta fora afirmativa. De volta a Paris, porém, quando se preparava para enviar o manuscrito, foi colhido por uma surpresa desagradável. Peter Newmark não estava mais de acordo: iria publicar somente a seqüência de Gallo, que havia recebido em primeiro lugar. Golpe de Trafalgar contra um cidadão britânico![17] Os americanos provavelmente tinham se dado conta de que as duas seqüências seriam idênticas, o que demonstraria para o mundo inteiro que os dois vírus eram na verdade um só. Além disso, corria o rumor de que um emissário de Gallo partira para Londres, para corrigir nas provas tipográficas pelo menos um dos erros de interpretação da estrutura do gene, erro que eles tinham percebido a partir da exposição de Wain-Hobson. Era preciso encontrar outra revista do calibre da *Nature* capaz de publicar muito rapidamente a nossa seqüência.

Tínhamos dúvidas sobre a *Science*, que sabíamos ser "a favor" da seqüência de São Francisco. Restava uma terceira, *Cell*, fundada por um trânsfuga da *Nature*, Benjamin Lewin. Por acaso, um amigo de Marc Alizon, Pascal Madaule (filho de Jacques Madaule), estava fazendo um estágio na universidade Colúmbia, em Nova York, no laboratório de Richard Axel. Este era amigo de Benjamin Lewin. O telefone funcionou com grande intensidade entre Paris, Nova York e Boston. Benjamin Lewin aceitou publicar nossa seqüência no número

---

* National Cancer Institute. (N.T.)

de janeiro da *Cell*. Lembro-me de que vigiávamos ansiosamente cada novo número da *Nature*. Nada! Finalmente, o terceiro número de janeiro publicou a seqüência de Gallo. A *Cell* já fora lançada havia vários dias. O artigo da *Nature* tinha 19 signatários; o da *Cell*, apenas os cinco mosqueteiros. As duas seqüências eram idênticas, salvo pelos erros experimentais.

No início de janeiro Peter Newmark havia me telefonado: tinha mudado de idéia e a *Nature* estava disposta a publicar nossa seqüência... num número posterior àquele em que figuraria o artigo de Gallo. Recusei com altivez essa proposta insolente. Muitas vezes pensei com meus botões por que o editor da *Nature* sempre se inclinara nitidamente por Robert Gallo na divergência e na competição que existia entre nossas duas equipes. Alguns anos mais tarde, numa conversa que tivemos a sós, John Maddox, editor da *Nature*, não me esconderia que tinha relações de amizade, quase uma relação de pai para filho, com Gallo. Além disso, embora *Nature* fosse editada em Londres, o grosso de seus leitores estava nos Estados Unidos. Uma coisa explica a outra?

Fosse como fosse, a identidade das duas seqüências era extremamente perturbadora. A contaminação do HTLV3-B pelo LAV, por duas vezes recebido e propagado no laboratório do NIH, era a hipótese mais provável. A outra era que o paciente BRU e o paciente que estava na origem do HTLV3-B tivessem se encontrado em Nova York e transmitido o vírus um ao outro. Hoje sabemos que, mesmo nesse caso, os dois vírus seriam mais diferentes.

Um outro motivo de desacordo entre franceses e norte-americanos continuava sendo a classificação do vírus e seu nome. Que o vírus da AIDS pertencia ao grupo dos lentivírus era para nós uma evidência. Robert Gallo, de sua parte, teimava em classificá-lo entre os HTLV, para justificar o nome que lhe dera, HTLV3.

A revista *Science* publicou um artigo do grupo de Gallo que mostrava homologias de seqüências entre HTLV1, 2 e 3. Em seguida, curiosamente, homologias de seqüências com o protótipo dos lentivírus, o Visna do carneiro. Os dois resultados se revelaram inteiramente falsos, e não restou nada desses dois artigos. Chegamos a pensar seriamente que a *Science* ia fazer concorrência à *Revista dos Resultados Irreproduzíveis*! A equipe do Institut Pasteur, por desencargo de consciência, fez igualmente em tempo recorde o seqüenciamento do

Visna, a partir de um clone que lhe fora dado por um especialista americano, Ashley Haase. Por um lado, não havia homologia significativa entre as seqüências de Visna e de LAV, o que, diga-se de passagem, eliminava as teorias nebulosas de um berlinense do Leste, Jacob Segal, segundo a qual o vírus da AIDS seria uma construção humana, feita a partir do vírus Visna e de um vírus de bovino. Por outro lado, o ordenamento dos genes era o mesmo, e o Visna continha os mesmos pequenos genes reguladores, o que confirmava que o vírus da AIDS pertencia ao grupo dos lentivírus. Apesar disso, Gallo continuava a discutir essa inclusão ao longo dos congressos de que participávamos. Nesse meio tempo, contudo, seu próprio laboratório havia evidenciado uma propriedade importante do vírus da AIDS, que o aproximava mais ainda do Visna: a capacidade de se multiplicar nos macrófagos, inclusive os macrófagos do cérebro.

A equipe dos biólogos moleculares do Pasteur, decididamente cheia de entusiasmo, enfrentou o problema da variabilidade e da origem do vírus fazendo o seqüenciamento completo de dois isolados provenientes do Zaire. Meu interesse pela AIDS africana havia começado muito cedo. Em 1983, uma equipe zairense, belga e americana, dirigida por Peter Piot e Jonathan Mann, havia diagnosticado casos de AIDS num hospital de Kinshasa. Cerca de 30 casos tinham sido observados com os recursos disponíveis: neles, as mulheres eram tão numerosas quanto os homens, o que demonstrava, pela primeira vez, a transmissibilidade heterossexual da doença. Peter Piot havia guardado com todo o cuidado os soros desses doentes. No final de 1983, já dispondo havia vários meses de um teste fidedigno para a detecção dos anticorpos para o LAV (RIPA), propus-lhe investigar às cegas (os soros tinham um número de código) a presença de anticorpos anti-LAV. Peter Piot aceitou com entusiasmo. Dei-lhe os resultados por telefone: todos os pacientes, em que a AIDS fora diagnosticada em base clínica e com base na baixa dos linfócitos, eram soropositivos para a proteína *gag* do LAV. Peter Piot me disse mais tarde que essa foi a mais bela emoção de sua carreira de pesquisador. Tínhamos também isolado, em setembro de 1983, um vírus idêntico a BRU, LOI e LAI a partir do sangue de Mme. E., uma paciente zairense hospitalizada no serviço do Dr. Vildé no hospital Claude Bernard. Ela morreu oito dias mais tarde. Seu vírus permanece em nossos congeladores. Ele foi seqüenciado pela equipe pasteuriana, assim como um outro vírus, isolado de um garotinho zairense, MAL, que sofria de anemia associada a uma malária crônica. Ele fora infectado por transfusão e estava na fase das adenopatias. Seus irmãos e irmãs eram soronegativos, o que mostrava que o vírus não se transmitia pelos mosquitos e outros insetos picadores, nem pelos contatos da vida comum.

A comparação das duas seqüências africanas com BRU foi muito instrutiva: elas divergiam em cerca de 25% no nível da capa, tanto entre si como em relação a BRU. Portanto, a variabilidade dos vírus africanos era muito superior à dos vírus europeus ou norte-americanos. Essa idéia se confirmou mais tarde. De fato, centenas de seqüências já foram realizadas pelo mundo todo. Elas estão estocadas em bancos de dados. Jerry Myers, em Los Alamos, se dedica a compará-las sistematicamente. Com isso, ele conseguiu discernir seis subgrupos, depois nove, a maior parte na África.

Mas uma variabilidade ainda maior apareceu em meu laboratório no outono de 1985. Ela deveria conduzir à descoberta de um outro vírus associado à AIDS, o HIV2. Uma microbiologista de Lisboa, Odete Santos-Ferreira, veio estagiar em meu laboratório nessa época. Com um clínico, Dr. José-Luis Champalimaud, ela acompanhava vários pacientes que tinham todos os sinais da AIDS mas se revelavam soronegativos. Esses pacientes eram todos africanos, originários de Guiné-Bissau, ex-colônia portuguesa. Odete Santos-Ferreira trouxe consigo sangue colhido de seus pacientes na manhã do mesmo dia, para que pudéssemos pesquisar a presença de um retrovírus. Dito e feito. Nas mãos de minha tarimbada colaboradora, Denise Guétard, várias culturas de linfócitos produziram efetivamente um retrovírus, que tinha a mesma atividade de transcriptase reversa do nosso HIV. Esses vírus foram analisados de duas maneiras: por suas proteínas e por seu ARN.

As proteínas eram um pouco maiores que as do vírus BRU, e as proteínas *gag* eram reconhecidas pelos anticorpos dirigidos contra as *gag* de BRU. Mas a proteína da capa apresentava sua seqüência de aminoácidos tão diferente que não era reconhecida pelos anticorpos para a capa do vírus BRU. No hospital Claude Bernard, um doente originário de Cabo Verde representava havia anos o mesmo enigma: tinha AIDS mas era soronegativo. Françoise Brun-Vézinet isolou o vírus e constatou-se que era do mesmo tipo que os dos doentes de Lisboa. Na verdade, se esses pacientes ainda tivessem anticorpos contra as proteínas *gag* eles teriam dado pelo menos uma resposta duvidosa nos testes de detecção. Mas eles tinham perdido esses anticorpos, o que acontece freqüentemente na fase avançada da AIDS, e só conservavam os anticorpos contra a capa do vírus, em que a diferença era muito maior.

A análise molecular realizada por François Clavel confirmou esses dados e, alguns meses mais tarde, a clonagem e o seqüenciamento do vírus de ROD (o paciente do hospital Claude Bernard) foram executados em tempo recorde por uma parte da equipe de biólogos moleculares que já havia feito o seqüenciamento de BRU.

Restava batizar os dois tipos de vírus. Robert Gallo nunca quisera retirar o nome de HTLV3, que dera por equívoco ao primeiro vírus da AIDS. Segundo o costume, cabia aos primeiros descobridores de um vírus dar-lhe nome: tínhamos LAV e IDAV e estava claro que HTLV3 = LAV = IDAV.

O caso se complicara porque um colega e amigo de Gallo, Max Essex, havia batizado de HTLV4 um vírus isolado entre prostitutas senegalesas em boa saúde. Francis Barin, em Tours, havia observado que elas tinham anticorpos mais pronunciados contra um vírus isolado por Ronald Desrosiers e sua equipe, no Centro de Primatas da Nova Inglaterra, de símios acometidos por uma doença análoga à AIDS humana. Esse vírus de símio tinha sido batizado de STLV3 (S de símio), sem dúvida para agradar à equipe do NIH. Batalha de nomes que duraria pouco, porque a partir do momento em que a análise das seqüências moleculares foi efetuada, Essex teve de reconhecer que "seu" HTLV4 não passava de uma contaminação do vírus de símio isolado por Desrosiers. Mas as prostitutas senegalesas estavam sem dúvida infectadas por um vírus do mesmo tipo que o de Guiné-Bissau.

Foi formado um comitê de nomenclatura, presidido por Harold Varmus, especialista em retrovírus avícolas e atual diretor do NIH. Ele decidiu a questão em favor da sigla HIV, de *Human Immunodeficiency Virus*. Dei-lhe apoio e consegui da Organização Mundial de Saúde que o termo tivesse uma tradução francesa, VIH. Batizei imediatamente de HIV2 o vírus português, em oposição ao HIV1, que compreende todos os primeiros vírus análogos a BRU. O vírus do símio tornou-se SIV, de *Simian Immunedeficiency Virus*. Uma colaboração entre as equipes de Ronald Desrosiers e de Pierre Tiollais no Institut Pasteur permitiu o rápido seqüenciamento do vírus protótipo.

Gallo e Essex batalharam por algum tempo contra a nova nomenclatura, depois a aceitaram. Estávamos então em pleno conflito jurídico entre o Institut Pasteur e o NIH. O NIH havia requerido patente do HTLV3, que tinha sido concedida pelas autoridades norte-americanas quando a patente do LAV, depositada muito antes, em dezembro de

1983, não tinha sido aceita.[18] Seguiu-se uma longa batalha entre escritórios de advocacia norte-americanos, que só terminou em março de 1987 pelo acordo "histórico" assinado pelas direções do NIH e do Institut Pasteur e homologado por Ronald Reagan e Jacques Chirac. As duas patentes tornavam-se co-propriedade das duas instituições, que dividiriam os *royalties* entre si.[19]

Uma história das contribuições respectivas das duas equipes, escrita por Robert Gallo e por mim, foi publicada na revista *Nature*. Nas ásperas discussões que precederam esse acordo, vários de nossos colegas atuaram como mediadores, e gostaria de mencionar particularmente Jonas Salk e agradecer-lhe.

A partilha foi igual entre as instituições, mas não entre os inventores. Os três americanos, Robert Gallo, Mika Popovic e Sarang receberam regularmente, cada um, cem mil dólares por ano. A partir de 1985, os franceses não receberam nada durante vários anos, porque começou-se por deduzir todas as custas de advogados da porcentagem dos *royalties* que lhes cabia. Depois, em 1991, quando chegaram os primeiros saldos "positivos", a contrapartida financeira atribuída aos inventores franceses estava longe de ser equivalente à de nossos colegas americanos.

A identificação da seqüência do HIV1 e a descoberta do HIV2 marcam retrospectivamente etapas importantes em nossas pesquisas. A partir dali, as bases dos conhecimentos virológicos e moleculares estavam assentadas. Apoiados nesse cabedal, podíamos aprofundar esses conhecimentos à luz da evolução da doença. Desse momento em diante, as equipes que trabalhavam com a AIDS, inclusive a nossa, cindiram-se em pequenos grupos dedicados a temas cada vez mais específicos. O estudo da AIDS tornou-se quase uma disciplina independente. Dois novos caminhos importantes se desenhavam para nós: compreender antes de mais nada por que, com tão poucos linfócitos afetados, o vírus destrói o sistema imunitário; conhecer melhor o papel dos co-fatores e em particular dos micoplasmas no desenvolvimento da doença. Mas nesta altura já estamos deixando para trás a epopéia das origens para entrar numa história mais banal, a que se escreve no dia-a-dia. Ela repousa sobre avanços menos espetaculares, mais modestos na aparência. Só na aparência.

SEGUNDA PARTE

COMPREENDER

CAPÍTULO 3

HISTÓRIA DE UMA DOENÇA

"Antes do aparecimento da AIDS, um inventor de jogos eletrônicos havia desenhado a progressão da doença no sangue. Na tela desse jogo para adolescentes, o sangue era um labirinto em que circulava o Pacman, um *grapefruit* amarelo, acionado por um manche, que devorava tudo que estava no seu caminho, esvaziando de seu plâncton os diferentes corredores, e era ele próprio, ao mesmo tempo, ameaçado pela aparição proliferativa de *grapefruits* vermelhos ainda mais vorazes. Se aplicarmos o jogo do Pacman, que demorou a sair de moda, à AIDS, os T4 constituiriam a população inicial do labirinto, os T8 seriam os *grapefruits* amarelos, acossados pelo vírus HIV, por sua vez simbolizado pelos *grapefruits* vermelhos, ávidos por engolir cada vez maior quantidade de plâncton imunitário."[1] Foi assim que Hervé Guibert descreveu o processo que conduz à doença. Na verdade, as coisas são certamente mais complexas do que ele podia imaginar.

A AIDS é de origem viral. Sua gravidade advém do fato de que o agente infeccioso que a causa é um retrovírus que afeta sobretudo as células do sistema imunitário. Doença crônica, sua evolução geralmente é lenta: em pouco mais da metade dos casos, passam-se dez anos entre a contaminação e o momento em que o paciente, que até então não apresentava nenhum sinal clínico, desenvolve a doença. Nesse intervalo, ele é "soropositivo".

QUE É UM VÍRUS?

Antigamente, a palavra "vírus" significava princípio de virulência e se aplicava a todas as doenças. No fim do século XIX, quando a origem bacteriana das doenças infecciosas foi reconhecida, o termo "vírus" ou "vírus filtrantes" passou a ser aplicado a agentes transmissíveis que são invisíveis ao microscópio e passam através dos filtros de porcelana que retêm as bactérias. Foi assim que se demonstrou a origem "viral" de doenças que afetam as plantas, como o mosaico do tabaco, e depois de doenças animais e humanas, como a gripe, a poliomielite, a varíola etc. Foi apenas a partir dos anos 30 de nosso século, no entanto, que se realizaram progressos decisivos no conhecimento dos vírus, graças ao desenvolvimento de procedimentos de cultura celular que permitiam a análise fina de seu ciclo de multiplicação. Além disso, a invenção do microscópio eletrônico permitiu observá-los diretamente.

Os vírus são seres vivos? Não exatamente, porque só existem no interior das células de que são parasitos. Podemos comparar sua ação à de uma fitacassete que contém informações. O aparelho de leitura é a célula. O programa genético está inscrito na banda magnética formada pelo ARN ou pelo ADN. Ele é centenas de milhares de vezes mais curto que aquele que contém o programa genético da célula, extremamente complexo. Para poder sobreviver no exterior da célula, o vírus está encerrado numa casca de proteínas (chamada capsídeo), que por vezes está ela própria cercada por um invólucro de lipídios. O capsídeo, ou capa, contém proteínas que se destinam a fixar o vírus na célula receptora. Depois dessa fixação, os constituintes internos do vírus se introduzem na célula, e o ARN ou o ADN do vírus começam seu trabalho. Enzimas específicas ao vírus produzem milhares de cópias, todas elas mensagens que dirigem a síntese das proteínas virais, que formam novas partículas (chamadas vírions) que vão sair da célula, por lise desta ou por brotamento em sua superfície.

Os retrovírus, grupo a que o vírus da AIDS pertence, são vírus cuja capa mede um décimo de milésimo de milímetro e que têm a particularidade de possuir um ARN que, graças a uma enzima específica, é transcrito numa cópia de ADN no interior da célula. É essa cópia que consegue se integrar no seio das longas fitas do ADN celular que constituem os cromossomos. O ADN do vírus (chamado provírus) comporta um conjunto de genes que são novamente transcritos nos ARN chamados mensageiros, porque induzem a síntese das proteínas do vírus, que se juntam para formar partículas virais que brotam na superfície da célula. A partir daí o ciclo pode recomeçar.

A fase de integração do provírus aos cromossomos da célula pode ser "muda": a banda magnética do vírus pode não ser lida, e a célula pode se dividir, transmitindo os genes virais à sua descendência. No entanto, a inserção dos genes virais pode alterar a leitura dos genes celulares vizinhos. É assim que os retrovírus modificam a célula e a cancerizam. De fato, muitos dos retrovírus dos animais estão na origem das leucemias, alguns causam tumores mamários, outros causam sarcomas. No homem, só se conhece até o momento um único retrovírus associado a uma forma rara de leucemia, o HTLV *(Human T Leukemia Virus)*.

Certos retrovírus, no entanto, estão associados não a cânceres, mas a patologias lentas e degenerativas: por isso são chamamos "lentivírus" ou "retrolentivírus". Seu protótipo no animal é o vírus Visna do carneiro, que, ao cabo de vários anos, causa uma pneumonia ou uma encefalite degenerativa nesse animal. O retrovírus da AIDS pertence a esse grupo, mas, como seus primos entre os símios, tem uma afinidade especial por determinados componentes do sistema imunitário, os linfócitos T4.

O HIV

As partículas virais têm a forma de pequenas esferas, cada uma das quais apresenta cerca de 80 saliências arredondadas em forma de patera. Cada patera contém várias moléculas de uma proteína grande,[2] a gp120, que tem uma altíssima afinidade pelos receptores específicos dos linfócitos T4 (ou CD4). Depois que o vírus se prende à célula, as moléculas de gp120 — associadas a proteínas menores, transmembranares, chamadas gp41 — permitem a fusão da capa do vírus com a membrana da célula e, assim, a passagem dos constituintes internos do vírus para o interior da célula. É provável que essa fusão dependa de uma mudança de estrutura da gp120, e a própria mudança estaria ligada à fixação de uma de suas partes a um outro receptor da superfície da célula.

Os componentes internos do vírus, aqueles que penetram na célula, constituem o nucleocapsídeo, feito de duas moléculas idênticas de ARN e de proteínas, entre as quais a famosa *transcriptase reversa*, e proteínas internas de embalagem, entre as quais as principais são as p24 (também chamadas p25), p18, p7 e p9. Essas proteínas internas são codificadas por um gene chamado *gag* e sintetizadas inicialmente sob a forma de uma longa fita que depois é recortada por uma outra enzima específica do vírus, chamada *protease*. Muitas pesquisas tiveram por objetivo desenvolver inibidores específicos dessas duas enzimas, a transcriptase reversa e a protease.

A organização do programa genético do HIV é ainda mais complexa. Existe na extremidade dos genes um comando de sua expressão,

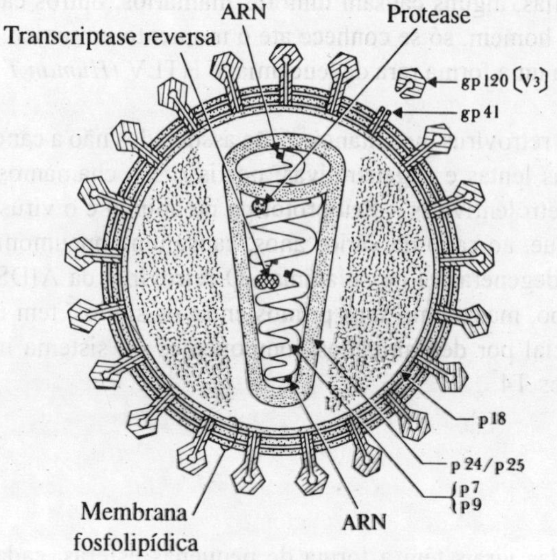

Estrutura do HIV segundo Charles Dauguet

cuja regulação é múltipla: depende ao mesmo tempo de genes virais, chamados genes de regulação, e de genes celulares.

Em geral, para que os retrovírus possam integrar seu provírus no ADN celular, é preciso que esse ADN esteja se replicando, isto é, que a célula esteja em fase de multiplicação ativa.

O HIV não tem necessidades tão estritas; é capaz de integrar seu ADN provírus nos cromossomos dos linfócitos T4 mesmo que estes não estejam se multiplicando. Basta apenas que estejam numa fase preparatória, chamada ativação. De fato, no sistema imunitário, a maioria dos linfócitos, em particular os que circulam no sangue, está numa fase de repouso total. O HIV pode penetrar neles, começar a transcrição reversa de seu ARN em ADN, mas esse ADN não é transportado para o núcleo; morre ali mesmo. Em contrapartida, se o linfócito estiver ativado, por um antígeno específico por exemplo, a integração do ADN provírus pode ocorrer e sua expressão em ARN mensageiro e proteínas virais é possível. Na verdade, certas proteínas celulares, sintetizadas somente nos linfócitos ativados, podem elas próprias ativar o comando da expressão dos genes do vírus.

Um primeiro gene de regulação do vírus, chamado *tat*, é essencial. Ele codifica uma pequena proteína que, ao se fixar sobre o início dos

ARN mensageiros do vírus, acarretará sua síntese total numa taxa muito elevada. A célula sintetizará assim em seu núcleo milhares de cópias dos mensageiros virais.

Um outro gene de regulação, chamado *rev*, permite o transporte de alguns desses ARN mensageiros do núcleo para o citoplasma: eles dirigem a síntese das proteínas virais. Quando *rev* não funciona, só passam do núcleo para o citoplasma os ARN mensageiros que codificam as proteínas de regulação do vírus, que são assim as únicas a ser fabricadas, ao passo que os ARN mensageiros que codificam as proteínas de estrutura ficam bloqueados no núcleo.

Uma outra proteína de regulação, *nef*, tem um papel ainda mais sutil. Se novas partículas virais são sintetizadas, elas tendem a se fixar nos receptores T4 da célula ainda disponíveis; assim, a célula é perpetuamente reinfectada. A quantidade de material viral é tamanha que a célula não consegue suportá-la e morre muito depressa por um processo de apoptose, que descreveremos adiante.

Finalmente, aparece o paradoxo. Quanto mais depressa a célula morre, menos vírus ela produz; ao contrário, se ela não morre, produz muito mais vírus. Ora, justamente, o vírus "inventou" o gene *nef*, que codifica uma proteína capaz de impedir a reciclagem dos receptores T4 na superfície do vírus. A célula que não apresenta mais esse receptor não pode ser reinfectada; com isso, não morre tão depressa e produz maior quantidade de vírus. Existem também outros "pequenos" genes de regulação, que têm sua utilidade, mas cujas funções ainda não foram bem compreendidas (*vif*, *vpr*, *vpx* etc.).

Não existem dois HIV idênticos. Esse fenômeno se deve ao fato de que a transcriptase reversa faz um número enorme de erros. As enzimas de replicação em geral cometem alguns erros: a do ADN celular, por exemplo, se engana uma vez em um bilhão. Já a transcriptase reversa se engana cerca de uma vez em dez mil. O ciclo de replicação do vírus é muito rápido e o meio celular não contém todos os compostos necessários para a síntese das proteínas. A enzima se engana porque não dispõe de bons materiais. Podemos comparar essa situação com a de um tipógrafo a quem faltassem certas letras do alfabeto para imprimir um título: não dispondo do a, utilizaria por exemplo o b. Além disso o programa genético do HIV não dispõe de um sistema de correção de erros como o que existe para o ADN celular.

Os erros são cometidos ao acaso, mas só persistem as mutações compatíveis com a sobrevivência do vírus. Esse fenômeno ocorre em todos os seres vivos, mas numa taxa bem mais baixa. Assim, quando da formação do embrião, quase todos os erros genéticos que condicionam o desenvolvimento são eliminados, porque eles acarretam a morte prematura do embrião e um aborto. As doenças genéticas que conhecemos são compatíveis com a sobrevivência do embrião e da criança após o nascimento.

Quando os erros da transcriptase reversa são excessivamente numerosos nas partes *gag* ou *pol*, o vírus não pode existir como tal: em conseqüência, poucos erros são conservados nesses dois genes. Em contrapartida, o vírus tem "interesse" em conservar as mutações ocorridas na sua superfície, para escapar ao sistema imunitário. É isso que explica a grande variabilidade do gene *env*. Assim, o HIV se apresenta como a capa do toureiro diante do touro: a cada vez, apresenta ao sistema imunitário um passe diferente que o desorienta.

Tudo isso põe em jogo sistemas complexos, nem todos bem compreendidos, mas essa variabilidade se inscreve perfeitamente na estratégia do vírus: persistir o mais longamente possível em seu hospedeiro. É por essa razão que o HIV varia permanentemente numa mesma pessoa e difere ainda mais de uma pessoa para outra. Essa variabilidade genética é uma das dificuldades próprias do desenvolvimento de uma vacina, já que esta deve, teoricamente, ser eficaz contra todas as variantes. Essa variabilidade deve ser levada em consideração também no diagnóstico da infecção pelo HIV: é preciso que os testes reconheçam um máximo de partes conservadas.

As células visadas pelo vírus HIV são essencialmente os linfócitos T4, que contêm uma molécula (CD4) que lhe serve de receptor,[3] mas também os macrófagos, que contêm o mesmo receptor. Estas últimas células são capazes de fagocitar, isto é, de engolir partículas estranhas e de apresentar os fragmentos da digestão aos linfócitos T4 e T8. Quando não estão ativadas, são chamadas de monócitos. Células derivadas dos macrófagos estão presentes em vários tecidos, no cérebro, na pele, nos gânglios linfáticos; também elas podem ser infectadas pelo vírus, o que explica a presença deste em numerosos tecidos e órgãos.

Graças à segunda glicoproteína da capa, a gp41, produz-se uma fusão da capa do vírus com a membrana da célula-alvo. Todo o interior do vírus penetra na célula, ao passo que a glicoproteína da capa permanece no exterior. Essa operação pode durar menos de uma hora. Num linfócito, há 50 mil receptores CD4, a que podem se fixar partículas virais ou capas vazias. Estas últimas seriam capazes, por simples contato com os linfócitos, de induzir sua morte prematura.

O HIV é capaz também de infectar *in vitro* os linfócitos B, caso estes tenham sido previamente transformados por uma infecção pelo vírus de Epstein-Barr, ou os linfócitos T8 infectados pelo HTLV1.

O HIV se replica sempre da mesma maneira na célula que infecta, segundo um ciclo comum a todos os retrovírus. É importante conhecer as diferentes etapas desse ciclo, porque elas permitem compreender os mecanismos da infecção. Sobretudo, cada uma delas é um alvo terapêutico potencial.

Resumidamente, a replicação se efetua em três etapas:

— penetração do vírus na célula: a capa do vírus (gp110/gp120) reconhece o receptor ou os receptores da superfície da célula a infectar, as membranas se fundem e o vírus penetra na célula.

— a inserção ao acaso dos genes do HIV no ADN da célula hospedeira, em duas etapas: por conversão do ARN viral em ADN graças à enzima transcriptase reversa, depois transporte para o núcleo, integração do ADN viral no ADN celular dos cromossomos graças a uma integrase. Se o linfócito estiver numa fase de ativação favorável, o vírus não leva mais de algumas horas para fazer tudo isso. Na maioria dos casos, para se integrar no material genético de uma célula, os retrovírus têm necessidade de que a célula esteja ativada, que esteja se multiplicando intensamente. No caso do HIV, contudo, parece ser suficiente que o ADN esteja se preparando para a replicação. Se o linfócito retorna à sua fase de repouso, o ciclo pode se interromper e o vírus ficar "dormindo" até uma próxima ativação da célula.

— expressão de novas partículas virais se a célula é novamente ativada: transcrição do ADN do vírus integrado na célula em ARN mensageiros, portadores passivos da informação genética, que deixam o núcleo para entrar no citoplasma; síntese das proteínas do HIV a partir dos ARN mensageiros; reunião das proteínas virais, que se deslocam rumo à superfície celular para deixar a célula e liberar no meio dezenas de novas partículas, prontas para infectar outras células.

Como se Detecta a Infecção?

Já em fevereiro de 1983, desenvolvemos em nosso laboratório o primeiro teste para a detecção dos anticorpos no soro. Esse teste (chamado RIPA, de *Radio Immunoprecipitation Assay*), muito sensível e específico, continua reservado aos laboratórios de pesquisa, pois exige a cultura de células infectadas pelo HIV e a utilização de aminoácidos radioativos para a marcação das proteínas virais. No entanto, hoje ele é pouco utilizado, uma vez que foram elaboradas outras técnicas, igualmente confiáveis e de manejo muito mais fácil em qualquer laboratório de biologia.

Vários tipos de técnica podem ser utilizados: pode-se começar por pesquisar anticorpos secretados por um sujeito infectado; pode-se também detectar o vírus propriamente dito, o ADN provírus ou as proteínas virais específicas no sangue circulante.

A *pesquisa dos anticorpos*, a técnica mais praticada, se efetua no soro e, eventualmente, em outros líquidos fisiológicos (saliva, urina, esperma, secreções vaginais). Esse procedimento serve tanto para os testes de detecção quanto para os de confirmação.

No *teste de detecção* ELISA *(Enzyme-Linked Immunosorbent Assay)*, cada soro é depositado num pequeno poço em cujo fundo se encontra fixado seja o vírus inteiro, seja partes do vírus, seja peptídios virais sintéticos. Soros positivo e negativo são sistematicamente integrados ao teste para servir de controle; a leitura se faz num certo comprimento de onda e os resultados são dados em relação ao controle negativo.

Na França a legislação impõe a utilização de dois reagentes diferentes para a detecção. Se os dois testes forem negativos, o sujeito é considerado soronegativo. Em caso de positividade dos dois testes ou de discordância entre eles, é necessário aplicar um teste Western Blot de confirmação.

No *teste Western Blot de confirmação*, as proteínas virais são separadas segundo seu tamanho e depois transferidas para tiras de plástico especial. Cada tira testa um único soro; controles positivo forte, positivo fraco e negativo são sistematicamente incluídos. A leitura dos resultados se faz diretamente pela presença ou ausência de bandas correspondentes a certas proteínas virais. O Western Blot permite especificar as diferentes proteínas virais reconhecidas pelos anticorpos. A Organização Mundial de Saúde formulou recomendações precisas para a interpretação desse teste, que são adotadas internacionalmente. A positividade está ligada à presença obrigatória de anticorpos contra as glicoproteínas externas gp160, gp120 e transmembranares gp41, e/ou de anticorpos para as proteínas internas. Um perfil completo de Western Blot apresenta anticorpos para as gp160, gp120, gp68, p55, gp41, p40, p34, p24/25 e p17-18.

O teste ELISA dá uma resposta do tipo "tudo ou nada". A grande maioria dos soros reage de maneira nítida, acima do limiar no caso dos positivos, abaixo no dos negativos; alguns soros, porém, ficam apenas muito próximos do controle negativo, para cima ou para baixo. Nesse caso, um teste Western Blot mostra que proteínas virais são reconhecidas por esses anticorpos.

Quando o teste ELISA é positivo, ou limite, e o Western Blot mostra uma única banda que não permite concluir pela positividade com base nos critérios internacionalmente adotados, colhe-se outra amostra de soro duas ou três semanas depois. Se ele reage da mesma maneira, não revelando evolução em relação ao primeiro, ou se mostra negativo, a pessoa é definitivamente classificada como soronegativa. Nesse caso, diz-se que o teste ELISA deu um "falso positivo". Nos casos de infecção muito recente, ao contrário, o segundo teste se torna positivo. Após uma infecção pelo HIV, o organismo precisa de tempo para produzir anticorpos: é o chamado tempo de soroconversão. Nesse intervalo, a pessoa está infectada, mas ainda soronegativa. Casos bem documentados de contaminações profissionais mostram que a soroconversão ocorre entre 39 e 77 dias após o acidente. Assim, por consenso, avalia-se o tempo de soroconversão em três meses. Cientificamente, não é possível excluir soroconversões mais tardias, mas elas são certamente muito raras.

A antigenemia (presença de proteínas virais, portanto de vírus, no sangue) precede o aparecimento de anticorpos detectáveis pelas diferentes técnicas e revela uma infecção que pode ou não ser acompanhada de sinais clínicos. Ela é transitória, desaparecendo algumas semanas após o surgimento dos anticorpos para reaparecer de maneira episódica no curso da evolução da doença. Para a *pesquisa da antigenemia*, um teste ELISA específico permite detectar a proteína virótica p24/25 em circulação no soro das pessoas infectadas. Essa técnica não substitui o isolamento do vírus, mas, num soropositivo, uma antigenemia positiva associada a uma baixa de anticorpos anti-p24/25 parece ter uma significação desfavorável para a evolução clínica do paciente e pode ajudar na tomada de uma decisão terapêutica. A pesquisa do antígeno é regularmente praticada para o acompanhamento dos pacientes sob tratamento anti-retroviral, mas nem sempre é positiva.

O *isolamento do vírus* é uma técnica demorada e onerosa, reservada a laboratórios de pesquisa equipados com salas de alta segurança. Na maioria das vezes, utilizam-se linfócitos do sangue circulante postos em cultura num meio apropriado, com os fatores de crescimento necessários para sua multiplicação. Depois as células são co-cultivadas com linfócitos de doadores soronegativos e conservadas durante cerca de seis semanas. Uma técnica recente permite separar e cultivar somente os linfócitos T4, alvo privilegiado do vírus, o que facilita o seu isolamento. A presença do vírus é detectada pela dosagem da atividade de transcriptase reversa e pela presença do antígeno p24/25 no sobrenadante da cultura. Essa técnica é empregada para o diagnóstico precoce da infecção no recém-nascido de mãe soropositiva. Em casos raros, é praticada para confirmar um diagnóstico em pessoas cuja sorologia é de interpretação difícil e que têm probabilidade de estar contaminadas. É nesse contexto que são isoladas novas cepas virais que se revelam variantes muito distanciadas das cepas prototípicas.

A *pesquisa do ADN virótico pela PCR (Polymerase Chain Reaction)* permite ampliar até milhões de vezes uma cópia de ADN ou de ARN viral, tornando-a detectável. Grandes progressos foram realizados na padronização da PCR, mas ela continua reservada a laboratórios muito especializados. É utilizada para a pesquisa básica, mas também, por exemplo, para definir se um recém-nascido de mãe soropositiva está infectado ou não, como complemento ao isolamento do vírus.

Os *métodos de diagnóstico rápido*, que podem levar poucos minutos, são úteis como complemento aos testes clássicos nos casos em que se precisa de uma resposta rápida, como para utilizar um órgão para transplante. Um resultado obtido unicamente pelo uso de testes rápidos não deve, em nenhuma circunstância, ser transmitido ao paciente.

Testes ELISA foram adaptados para a *pesquisa de anticorpos na urina*. Os resultados são inteiramente satisfatórios, mas a urina deve ser conservada a +4°C. A *pesquisa dos anticorpos na saliva* é mais fácil: esta é fixada num mata-borrão guardado à temperatura ambiente e pode ser utilizada nas três semanas posteriores à retirada. Essas duas abordagens diferentes da sorologia clássica são interessantes por dispensarem a coleta de sangue: por representar considerável economia, isso poderia permitir aos países em via de desenvolvimento a realização de testes a custo mais baixo. No entanto, a facilidade de seu uso não os deve transformar em testes auto-aplicáveis, sem controle médico, como aqueles para o diagnóstico da gravidez vendidos livremente nas farmácias.

Há variantes do vírus que escapam aos testes? A descoberta do HIV2 nos permite responder. Alguns pacientes, originários do oeste da África, sobretudo de Guiné-Bissau, de Gana, da Costa do Marfim e das ilhas de Cabo Verde, apresentavam todos sinais clínicos da AIDS, mas seu perfil sorológico no Western Blot era incompleto: não se podia chegar a uma conclusão segundo os critérios internacionais em vigor. O isolamento do vírus a partir do sangue circulante de alguns desses pacientes permitiu encontrar anticorpos contra todas as proteínas desse novo grupo de vírus, chamado HIV2. As proteínas do HIV2 são de tamanho ligeiramente diferente das do HIV1, e a maioria dos testes ELISA permite reconhecer os dois vírus.

Em circunstâncias idênticas, vários laboratórios isolaram recentemente um vírus a partir de pacientes aidéticos originários de Camarões ou de parceiros sexuais de pessoas vindas desse país. As proteínas da capa diferem 50% das do HIV1, e mais ainda das do HIV2.

Com colegas do hospital de Reims e do Pitié-Salpêtrière, isolamos recentemente um vírus desse tipo a partir do sangue circulante de uma paciente francesa. Esse vírus e os outros isolados do mesmo tipo não constituem um HIV3, e sim um subgrupo do HIV1, denominado HIV0. Alguns testes, em particular os que utilizam peptídios de síntese, detectavam mal esse subgrupo. Na França, eles foram retirados do mercado pela Agence du Médicament.

A existência de novos subgrupos na África sugere que os diferentes isolados de HIV podem ter tido uma origem antiga distinta. Ela confirma que os HIV são vírus presentes no homem há muito tempo, muito antes que a epidemia fosse detectada. Provavelmente a lista dessas variantes não está completa. Antes de afirmar a ausência de HIV num paciente que apresente os sintomas da AIDS, é preciso, portanto, efetuar todos os testes de detecção atualmente existentes.

Estudamos vários doentes que apresentavam todos os sinais da AIDS sem conseguir encontrar neles nenhum vestígio do vírus. Num desses pacientes foi isolado um micoplasma, *Mycoplasma fermentans*, sem que tenha sido possível demonstrar formalmente o papel causal desse agente infeccioso. É preciso lembrar que o homem, como muitos mamíferos, abriga em seu material hereditário seqüências de retrovírus, ditas endógenas, que são aparentemente bem toleradas pelo organismo. Não se pode excluir a possibilidade de que, em certas condições patológicas, a presença das proteínas desses retrovírus em quantidade muito excessiva possa debilitar o sistema imunitário. Caso essa possibilidade exista, tal "AIDS" não seria transmissível. Estudos epidemiológicos conduzidos pela OMS num certo número de casos não puderam evidenciar o caráter transmissível dessas "AIDS sem HIV".

O Desenvolvimento da Doença

Cada doente tem sua própria história. No entanto, os estudos feitos com grupos de doentes bem identificados e acompanhados muito de perto permitiram elucidar certas constantes na evolução da AIDS.

Essa evolução é em geral longa: após a infecção pelo HIV, decorrem em média uns dez anos antes que os sinais clínicos e biológicos se manifestem. A história natural da doença compreende várias etapas bem definidas: a primo-infecção, a fase silenciosa e a doença clínica. Num certo número de casos, a contaminação se traduz por uma infecção aguda, cujas manifestações são aparentemente banais e que dura de alguns dias a algumas semanas. A reação do organismo a essa primo-infecção é, hoje sabemos, determinante para a evolução da infecção. Segue-se uma fase intermediária, silenciosa, que pode se estender por vários anos sem sintomas clínicos. Depois, com o correr do tempo, aparecem pequenas anomalias biológicas que vão se ampliando pouco a pouco. Até poucos anos atrás, esse período era considerado uma fase de latência: supunha-se que o vírus estivesse dormindo nas células que havia infectado. Hoje sabemos que ele permanece ativo e se multiplica em certas células. Finalmente, o sistema imunitário fica gravemente perturbado e deixa de cumprir suas funções; doenças oportunistas aparecem, assim como alguns cânceres. Trata-se então da AIDS.

No entanto, as diferenças de um indivíduo para outro são consideráveis. O grupo que é acompanhado há mais tempo compreende 6.704 homossexuais e bissexuais de São Francisco, recrutados entre 1978 e 1980 para um teste de vacinação contra a hepatite B. Deles, 9% estão infectados pelo HIV: 1% desenvolveu a doença ao cabo de dois anos; 12% a desenvolveram ao fim de cinco anos; 51% ao cabo de dez anos e 68% ao cabo de 13 anos e 8 meses (última estatística conhecida). Passados 13 anos, 113 soropositivos não avançaram para a AIDS. Observa-se uma evolução bastante semelhante em meio a populações mais reduzidas, tanto entre os hemofílicos,[4] em cujo caso em geral se conhece com precisão a data de contaminação, quanto entre os toxicômanos, ainda que sobre eles se tenha menos informação. Pode-se pensar, portanto, que a duração da incubação da doença é a mesma, seja qual for o modo de contaminação. No entanto, a idade poderia influenciar a sobrevida: quanto mais velho é o sujeito no momento da contaminação, mais rápida é a evolução. Observou-se também que quanto mais avançado é o estágio da AIDS em que está o doador de sangue, mais depressa o sujeito que recebeu a transfusão evolui para a doença. O mesmo se verifica no caso das mães soropositivas que contaminam os filhos: quanto mais avançadas estão na doença, maior risco de ser infectados correm seus filhos. Nos dois casos, uma quantidade considerável de vírus é transmitida no momento da infecção. No caso dos usuários de drogas intravenosas é mais difícil obter dados fidedignos, pois a própria droga prejudica o sistema imunitário e as infecções oportunistas podem ser diferentes das apresentadas pelos homossexuais, que hoje servem como base de referência. De fato, freqüentemente eles sofrem septicemias que podem acarretar a morte. Não podemos dizer hoje quantas pessoas infectadas ainda estarão vivas 20 anos depois da infecção. Talvez 5 ou 10%. Falta-nos o recuo necessário para responder a essa pergunta.

Como explicar tamanhas diferenças? Na verdade, vários fatores intervêm: eles estão ligados à própria natureza do vírus, à sua variabilidade potencial, à quantidade recebida por ocasião da infecção, à resposta do organismo, em particular a reação imunitária no momento da contaminação, mas também, talvez, a co-fatores infecciosos que podem intervir, ativando o sistema imunitário e aumentando assim o número de alvos do vírus, ou ativando as células que guardam o vírus em estado latente. Seja como for, essa longa evolução de uma infecção viral não é exclusiva da AIDS humana. Nós a encontramos também nos símios infectados pelo SIV e em animais infectados por outros retrolentivírus, como o Visna no carneiro, o vírus da anemia infecciosa no cavalo ou o vírus da encefalite na cabra. Outro retrovírus humano, o HTLV, está na origem de uma leucemia que se manifesta várias décadas após a infecção. Uma doença nervosa degenerativa, a paraparesia espástica tropical, que parece também estar ligada à infecção por esse retrovírus, sobrevém após longo período de incubação.

A Fase Precoce

As primeiras semanas que se seguem à infecção pelo vírus parecem hoje determinantes para a evolução da doença, e isso seja qual for o modo de contaminação: sexual, sanguínea ou perinatal. Sobrevém uma infecção aguda, ou primo-infecção, que dura algumas semanas. O vírus se replica de maneira constante nos gânglios linfáticos, primeiras barreiras contra os agentes infecciosos, mas muito pouco no sangue. É por isso que é difícil isolá-lo nesse estádio.

Essa fase pode ser clinicamente silenciosa mas, freqüentemente, ela se caracteriza por sinais não específicos de uma infecção viral aguda, semelhantes aos sinais de uma gripe, de modo que o episódio passa freqüentemente despercebido. Vários sinais podem, no entanto, se ver associados num período que vai de uma a mais de quatro semanas: febre e erupções cutâneas são as manifestações mais freqüentes, mas também dores de cabeça, por vezes dores nos músculos e nas articulações, diarréias, dor de garganta. Mais raramente, o aparecimento de grandes gânglios e manifestações neurológicas que atestam a entrada do vírus no cérebro são mais alarmantes, mas regridem espontaneamente. Esses sinais bastante anódinos raramente levam o doente a consultar um médico nessa fase, mas o interrogatório que este realiza depois pode permitir datar a contaminação. Estudos recentes sugerem que a demora do aparecimento da AIDS-doença está ligada à severidade clínica da primo-infecção.

A resposta imunitária a esse estádio ocorre em várias etapas, que nada têm de específicas da AIDS. Em primeiro lugar intervêm os macrófagos; depois observa-se uma secreção de interferon, uma resposta da imunidade celular, e finalmente uma resposta da imunidade humoral com o aparecimento de anticorpos.

Os *monócitos*, células presentes na circulação sanguínea, são os primeiros a acorrer ao local da infecção para enfrentar o intruso. Eles se transformam então em grandes células aderentes, capazes de fagocitose, chamadas macrófagos. Por absorção e depois digestão, os macrófagos tentam destruir as células infectadas. O problema, no caso da AIDS, é que o vírus consegue se replicar igualmente dentro dos macrófagos: quanto mais estes se multiplicam para digeri-lo, mais ele se desenvolve.

Muito rapidamente, observa-se uma *secreção de interferon*. Trata-se de um grupo de proteínas particulares que servem para a defesa contra todos os vírus. Qualquer célula infectada por um vírus secreta interferon encarregado de neutralizá-lo. Isso se aplica também aos macrófagos e aos linfócitos, que são os dois principais alvos da infecção pelo HIV.

Uma a duas semanas mais tarde sobrevém a *resposta de imunidade celular*: as células mortíferas (em geral linfócitos T8) aparecem. Elas têm por missão destruir as células infectadas. Na verdade, não têm efeito sobre o próprio vírus, mas reconhecem a proteína de capa e as proteínas internas do vírus na superfície das células infectadas.

Ao que parece, são a secreção de interferon e a resposta de imunidade celular que têm maior eficácia para reduzir a produção de vírus no momento da primo-infecção.

A última resposta imunitária resulta da *secreção de anticorpos* pelos linfócitos B. Até o presente momento, ela é usada para a detecção da infecção, pois ainda não existem meios práticos para detectar facilmente as outras respostas imunitárias nem a replicação do próprio vírus. Nessas condições, podemos compreender por que a infecção só pode ser descoberta ao cabo de algumas semanas, no momento em que os anticorpos aparecem.

O vírus se multiplica nos macrófagos e nos linfócitos ativados. Ora, em condições normais os linfócitos estão em repouso. Só são ativados quando uma partícula estranha aparece. Se, quando de sua contaminação pelo HIV, o sujeito já tem uma outra infecção, os linfócitos já ativados facilitam a infecção pelo HIV: é isso que observamos, por exemplo, nas contaminações sexuais em mulheres que têm uma infecção genital, porque suas mucosas apresentam uma quantidade considerável de linfócitos e macrófagos ativados.

No estádio precoce da infecção, o vírus não mata as células que infecta. Se isso ocorresse, desapareceria com elas. Ele tem de respeitar a integridade da célula para que esta produza a maior quantidade possível de partículas virais, que irão por sua vez infectar novas células. Na maioria das vezes, a pessoa é infectada por uma mistura de partículas virais, algumas muito virulentas e outras menos. As mais virulentas desaparecem nos primeiros dias da infecção. De fato, as células que elas infectam são destruídas prioritariamente pelos linfócitos T8 citotóxicos, ou morrem prematuramente em decorrência da própria infecção viral. Tudo se passa como se, no início da infecção, *ocorresse uma seleção contra o vírus forte em favor do vírus fraco*. Na verdade, quem ganha com ela é aquele que sabe se multiplicar sem matar as células e que consegue se esconder do sistema imunitário. Somente quando o sistema imunitário é destruído é que reaparecem as cepas mais virulentas, que matam diretamente as células.

Durante esse período, os exames biológicos revelam uma diminuição do número de linfócitos T4, ligada à multiplicação do vírus. Este é o principal fenômeno biológico da infecção pelo HIV. No corpo, circulam cerca de um trilhão de linfócitos. Sua dosagem é fácil; é realizada regularmente, mediante coletas de sangue dos soropositivos, que vivem ao sabor de suas flutuações. No início da infecção, o número absoluto de linfócitos T4 está compreendido entre 500 e 1.200/mm^3

de sangue, é a taxa normal; depois ele decresce progressivamente nos pacientes em cerca de 60 a 100/mm^3 por ano. Em condições normais, temos duas vezes mais T4 que T8; a partir do início da infecção essa relação se inverte, para culminar no desaparecimento progressivo dos T4, na fase da AIDS declarada. De maneira inconstante, temos um indicador objetivo da multiplicação do vírus: a presença de antígeno p24/25 no sangue. Quanto aos anticorpos, como vimos, eles aparecem em geral no curso dos três meses que se seguem à exposição ao vírus.

A Fase Assintomática

Após a primo-infecção, instala-se um período de vários anos, dito fase assintomática, intermediária ou crônica. O indivíduo habitualmente não apresenta nenhum sinal clínico, mas pode transmitir o vírus. Deve receber um acompanhamento médico regular. No seu sangue, são encontrados anticorpos, mas pouco ou nenhum vírus. Na maioria dos casos, persistem gânglios do tamanho de uma noz, como aconteceu com BRU.

Um gânglio desempenha um duplo papel. É uma barreira contra a infecção, mas serve também de reservatório para o vírus, assim como todos os outros órgãos produtores de linfócitos: baço, amígdalas e placas de Peyer do intestino etc. Nesses tecidos, certas células, chamadas dendríticas, filtram o vírus, que assim se acumula. Nesse estádio, ele se replica lentamente e se transmite sem dúvida de célula para célula, burlando a vigilância do sistema imunitário. Pouco a pouco, os linfócitos T4 se infectam por sua vez, e o declínio do sistema imunitário começa.

A fase assintomática é particularmente importante para nós, pesquisadores: quanto melhor compreendermos o que se passa durante esses anos, mais faremos recuar o aparecimento da doença. Pois quando esta se declara as possibilidades terapêuticas continuam limitadas.

Durante muito tempo, pesquisadores e clínicos indagaram se a infecção evoluía ou não realmente durante esse período, em outras palavras, se o vírus "dormia" ou não dentro dos linfócitos. No início dos anos 80, chegou-se até a perguntar se todos os soropositivos evoluiriam para a AIDS. Na verdade, nesse período células estão sendo permanentemente infectadas pelo vírus, sobretudo nos gânglios linfáticos.

Quais são os fatores que podem influir na duração da fase silenciosa? O próprio vírus desempenha sem dúvida um papel importante: o poder de replicação de algumas cepas é forte, o de outras, fraco. A carga viral recebida durante a fase de infecção aguda deve igualmente ser tomada em consideração. Por outro lado, a magnitude da resposta imunitária por ocasião da primo-infecção também conta: se uma quantidade importante de vírus é produzida no sangue e nos tecidos linfáticos, e se o vírus continua a se replicar nesses tecidos, a evolução para a AIDS é rápida. Em contrapartida, se a resposta imunitária é muito eficaz, o vírus desaparece totalmente do sangue e quase totalmente dos gânglios linfáticos: a fase de evolução é então muito longa.

Nesse caso, a questão se torna ainda mais complexa. O que determina a evolução para a AIDS? Quando a resposta imunitária é boa, só restam muito poucos vírus. Por que, então, o sistema imunitário fica ameaçado? Como vemos, ainda que o papel do HIV na AIDS seja reconhecido hoje por todos, ou por quase todos, persistem muitas incógnitas na história dessa doença, da qual não conhecemos nenhum precedente no homem. Por que doentes dotados de condições imunitárias comparáveis evoluem de maneira diferente e respondem depois de maneira diferente aos tratamentos? Por que encontramos pouco vírus em certos doentes, mesmo já com AIDS? Todas estas interrogações sugerem que talvez diferentes co-fatores intervenham no curso do desenvolvimento da doença. Voltaremos a falar deles.

Os Estados Assemelhados à AIDS

A passagem da fase assintomática para o estádio da AIDS é anunciada o mais das vezes pelo aparecimento de sinais clínicos pouco importantes e pela modificação de certos parâmetros biológicos: muitas vezes é graças a males da pele e das mucosas (candidíase bucal, herpes-zoster, leucoplasia da língua, acne, impetigo) que os soropositivos descobrem seu estado. Embora de pouca gravidade, essas infecções são incômodas, pois recidivam apesar dos tratamentos adequados. Sem dúvida isso já é conseqüência de uma deficiência seletiva do sistema imunitário para agentes ubíquos. Num organismo, o efeito dos antibióticos é normalmente completado pela ação do sistema imunitário. Ora, este está debilitado. Manifestações alérgicas, que se traduzem em erupções cutâneas e pruridos, são igualmente possíveis.

Nesse estádio, os exames biológicos atestam um aumento do número de linfócitos T8, um aumento das imunoglobulinas secretadas pelos linfócitos B e uma ativação geral do sistema imunitário que se traduz por mortes celulares por apoptose e pela liberação da microglobulina beta2, cuja taxa aumenta no sangue, ao passo que a de linfócitos T4 diminui. O interferon começa a circular, mas, ao contrário do que ocorre no início da infecção, ele passa agora a ter um papel nocivo. De fato, o organismo não está adaptado a reagir a uma infecção viral crônica. O interferon pode ser comparado a um sistema de freio. Se alguém dirigisse com o pé permanentemente no freio de um carro, um aquecimento geral se produziria. O interferon é um bom freio no caso de um episódio pontual, mas não está adaptado a um fenômeno crônico. Não só perde sua eficácia, como também pode contribuir para a degradação do sistema imunitário, de mesma maneira que a secreção de citocinas inflamatórias.

Os co-fatores infecciosos (citomegalovírus, hepatite B, micoplasmas etc.) parecem desempenhar um papel importante nesse momento. A depressão imunitária, que ainda não é geral, já começa com relação aos germes que estão habitualmente presentes no organismo: os germes comensais. Normalmente, o sistema imunitário os regula perfeitamente: eles se replicam exatamente o bastante para se fazer lembrar pela memória do sistema imunitário, que os pode então bloquear. Quando da infecção pelo HIV, os linfócitos ativados por esses germes podem ser seletivamente infectados e destruídos pelo vírus, o que diminui a imunidade contra esses agentes, que estarão mais tarde na origem das doenças oportunistas (pneumocistose, toxoplasmose, citomegalovírus, candidíase etc.).

Os piscas-piscas biológicos se acendem, de maneira diferente segundo os pacientes. Indicam que se está chegando perto da fase clínica. A carga viral nos linfócitos e no sangue aumenta. Aparecem variantes do vírus, que provocam a fusão das células infectadas entre si: o vírus mortífero não pode mais ser contido pelo sistema imunitário.

A AIDS

A AIDS se revela pelo aparecimento de uma ou várias infecções oportunistas: as mais freqüentes em nossos países são a pneumocistose e a toxoplasmose. Na África, são a tuberculose e a criptococose. Hemopatias, linfomas ou o sarcoma de Kaposi podem também aparecer. Em mais de 40% dos casos, observa-se um acometimento do sistema nervoso pelo próprio vírus ou por um agente oportunista. Essas doenças sinalizam a falência do sistema imunitário.

Por definição, uma infecção oportunista não se desenvolve num sujeito cujas defesas imunitárias são normais. Em caso de AIDS, várias delas podem se desenvolver ao mesmo tempo. Podem até afetar o mesmo órgão, o cérebro, por exemplo. Como a imunidade celular está particularmente afetada, freqüentemente são germes intracelulares que estão na origem das infecções. Elas se caracterizam por sua gravidade e pela possibilidade de reaparecer. Felizmente, muitos antibióticos são eficazes, tanto para preveni-las quanto para curá-las. Foi isso que estimulou o estabelecimento de uma profilaxia para algumas delas (toxoplasmose, pneumocistose e micobacteriose) antes mesmo do primeiro episódio e depois, para prevenir o seguinte.

A natureza das infecções oportunistas depende de sua freqüência na população geral circundante. Na África, é a tuberculose que domina.[5] Nos Estados Unidos, Canadá e Europa, é a pneumocistose.[6] Na França, a toxoplasmose é igualmente freqüente: parece estar ligada ao consumo de carne mal-passada.[7] No Sudeste Asiático, um cogumelo (*Penicillium marneffei*) causa infecções dermatológicas graves. No entanto, a prevalência relativa dessas infecções modificou-se no curso dos últimos anos, em razão dos tratamentos profiláticos que hoje são propostos de maneira sistemática aos doentes. Eles lhes proporcionaram um maior tempo de vida.

O sistema imunitário controla numerosas células pré-tumorais. Quando ele se enfraquece, elas se desenvolvem para formar um sarcoma de Kaposi[8] ou linfomas,[9] ligados em particular ao vírus de Epstein-Barr.

Com isso, o sistema nervoso é freqüentemente atingido. No momento da primo-infecção, isso se traduz por vezes por uma encefalite, uma meningite ou um acometimento dos nervos periféricos. Todas essas manifestações regridem espontaneamente. Pensa-se que talvez certas cepas virais tenham maior afinidade para os macrófagos que para os linfócitos. Uma vez infectados, os macrófagos atravessariam a barreira meníngea, que protege o cérebro, e estariam na origem de pequenos focos de infecção viral.

No momento em que a AIDS se declara, esses focos seriam reativados em razão do colapso do sistema imunitário. Em cerca de 20% dos pacientes desenvolve-se então uma encefalite. Os primeiros sinais são dificuldades de concentração, lapsos de memória, atividade intelectual mais lenta. Depois, progressivamente, em questão de semanas ou meses, instala-se um estado demencial. Nos diferentes exames, o cérebro perde substância branca e por vezes se torna atrófico. Essa encefalite é a complicação neurológica mais freqüente no estádio da AIDS declarada. Assim, 40 a 80% dos doentes apresentam manifestações neurológicas mais ou menos severas. Existe uma forma muito grave dessa infecção nos recém-nascidos de mãe soropositiva com déficit imunitário grande. Ela é, em todos os casos, de prognóstico muito sombrio.

Uma questão que se coloca é saber como o vírus produz essas perturbações, já que ele não infecta os neurônios. Pensa-se que é por mecanismos indiretos. Os macrófagos secretam citocinas inflamatórias que perturbam muito o funcionamento das células gliais, que envolvem os neurônios, ou ainda liberam produtos de oxidação, em particular óxido nítrico. Em dose pequena, este é um mensageiro entre as células nervosas. Em dose grande, é um veneno que impede seu funcionamento. Recentemente, foi demonstrado que o vírus é capaz de infectar células gliais em cultura. Como elas alimentam os neurônios, seu acometimento poderia alterar o funcionamento dos neurônios, seja diretamente, seja acarretando sua morte por apoptose.

O sistema nervoso é também sede de infecções oportunistas: toxoplasmose cerebral (em 14% dos casos), encefalite por citomegalovírus, criptococose neuromeníngea (19% dos casos), linfomas, ou ainda leucoencefalite multifocal causada por um pequeno vírus a ADN.

Manifestações hematológicas variadas podem igualmente sobrevir no curso da doença: diminuição do número das plaquetas sanguíneas com perturbações da coagulação, alteração das linhagens-tronco sanguíneas, presença de auto-anticorpos no sangue.

Nessa fase da doença, todos os parâmetros imunológicos soçobram. Os linfócitos são mortos pelo vírus ou morrem de apoptose. Por vezes uma queda dos linfócitos T4 precede a ocorrência de uma infecção oportunista. Qual desses fatores determina o outro? A infecção oportunista, ao estimular os linfócitos, aumenta o risco de infecção pelo vírus.

Além disso, um processo destrutivo se acelera em todas as células do organismo: o estresse oxidante. Os macrófagos ativados e infectados liberam na circulação quantidades cada vez maiores de produtos de oxidação, de radicais livres, que são tóxicos para as outras células. Eles induzem a apoptose e quebras de ADN, além de modificar as membranas de outras células, que com isso se tornam muito mais frágeis. Esse mecanismo acarreta uma destruição celular muito grande. No estádio terminal, não há mais linfócitos T4 no sangue, ao passo que circulam grandes quantidades de antígeno viral. A morte pode advir das conseqüências da recidiva de uma infecção, de um câncer, de uma encefalite ou ainda de uma caquexia.

Esta última evolução é muito característica da AIDS. Assiste-se a uma enorme lassidão muscular e a perda de peso se acelera. Origem desse fenômeno: a desnutrição. O vírus, direta ou indiretamente, afeta muito o tubo digestivo: os produtos de digestão são menos bem absorvidos pelo intestino. As células epiteliais com borda em escova, cujo papel é absorver os alimentos necessários para o funcionamento do corpo, não são diretamente infectadas pelo vírus. Elas se ressentem, contudo, do fato de as placas de Peyer, situadas imediatamente abaixo delas, conterem linfócitos infectados, secretando citocinas que perturbam muito seu funcionamento. Progressivamente, os produtos da digestão vão deixando de ser absorvidos. É provável que a infecção tenha também um efeito direto ou indireto sobre as fibras musculares, afetando as mitocôndrias, organelas intracelulares necessárias a seu funcionamento porque lhes fornecem energia química. Os músculos se atrofiam, e os primeiros a ser afetados são os da face.

A observação a longo prazo dos sobreviventes, ou, mais exatamente, dos que progridem lentamente, é rica de ensinamentos. Essas pessoas foram infectadas há mais de dez ou 15 anos, em alguns casos, e continuam não apresentando nenhum sinal da doença. Seus parâmetros biológicos são estáveis, ainda que o número de seus linfócitos T4 baixe cerca de $65/mm^3$ por ano. No grupo de São Francisco, um terço dos soropositivos não progrediu para a AIDS 13 anos após a infecção.[10] Muitos laboratórios se interessam por esses pacientes, a fim de determinar quais são os fatores que impedem ou retardam neles a ação patogênica do vírus. Parece que a resposta imunitária de caráter celular (células T8 que matam células infectadas pelo vírus) desempenha um papel importante, ao lado de outros fatores ainda não identificados.

UM PROCESSO INELUTÁVEL?

Existem casos em que a interação do homem com o vírus é diferente? Poderia alguém livrar-se totalmente do vírus ou ser naturalmente imune a ele? Isso parece possível, mas tais situações são certamente raras e é difícil estudá-las. Haveria alguns casos de infecções ditas abortivas. Nesse caso poderíamos supor que o combate do sistema imunitário contra o vírus teria sido vitorioso, e a existência dessa situação, mesmo que ela seja muito rara, leva a pensar que seria possível torná-la mais freqüente por meio de terapêuticas apropriadas. Em outras palavras, um tratamento muito precoce, associado a uma estimulação adequada do sistema imunitário, seria capaz de erradicar a infecção.

Segunda situação particularmente animadora: a dos parceiros sexuais regulares de soropositivos que permanecem soronegativos, ainda que não tomem precauções por ocasião das relações sexuais. Em algumas dessas pessoas, e em primeiro lugar aquelas descritas por Gene Shearer e colaboradores, observa-se uma resposta de imunidade celular contra certos fragmentos da capa do vírus, sem aparecimento de anticorpos. O fato de essas pessoas permanecerem soronegativas por muito tempo faz pensar que essa imunidade celular seria protetora. Esses resultados dão margem à esperança de que um dia se poderá controlar essa imunidade natural e generalizá-la mediante uma vacinação.

CAPÍTULO 4

HISTÓRIA DE UMA EPIDEMIA

"William Beveridge, um excelente historiador das doenças, publicou em 1977, ano em que a AIDS já fermentava nas plagas americanas, um livro intitulado *Influenza, the Last Great Plague* (Gripe, a última grande pestilência). Ele se enganou, embora não deixasse ao mesmo tempo de ter uma parcela de razão: a gripe é de fato a última pestilência de tipo clássico; a AIDS, epidemia imprevista e imprevisível no quadro nosológico antigo, é a primeira das pestilências pós-modernas.

A AIDS é então uma doença nova? Formulada assim, sem nuanças, essa pergunta suscita respostas equívocas e contraditórias. Sim, a AIDS é uma doença nova, porquanto até os anos 70 ela não era nem sequer concebível. Até então as doenças se definiam seja por sintomas, seja por estruturas anatômicas. Nem uma coisa nem outra caracteriza a AIDS, doença sem sintomas clínicos próprios, marcada por lesões subcelulares invisíveis e provocadas por um germe indetectável até pelos mais recentes meios analíticos. Sim, a AIDS é também uma doença nova em sua dimensão pandêmica atual. Contudo, ao mesmo tempo, não, a AIDS não é uma doença verdadeiramente nova, uma vez que seu germe existe há muito tempo e, mascarado sob outras doenças infecciosas, provoca estados patológicos esporádicos ou mesmo coletivos, mas muito circunscritos no tempo e no espaço."[1]

Os estudos biológicos realizados retrospectivamente com amostras de sangue colhidas a partir dos anos 60, assim como certas descrições clínicas, indicam que o vírus da AIDS estava presente no homem muito antes que se começasse a falar dessa doença. É difícil recuar mais no tempo, mas é certo também que vírus próximos do HIV existiam anteriormente nos primatas não humanos. Como explicar que, repentinamente, ele tenha passado a assolar regiões inteiras, a ponto de suscitar uma epidemia? O que desencadeou esse processo? Se a AIDS é realmente, como afirma Mirko Grmek, "a primeira das pestilências pós-modernas", compreender a origem do vírus e a da epidemia é essencial. Hoje, o vírus está isolado e os testes de detecção estão prontos. Perseguir a origem da epidemia é portanto menos crucial que na época em que, seguindo por assim dizer os passos da contaminação, procurávamos a pista do próprio vírus. Não se trata de incriminar um grupo, uma etnia, um país, de encontrar um responsável. Importa, sobretudo, conhecer precisamente a origem do vírus e as condições que determinaram sua explosão para evitar o desenvolvimento de novas epidemias desse tipo. É por isso que convém distinguir entre a origem do vírus e a da epidemia.

A Origem do Vírus

Os vírus são parasitos muito antigos, provavelmente tão antigos quanto as células que os abrigam. As bactérias já têm seus vírus: os bacteriófagos. Duas teorias, que aliás não são mutuamente excludentes, explicam a origem dos vírus. Em primeiro lugar, pode-se pensar que eles provêm da degradação de organismos mais complicados, pequenas bactérias que viviam em simbiose com as células. Com o correr do tempo, essas bactérias teriam perdido certas funções, notadamente o equipamento estrutural e enzimático necessário para fabricar proteínas a partir dos ARN mensageiros. Essa teoria é provavelmente válida para os vírus maiores, em particular os da varíola e da vacina (varíola bovina atenuada). Segundo a outra hipótese, os vírus proviriam da progressiva autonomização de certos genes celulares, em particular os que codificam as enzimas de replicação dos ácidos nucléicos. Essa é provavelmente a origem dos retrovírus. Sabe-se, aliás, que existem no genoma dos organismos superiores, inclusive o homem, seqüências próximas dos retrovírus que estão perfeitamente integradas, e que, pelas sucessivas transcrições do ARN em ADN, podem mudar de lugar e carregar outros genes consigo: são os retrotransposons.

O HIV pertence a um subgrupo particular de retrovírus que jamais são transmitidos por via hereditária, só se transferindo horizontalmente de um sujeito para outro. Em vários símios africanos foram isolados vírus semelhantes, denominados, por analogia, vírus da imunodeficiência símia (SIV). Mas os símios infectados naturalmente por esse vírus o suportam muito bem e não se tornam imunodeprimidos, sem dúvida porque a longa adaptação do parasito a seu hospedeiro selecionou indivíduos resistentes e vírus de replicação moderada. Entre as espécies infectadas, é preciso citar o mangabey, os macacos-verdes, o mandril. O vírus SIV que infecta o mangabey do oeste da África é muito próximo do vírus humano HIV2, mas não produz doença e, ao que parece, está na origem de um vírus que induz a AIDS em símios criados em cativeiro. Os macacos que vivem na Ásia não são infectados em estado selvagem.

A localização geográfica do mangabey corresponde aproximadamente ao foco oeste-africano do HIV2. Mas um número muito pequeno de símios vivendo em estado selvagem está contaminado pelo SIV. Freqüentemente, nas aldeias, esses pequenos símios são capturados quando suas mães morrem e criados em semicativeiro. A contaminação poderia ocorrer, assim, por ocasião de brincadeiras, através de mordidas, por exemplo. Pode-se portanto pensar que o vírus HIV2 no homem provém de certo número de passagens acidentais do vírus desses símios para o homem. Mas esta é uma hipótese que não está definitivamente provada.

Não só o vírus do mangabey teria podido contaminar o homem como, ao que parece, teria sido transmitido, de maneira igualmente acidental, a macacos de criações americanas no início dos anos 70. No macaco, o SIV ataca os mesmos linfócitos que o HIV e as propriedades bioquímicas e biológicas das proteínas dos dois vírus são muito semelhantes. Ele induz uma doença que se manifesta por infecções oportunistas e por linfomas: é, portanto, bastante parecida com a AIDS humana.

Por que o SIV produz uma doença no macaco e não no mangabey? Não existe resposta clara para essa questão. Pode-se pensar que o mangabey está infectado há muitas gerações, e que se adaptou. Em certos indivíduos teria ocorrido uma mutação do receptor CD4 que lhes teria permitido sobreviver à infecção viral. Isso explicaria o fato de os mangabe estarem de certo modo protegidos. Em contrapartida, quando ocorre uma transmissão acidental a outros primatas (o homem e o macaco), que anteriormente não estavam contaminados pelo vírus, este desencadearia uma doença.

O HIV2 está associado a casos de AIDS, mas é menos patogênico que o HIV1 e se transmite mais dificilmente da mãe para o filho e por ocasião de contatos sexuais. Além disso, seu período de incubação é provavelmente mais longo. Sabemos hoje que não está localizado somente no oeste da África: registrou-se uma centena de casos de infecção na Europa e nos Estados Unidos. Recentemente, encontrou-se um foco na região de Bombaim, na Índia: as prostitutas foram as primeiras a ser atingidas. O vírus provavelmente se difundiu graças às relações humanas entre Moçambique e o oeste da Índia. De fato, os países de língua portuguesa conservaram redes de intercâmbio comerciais entre si, e todas as ex-colônias portuguesas, como Moçambique, foram infectadas pelo HIV2, embora a epidemia tenha irrompido após a independência. Pode-se acompanhar o vírus desde as ilhas Cabo Verde, a Guiné-Bissau, as ilhas Príncipe e São Tomé, ao largo da parte equatorial do oeste da África, até Angola, onde a população está infectada tanto pelo HIV1 quanto pelo HIV2. Depois voltamos a encontrá-lo em Moçambique, do outro lado da África, de onde deve ter alcançado a Índia. Embora esse vírus seja menos virulento, é importante acompanhar sua progressão epidêmica. Uma vez declarada, a AIDS causada pelo HIV2 não difere em gravidade da que o HIV1 suscita.

A origem do HIV1 é ainda mais misteriosa. Seríamos tentados a procurar um reservatório animal, como para o HIV2, um primata que estaria infectado por esse vírus sem contudo estar doente. Durante muito tempo não se chegou a nenhum resultado nesse sentido: nenhum dos vírus isolados dos símios testados na África era próximo do HIV1. A situação mudou no início dos anos 90, quando foram isolados um primeiro e um segundo vírus em chimpanzés. Esse tipo de isolado foi indevidamente chamado SIV-CPZ (CPZ para chimpanzé), quando deveria ter sido denominado CIV, porque está muito mais próximo do HIV1 que do SIV.

No Gabão, a Elf Aquitaine e o governo entraram em entendimento para que parte dos *royalties* obtidos das concessões de petróleo seja utilizada na criação e manutenção de um centro de pesquisa. Situado em Franceville, ele tem por missão estudar experimentalmente as doenças sexualmente transmissíveis, responsáveis por uma elevadíssima taxa de esterilidade entre as mulheres do país. Esse centro abriga grande número de primatas. Foi lá que um pesquisador, Éric Delaporte, isolou o primeiro SIV-CPZ, que depois foi clonado e seqüenciado pela equipe de Simon Wain-Hobson no Institut Pasteur. Esse é, até hoje, o vírus de primata mais próximo do HIV1 encontrado. Um outro isolado viral foi realizado num chimpanzé importado ilegalmente do Zaire para a Holanda. A equipe do Instituto de Medicina Tropical da Antuérpia isolou também um vírus próximo do primeiro CPZ.

Pode-se investigar a existência de uma correlação geográfica entre o chimpanzé e o HIV1, a exemplo da que existe entre o mangabey e o HIV2. Observa-se que existem duas localizações de chimpanzés selvagens no que resta da floresta tropical da África: uma no Gabão e a outra no Zaire. O vírus que é encontrado nos zairenses infectados poderia ser proveniente dos chimpanzés do Zaire. Mas, nesse caso, como explicar que o Gabão ainda esteja pouco contaminado pelo HIV1, quando também ali há chimpanzés infectados? A verdade é que o Gabão é muito menos povoado que o Zaire. Ora, para que uma epidemia se desenvolva, é preciso que o vírus se multiplique de maneira intensa e que uma grande mistura de população permita transmissões múltiplas. Essas condições estavam reunidas no Zaire, mas muito menos no Gabão.

De fato, a origem animal do vírus está longe de ser provada. Outras hipóteses são possíveis. Pode-se supor que o vírus existe há muito tempo no homem em diferentes regiões do mundo, em estado esporádico, sem gerar epidemia. Algumas cepas teriam podido vir da África, mas outras poderiam ter tido uma origem diversa e se transmitido de maneira esporádica de um indivíduo a outro. Dispomos hoje de seqüências de grande número de isolados provenientes das diversas regiões do mundo. Podemos, portanto, classificar os vírus por homologia, comparando certas partes de sua seqüência, a da capa, por exemplo. (A divergência é tanto maior quanto mais o vírus se multiplica e se difunde. Se está presente apenas em alguns indivíduos, varia pouco; se já passou em cadeia por grande número de pessoas, muda muito. Assim, a grande diversificação do HIV1 não indica forçosamente que é muito antigo; indica que foi intensamente replicado.) Hoje, nove grandes famílias de vírus já foram identificadas desse modo, mas a lista nem de longe está completa. Pode-se pensar, portanto, que o vírus existia em estado endêmico em vários continentes antes de seu desenvolvimento epidêmico.

Admitindo-se que o vírus estava presente no homem havia muito tempo na África e provavelmente em outros continentes, a questão é saber por que a epidemia é recente. Por que passamos em alguns anos, com o mesmo tipo de vírus, de uma infecção esporádica a uma epidemia explosiva?

A Origem da Epidemia

Muitas vezes o desenvolvimento das epidemias, como a peste ou o cólera, ocorre por ocasião de deslocamentos humanos. Um germe entra numa população nova para ele e provoca devastação porque o sistema imunitário das pessoas afetadas não está em absoluto adaptado para lhe opor resistência.

Uma epidemia se desenvolve tanto mais facilmente quanto mais longo é o período de incubação, permitindo uma transmissão considerável do germe para outros indivíduos, em particular quando a transmissão é sexual. De maneira geral, o germe não tem "interesse" em matar seu hospedeiro com demasiada facilidade ou rapidez, porque nesse caso a epidemia seria detida. No caso da AIDS, que se transmite essencialmente por relações sexuais, o fato de o período de incubação ser longo permite numerosas transmissões. As variantes do vírus que poderiam induzir uma AIDS fulminante são eliminadas, porque as pessoas infectadas por elas morreriam antes de poder transmiti-las por contato sexual.

Por outro lado, a epidemia se propaga tanto mais facilmente quanto maior é o número de sujeitos que estão em contato com o germe. No caso da AIDS, os grupos de homossexuais com múltiplos parceiros tiveram provavelmente um impacto sobre o desenvolvimento da epidemia nos Estados Unidos, assim como outros grupos na África que serviram de pontos de articulação.

A doença parece anterior à epidemia atual. O mais antigo caso descrito, o de um americano, data de 1952. Por meio de testes efetuados retrospectivamente ou por detector do ADN viral em soro congelado, identificou-se um marinheiro em Manchester em 1959 e um jovem adolescente do Missouri, nos Estados Unidos, em 1968. As primeiras observações da AIDS em doentes vindos da África ocorreram em 1981-82 em Paris e em Bruxelas. Mirko Grmeck menciona casos agressivos de sarcoma de Kaposi na África Equatorial a partir de meados deste século e, em especial, a presença, por volta dos anos 60, de sarcomas de Kaposi muito malignos e acompanhados de meningites e de pneumonias mortais em operários que desciam das regiões centrais para trabalhar temporariamente na África do Sul. No entanto, a epidemia africana só se declarou verdadeiramente no outono de 1982. Foi nessa época que ela começou a despertar interesse. Em Uganda, na aldeia de Rakai (500 habitantes), registrou-se assim a morte de 17 contrabandistas, vítimas de perturbações intestinais. Não se demorou a encontrar explicações: o mal provinha de estrangeiros, de tanzanianos, e era uma punição divina por pecados cometidos.

Como vemos, a culpa foi rapidamente atribuída aos intercâmbios de país a país e até de continente a continente. Nos Estados Unidos, chegou-se até a identificar um paciente "zero". Comissário de bordo da Air Canada, "grande viajante, rapaz bonito e pouco avaro de seus encantos, [ele semeou] a doença e a morte ao longo de suas escalas, ao ritmo de cerca de 250 parceiros por ano", escreveu Mirko Grmek. É duvidoso, no entanto, que a epidemia americana tenha podido se desenvolver a partir de um único paciente.

Para os ocidentais, era tentador atribuir a origem do HIV à África, por meio dos transportes aéreos intercontinentais. Falou-se muito também, no início da epidemia, do papel dos haitianos. De fato, vários milhares de haitianos passaram algum tempo no Zaire no início dos anos 60 e depois voltaram a seu país. Propôs-se assim a hipótese de que teriam levado o HIV para sua ilha e o teriam transmitido a turistas norte-americanos. Isso é pouco provável, porque o vírus só parece ter chegado ao Haiti muito mais recentemente. No Quebec, registraram-se duas ondas de emigração haitiana. Os haitianos da primeira leva, dos anos 60, não estão contaminados pelo vírus, ao contrário dos que lá chegaram durante os anos 80.

Na verdade, a contaminação pode ter ocorrido no sentido oposto. O Haiti, como as outras ilhas das Antilhas, pode ter sido infectado por turistas norte-americanos. É possível que o vírus tenha viajado diretamente da África para a América do Norte: nos anos 70, anúncios publicados em jornais americanos especializados ofereciam aos *gays* temporadas turísticas no Zaire, precisamente em Kinshasa. Para muitos epidemiologistas, o vírus foi "tirado" de seu nicho africano por fatores sociais e culturais.

A origem da epidemia residiria portanto nas transformações de nossas sociedades: o vírus da AIDS não mudou, mas a população se tornou mais sensível. A medicina, controlando a maioria das doenças infecciosas com o desenvolvimento das vacinas e dos antibióticos, deixou o campo livre para outras epidemias, ao mesmo tempo que a prática das injeções e das transfusões favoreceu seu desenvolvimento.

Sobretudo, porém, os fenômenos sociais ligados às misturas de populações permitiram sua rápida propagação por via sexual. Nos países ocidentais, pode-se mencionar a liberação sexual que acompanhou a difusão da contracepção hormonal e o reconhecimento da homossexualidade; nos países do Terceiro Mundo, a ruptura das comunidades tradicionais, associada ao desenvolvimento econômico e social. Todos esses fatores, de ordem cultural e social, permitiram a transmissão em série e a seleção do vírus.

Esse tipo de explicação, no entanto, permanece incompleto. Pode-se de fato indagar que teria tornado tão virulento um vírus que já existia.

Há uma hipótese biológica a esse respeito. É pouco provável que uma única mutação tenha aumentado a virulência; teria sido preciso que todas as variantes do HIV, inclusive o HIV2, tivessem mutado ao mesmo tempo e da mesma maneira. Em vista disso, é possível que um fator biológico, como a emergência de uma nova espécie de micoplasma, por exemplo, tenha agido em sinergismo com o vírus. Esse micoplasma teria podido surgir em certas comunidades de homossexuais com múltiplos parceiros, resistindo a tratamentos antibióticos prolongados. Existem hoje argumentos epidemiológicos sólidos que indicam que uma nova espécie não reconhecida anteriormente (*Mycoplasma penetrans*) está presente em alto nível nos soropositivos dos Estados Unidos, Europa e África. É possível que os turistas homossexuais americanos tenham levado esses micoplasmas para a África, trazendo, ao voltar, o HIV de origem africana. Se esse co-fator for essencial, ele deverá ser encontrado em todas as regiões do mundo infectadas pelo HIV, pois tem de ser transmitido junto com o vírus. Somente um estudo epidemiológico aprofundado permitirá avaliar seu papel. Mas é possível que outras variedades de micoplasmas ou outros micróbios tenham tido os mesmos efeitos. É preciso, portanto, ampliar a investigação às outras espécies ou pesquisar um outro agente.

A Contaminação

Por que a doença se declarou sobretudo entre os homossexuais? Se a epidemia ganhou tal amplitude, foi porque as relações homossexuais são mais eficazes para a transmissão e, sobretudo, porque alguns homossexuais tinham muitos parceiros no início dos anos 80. De fato, são as relações anais-genitais que constituem o maior fator de risco, mas toda manobra traumatizante para a mucosa anal aumenta o risco de transmissão. Este cresce também com o número de parceiros. A utilização de nitrito de amila (sob forma de *poppers*) foi um fator de risco no início da epidemia, provavelmente por seu efeito vasodilatador. A presença e os antecedentes de doenças sexualmente transmissíveis são também fatores de risco importantes, em particular as úlceras genitais, a sífilis e a gonorréia. As relações oral-genitais envolvem menos riscos, mas eles não são nulos. Há registro de casos de transmissão por felação.

O uso de drogas intravenosas representa o segundo vetor de transmissão da infecção do HIV nos Estados Unidos e na Europa, pela troca ou a reutilização de seringas sujas de sangue contaminado. Esse vetor tem muito peso na Itália e na Espanha, mas também na França, onde está aumentando. Na França, há cerca de 150 mil toxicômanos, dos quais 70% se drogam por via intravenosa. A cada ano, contam-se cerca de 20 mil toxicômanos a mais. Existem apenas 600 leitos de acompanhamento de desintoxicação e algumas centenas de vagas nos sete programas de substituição por metadona que estão atualmente em curso. Entre 1980 e 1985, por exemplo, em Bari ou Milão, na Itália, o número de soropositivos entre os toxicômanos passou de 4 para 76%. Na França, há provavelmente mais de 30.000 toxicômanos soropositivos e os toxicômanos representam 25% do número de casos de AIDS declarados.[2]

A prevalência da infecção entre os toxicômanos é superior a 50% em quase todas as grandes cidades ocidentais. A toxicomania por via intravenosa esteve na origem da epidemia em certos países do Sudeste Asiático, em particular a Tailândia. Além disso, é preciso saber que o uso de drogas como a cocaína ou a heroína diminui a imunidade e favorece uma sexualidade não controlada: com isso, a contaminação se vê facilitada.

Para reduzir os riscos, os tratamentos de substituição são essenciais. O mais conhecido é a metadona, derivado sintético do ópio cujo efeito se prolonga por dois dias e é tomado em forma de xarope, o que evita o uso de seringas. Seus detratores o acusam de substituir uma dependência por outra: na verdade, é preciso tomar a metadona pelo que ela é, ou seja, não um tratamento radical contra a toxicomania, mas um apoio e uma maneira de limitar o uso das seringas. Os resultados mostram: 70% dos usuários de drogas intravenosas que fazem o tratamento deixam de utilizar a heroína após seis meses e 92% após quatro ou cinco anos. Além disso, esse tipo de programa favorece a reinserção social e diminui a delinqüência.

O mesmo ocorre com os programas de troca de seringas, que não estimulam o consumo de droga como sugerem seus detratores. A ligação entre o acesso difícil às seringas e o desenvolvimento da hepatite B e a AIDS foi tristemente comprovada na Grã-Bretanha nos anos 80. Em Glasgow, onde o acesso às seringas foi facilitado, a taxa de infecção pelo HIV passou de 4,8% em 1987 a 1,1% em 1990, enquanto em Edimburgo, onde a associação dos farmacêuticos recomendou a seus afiliados não vender seringas a toxicômanos, a infecção aumentou. Na França, depois da liberação da venda de seringas, em 1987, 60 a 80% dos usuários de drogas intravenosas deixaram de partilhar suas seringas. Do mesmo modo, a organização Médecins du Monde instalou ônibus que permitem desenvolver a troca de seringas usadas por novas e instaurar um diálogo entre toxicômanos e terapeutas. Essas políticas revelaram resultados animadores. Os riscos de infecção permanecem entretanto consideráveis quando o toxicômano é marginalizado, excluído e obrigado a se esconder.

Nas prisões, todos os levantamentos confirmam a ligação entre o uso de droga e a soropositividade. A delinqüência parece preceder a toxicomania. Apesar da difícil avaliação do nexo entre essas diferentes situações, o teste de detecção proposto sistematicamente quando da entrada numa estrutura penitenciária deve ser objeto de uma atenção particular. Levantamentos feitos numa região de Paris mostraram que o número de soropositivos entre os detentos podia chegar de 10 a 15%, o que impõe ações concretas para a prevenção da contaminação em meio carcerário, o respeito ao sigilo e o acesso aos tratamentos e aos cuidados.

A transmissão heterossexual é hoje o modo de contaminação mais importante em escala universal, pois representa 90% dos casos inventariados. Ela predomina nas regiões tropicais e equatoriais e se difunde nos países ocidentais, ainda que nestes os modos de transmissão homossexual e a contaminação por uso de drogas intravenosas permaneçam majoritários. O HIV pode estar presente no esperma, o líquido seminal do homem, e nas secreções vaginais femininas, sem falar do sangue menstrual. A transmissão heterossexual varia em função de certo número de parâmetros: a magnitude da infecção no país ou na região em que a pessoa se encontra, a probabilidade de encontrar um parceiro infectado, o número de parceiros sexuais num tempo dado. Modelos matemáticos permitem avaliar a taxa dessa transmissão por contato sexual. A título de exemplo, no ano de 1993, nos Estados Unidos, ela era de 0,001 para os homens, isto é, um risco de um em mil, contra 0,056 na Tailândia, ou seja, cinco em cem. Esses números devem ser multiplicados por três ou por cinco em caso de antecedentes de doenças sexualmente transmissíveis. Outros fatores intervêm: o grau de infecção do parceiro e a presença nele de doenças sexualmente transmissíveis, as relações durante as regras, as relações anais, a ausência de circuncisão no homem e também a virulência da cepa viral.

Num casal, quando um dos parceiros é soropositivo, coloca-se o problema da transmissão sexual do vírus. Este se transmite duas vezes mais facilmente do homem para a mulher que em sentido contrário, a menos que a mulher esteja num estádio avançado da doença; nesse caso, os riscos são iguais.

O grupo europeu de estudos sobre a transmissão do HIV analisou durante quatro anos 563 casais estáveis em que um dos parceiros era soropositivo. Esse estudo, realizado em nove países, tinha por objetivo determinar os fatores de risco. No final, 12% dos homens e 20% das mulheres foram contaminados pelo HIV, ou seja, a transmissão do homem para a mulher foi duas vezes maior que a da mulher para o homem, o que corresponde ao número habitualmente encontrado nos outros levantamentos (15 a 30% dos parceiros femininos dos homens são contaminados). Esses resultados são ainda mais esmagadores porque esses casais eram atendidos de seis em seis meses por médicos que os examinavam, os informavam dos riscos e os estimulavam a praticar o "sexo seguro". Nenhuma das mulheres pertencentes aos 24 casais em que o parceiro usava preservativos sistematicamente desde a primeira relação foi contaminada (esse estudo mostra bem a eficácia do preservativo, contestada por alguns); em contrapartida, seis mulheres entre os 24 casais que só os usavam de maneira esporádica foram contaminadas.

Há alguns anos, havia no mundo dez homens infectados para uma mulher. Hoje essa relação tende a se igualar e até a se inverter. Na África, a proporção de mulheres soropositivas varia de 5 a 30% da população total, segundo a região. Estima-se em quatro milhões o número de mulheres infectadas e entre 1,1 e 1,6 milhão o número de órfãos. É nessas regiões e em certos países asiáticos que a epidemia se desenvolve mais depressa, atingindo em particular moças e mulheres de menos de 25 anos. No Sudeste Asiático, a epidemia se desenvolve desde meados dos anos 80. Ela atingiu sucessivamente os toxicômanos, as prostitutas, os clientes destas e as mulheres em geral. Na França, estima-se hoje que há entre 25 e 30 mil mulheres soropositivas e quatro mil novos casos por ano. As mulheres são contaminadas por ocasião de relações sexuais, o mais das vezes com usuários de drogas intravenosas.

Vários fatores de risco de transmissão do homem para a mulher foram evidenciados: a sodomia, que, em razão da fragilidade da mucosa retal, permite ao vírus penetrar na circulação sanguínea ou infectar as células-alvo presentes sob a mucosa; o estado clínico do homem, sendo que a relação é tanto mais infectante quanto mais a doença do parceiro está avançada; a idade da mulher (depois dos 45 anos, a mucosa genital, mais fina e mais frágil, deixaria passar o vírus mais rapidamente).

O papel das infecções genitais é de difícil avaliação, pois varia segundo os levantamentos. Vários estudos ocidentais e africanos insistem no aspecto ulceroso dessas infecções, donde o interesse dos tratamentos precoces das doenças sexualmente transmissíveis. É preciso também, sem dúvida, acrescentar às doenças visíveis as afecções latentes não detectadas (*Chlamydiae*, *Candida albicans*, micoplasma), que podem aumentar o número de alvos celulares oferecidos ao vírus; da mesma maneira, relações durante as regras favorecem a transmissão do vírus.

Em razão de sua atividade, as prostitutas acumulam vários fatores de risco: múltiplos parceiros, infecções genitais, toxicomania por vezes. Um estudo efetuado em 1992 no centro e na periferia de Paris revela as diferenças de soropositividade segundo as práticas sexuais, o uso do preservativo e a toxicomania.

Soropositiva ou não, uma mulher enfrenta sempre o problema de uma eventual maternidade. Esta é sempre desaconselhada na mulher soropositiva, mas é mais fácil discutir isso antes do início de uma gravidez que depois. O médico deve informar dos riscos de transmissão da infecção e da doença à criança. Deve avaliar o estado de saúde da mãe e o de seu parceiro (estádio da doença, toxicomania anterior ou ativa), bem como o meio ambiente do casal, que poderia ser obrigado um dia ou outro a se encarregar da criança. Em certos casos, particularmente difíceis, a mulher é soronegativa e o homem soropositivo.

O vírus está presente nas células do esperma, essencialmente nas células inflamatórias (linfócitos, monócitos), sem que se possa excluir sua presença nos espermatozóides. Pode-se portanto pôr em dúvida o interesse das tentativas de purificação dos espermatozóides e de sua utilização em inseminação artificial. Alguns recomendam o uso de preservativos em todas as relações, exceto as que ocorrerão no período da ovulação, na esperança de que não serão contaminadoras. O médico, em sã consciência, não pode recomendar nenhuma dessas técnicas; todas elas comportam um risco.

Em mais de 40% dos casos, a mulher fica sabendo que é soropositiva por ocasião do primeiro exame pré-natal. É avassalador. Muitas vezes, o episódio contaminador está quase esquecido e é considerado pouco importante. A mulher tem então ao mesmo tempo que assumir sua soropositividade e optar entre levar ou não à frente a gravidez.

A pressão familiar e os motivos religiosos desempenham um papel importante na manutenção da gravidez em muitos países, em particular os Estados Unidos. A tradição e a cultura também têm um peso. De fato, as mulheres africanas soropositivas que moram na França optam em geral por levar à frente a gravidez.

A taxa média de transmissão materno-fetal do HIV é de 20%, com valores mais baixos na Europa e mais altos na África. Na maioria dos casos, a transmissão ocorre no final da gravidez, no momento do parto ou durante o aleitamento. (O vírus está presente no leite e o risco suplementar de contaminação durante o aleitamento é estimado entre 10 e 20%.) Há, no entanto, 20% de possibilidade de transmissão durante o segundo trimestre da gravidez.

O mecanismo da contaminação da criança durante a gravidez é desconhecido, assim como o papel exato da placenta na transmissão da infecção. Mas essa transmissão é função da evolução da doença na mãe. O risco passa de 15% quando a mãe é assintomática para 55% em caso de imunodepressão grave. Uma idade materna elevada é considerada um fator de risco suplementar. Esses dados são muito importantes, porque, se uma mulher quiser realmente um filho, mais vale aconselhá-la a tê-lo no início da doença e enquanto é jovem.

O tipo de parto também é objeto de discussão. Quando nascem gêmeos, o primeiro é infectado com maior freqüência que o segundo. Isso é verdade sobretudo quando o parto ocorre por via natural e não por cesariana. Deve-se concluir disso que é preciso submeter a cesariana todas as mulheres soropositivas? Seja como for, cabe respeitar um certo número de regras simples durante o parto normal: desinfetar todas as vias genitais durante o trabalho, a intervalos de quatro a seis horas, com uma substância viricida do tipo cloreto de benzalcônio, utilizar o fórceps com precaução e evitar as episiotomias sangrentas, não aplicar eletrodos sobre o crânio do feto, desinfetar o cordão umbilical antes de cortá-lo, lavar a criança imediatamente depois, para retirar o sangue da mãe.

A gravidez levada a termo não parece ter um efeito deletério para a saúde da mãe, a menos que a mulher tenha menos de 200 CD4/mm^3 no curso do terceiro trimestre. Quanto ao feto, existem muitas divergências quanto à influência da soropositividade materna sobre seu desenvolvimento. Isso ocorre em razão da intervenção de outros fatores, independentemente daqueles ligados ao próprio vírus e às variedades de cepa: a continuação do uso de tóxicos, o consumo de álcool, a boa ou má inserção social, o estado nutritivo da mãe e a presença ou não de doenças infecciosas e de doença sexualmente transmissível. A soropositividade por si mesma não parece estar na origem de complicações particulares durante a gravidez (do tipo aborto espontâneo, ou, para o feto, malformação ou atraso no desenvolvimento). Esta é uma constatação surpreendente, uma vez que se sabe que certas mulheres tomam por vezes cinco a seis medicamentos que são em princípio desaconselhados durante a gravidez.

Por ocasião do nascimento, o diagnóstico pelas técnicas usuais, ELISA e Western Blot, não é possível, porque são encontrados nos recém-nascidos os anticorpos da mãe que atravessaram a placenta. Estes só desaparecem progressivamente. O primeiro diagnóstico só pode ser efetuado várias semanas depois do nascimento, por técnicas especializadas (isolamento do vírus e *Polymerase Chain Reaction*, ou PCR). Todas as crianças infectadas têm uma prova de cultura de células positiva aos seis meses, mas esta técnica não está generalizada. É somente aos 15 meses que se pode ter a certeza biológica de que a criança está infectada, mas, nessa altura, muitas crianças já apresentam sinais da doença.

O diagnóstico pré-natal que consiste em fazer uma punção do sangue fetal do cordão que liga o feto à placenta suscita problemas no caso da AIDS, ao contrário do que se passa em outras infecções. Para começar, a transmissão do vírus é tardia: um diagnóstico positivo no oitavo mês já não pode conduzir a uma interrupção da gravidez. Esse diagnóstico só seria verdadeiramente indicado se fosse possível evitar, com absoluta segurança, a contaminação da criança pelo sangue materno por ocasião da punção e se, por outro lado, fosse possível propor um tratamento eficaz.

Nesse contexto particular, a PCR hoje não é confiável, e isso, paradoxalmente, por ser demasiado precisa. De fato, a amplificação genética é tão sensível que pode revelar no sangue colhido tanto a infecção da criança quanto a da mãe.

Restam muitas incógnitas no que concerne à transmissão materno-fetal. No entanto, os resultados de um recente ensaio franco-americano mostraram que a administração do AZT a mulheres soropositivas durante a gravidez permitia diminuir de maneira significativa essa transmissão. Esses resultados animadores vão portanto modificar, no curso dos próximos anos, a abordagem da gravidez. Enquanto isso, em razão do importante papel da mulher na transmissão do vírus a seus parceiros ou a seus filhos, é preciso realizar um esforço mundial de vulto e específico em matéria de informação. Em alguns países, está em curso toda uma aprendizagem do controle da fertilidade; é preciso levar adiante esse trabalho, favorecendo a educação sexual, permitindo às mulheres responsabilizarem-se por seus corpos.

O DESENVOLVIMENTO DA EPIDEMIA

O desenvolvimento da epidemia da AIDS conheceu três ondas diferentes no espaço e no tempo.

Num primeiro grupo de regiões, formado pelos Estados Unidos, o Canadá, a Europa ocidental, a Austrália, o norte da África e parte da América Latina, a doença se desenvolveu no final dos anos 70 por meio de relações homossexuais e bissexuais e a utilização de drogas intravenosas. Nesse momento, as contaminações heterossexuais eram raras.

Numa segunda fase, a situação mudou: a progressão mais importante passou a dizer respeito à população heterossexual. Na África saariana, a maioria dos soropositivos foi contaminada por via heterossexual; no início da epidemia foi constatado igual número de homens e mulheres soropositivos. Há alguns anos, o grupo das mulheres infectadas aumentou, chegando a haver, em certas regiões da África, seis mulheres infectadas para um homem. Esse fenômeno se deve ao fato de que elas começam a ter relações sexuais cada vez mais cedo, com homens mais velhos. Com isso, correm maior risco de serem infectadas, tanto mais que, sendo muito jovens, têm as mucosas mais frágeis.

A terceira onda está se desenvolvendo a partir de meados dos anos 80 na Ásia, na Europa oriental e no Oriente Médio, mas desde agora se percebe que no Sudeste Asiático a epidemia será especialmente grave, a partir de seu rápido desenvolvimento durante os últimos dez anos, da grande densidade populacional e da taxa muito elevada de tuberculose latente nas populações, uma vez que na África a co-infecção HIV-tuberculose se revelou um importante fator de agravamento da doença.

Na França, a vigilância nacional da AIDS propriamente dita impõe aos médicos a comunicação obrigatória e anônima às direções departamentais de ação sanitária e social (DDASS) dos casos de AIDS sob seus cuidados, isto é, dos pacientes que entraram na fase ativa da doença e dos óbitos. Os resultados são publicados de seis em seis meses pela direção geral do Ministério da Saúde Pública no *Bulletin épidemiologique hebdomadaire*, que contabiliza os casos acumulados, isto é, todos os que ocorreram desde 1982. No final de 1994, eles somavam quase 30 mil.

Vários dados estatísticos e epidemiológicos permitem quantificar a epidemia. Eles convergem para uma hipótese média de 150 mil soropositivos na França, podendo oscilar de 110 mil a 170 mil.

A magnitude da epidemia e seu desenvolvimento rápido em âmbito mundial nos incitam a indagar se chegamos ao seu pico. Em todas as epidemias que o homem controlava mal, os inícios explosivos foram seguidos por uma fase estacionária, em platô, à qual se seguiu, após um tempo variável, uma curva descendente ligada à seleção de indivíduos mais resistentes e ao aparecimento de germes menos virulentos. No tocante à epidemia mundial de AIDS, ainda nos encontramos na fase ascendente. Nada permite prever atualmente quando ela atingirá certa estabilização na ausência de intervenção humana. Ora, temos hoje, muito mais que no passado, a possibilidade de agir sobre seu desenvolvimento, graças aos conhecimentos adquiridos e à sua difusão, às soluções médicas que se esboçam e aos meios de comunicação que permitem pô-los em prática.

Podemos pensar, com os responsáveis da OMS, que a epidemia só será detida com a conjunção de uma política global de prevenção e a produção de uma vacina eficaz, acessível ao Terceiro Mundo.

TERCEIRA PARTE

TRATAR

CAPÍTULO 5

VIVER COM O VÍRUS

A divisão do trabalho é a regra na pesquisa médica. Aos clínicos, o tratamento dos doentes, que eles consideram um pouco como sua propriedade. Aos pesquisadores, o trabalho de laboratório. E, sobretudo, que cada um fique no seu canto! Expus-me, no entanto, ao risco de transgredir esses usos, porque, para se avançar nessa doença complexa que é a AIDS, acredito ser essencial a estreita associação do doente, do clínico e do pesquisador. O ideal seria ser médico durante o dia e pesquisador à noite, ou vice-versa. Estou longe disso; minha formação médica, contudo, me foi extremamente útil.

Além disso, muitas pessoas soropositivas nos ajudam em nossas pesquisas, algumas há mais de dez anos. Sempre acompanhei pessoalmente seus dossiês, ao lado dos clínicos encarregados de seu tratamento médico. Sou particularmente reconhecido a esses pacientes que aceitaram generosamente participar de nossas pesquisas. Eles nos falam de si mesmos e nos dão seu sangue; de nossa parte, tentamos lhes explicar o que pesquisamos, nossos projetos, nossas perspectivas. Com eles, aprendi que a infecção pelo HIV não é uma infecção viral como as outras. Antes de mais nada, trata-se sem dúvida da primeira doença a cujo respeito alguns pacientes sabem tanto quanto seus médicos. Depois, como a evolução é lenta, problemas de assistência médica, social e psicológica se colocam ao longo do tempo; os serviços hospitalares, como a sociedade toda, compreenderam que se impunha uma abordagem pluridisciplinar do doente, que leve em conta seu contexto de vida. Mais tarde, essa nova abordagem será inevitavelmente ampliada a todas as outras doenças crônicas do homem: câncer, doenças degenerativas, esclerose em placas etc.

Durante o ano de 1993, o relatório "A AIDS e a sociedade francesa", que me foi solicitado pelo governo, deu-me a oportunidade de analisar em profundidade o estado das pesquisas referentes a essa doença e me inteirar por mim mesmo da situação das pessoas infectadas pelo HIV. Com essa missão, visitei muitos serviços hospitalares e estive com grande número de clínicos no interior e em Paris. Tive longas conversas com pessoas soropositivas e com doentes. Esses encontros me ensinaram muito sobre os diferentes problemas suscitados por essa infecção e o objetivo dos dois próximos capítulos é resumir o essencial de nossos conhecimentos sobre as modalidades de tratamento dessa doença e sobre o consenso que hoje está estabelecido sobre as diversas terapêuticas.

Saber que se é soropositivo é entrar num mundo novo, num outro mundo. A pessoa contaminada não está doente. Imediatamente, contudo, ela começa a se sentir "como se estivesse". Experimenta as mesmas ameaças, os mesmos riscos de discriminação, os mesmos temores dos que atingiram o estádio da doença declarada. Em função da história de cada um, de seu ritmo, a vida cotidiana será balizada dali em diante por consultas a médicos, pelos exames, as visitas ao hospital, os contatos com associações ou com assistentes sociais.

Ao longo dos anos, implantou-se uma abordagem global dos problemas físicos, psicológicos e sociais que exige uma coordenação dos recursos hospitalares, extra-hospitalares e sociais. Os doentes se tornaram os atores desse processo, por intermédio de associações que muitas vezes foram as primeiras a identificar suas reais necessidades e se tornaram seus porta-vozes e que, graças a uma colaboração com os poderes públicos, responderam à demanda em nível local e individual. Um longo caminho foi percorrido no tocante ao atendimento dos soropositivos. Mas muitos problemas persistem, em particular o do sigilo e o do acesso aos cuidados.

De fato, em 1993 estimava-se em cerca de 110 mil o número de soropositivos na França e em apenas 70 mil os que conheciam sua condição. Que será dos outros 40 mil? Todos eles precisam ser acompanhados, pois os progressos clínicos que vêm sendo obtidos há vários anos permitem atualmente prevenir o aparecimento das infecções oportunistas. É assim que, até hoje, freqüentemente é a pneumocistose pulmonar que assinala a entrada na doença. Ora, na metade dos casos, ela ocorre em pacientes cuja infecção foi detectada, mas que não tiveram acompanhamento, quando um tratamento antibiótico teria permitido uma prevenção eficaz.

De que adianta saber? Certamente é o que indagam muitas pessoas que têm todas as razões para acreditar que estão contaminadas. Mais vale achar que estou, já que, de todo modo, nada mais tem importância. De que adianta consultar médicos, já que a medicina não pode fazer nada?, perguntam muitos soropositivos. Ora, não é apenas contra a propagação da epidemia, contra o vírus e o desenvolvimento da doença que é preciso lutar, mas também contra esses sentimentos, nascidos do desalento, do desespero.

A Comunicação da Soropositividade

O mundo acaba de desabar. Aquilo em que você acreditou, o que dava um sentido à sua vida, a seus projetos, tudo isso parece posto em xeque de repente por essa única palavra lida num resultado de análise ou pronunciada por um médico: "positivo". Os pontos de referência se apagam, uma angústia o invade. "Por que eu? Quando isso aconteceu? Quem me contaminou? Que vou fazer?" Ar tranqüilo, um pouco contrafeito, um médico lhe explica que você deve avisar seus parceiros, estimulá-los a fazer o teste, que você não deve se desesperar porque a pesquisa está fazendo progressos, que você deve ficar sob acompanhamento... Mas você não escuta. De que adianta, de todo modo? Nesse estado de confusão, como evitar o pensamento de que sua vida está ameaçada? "Quero ficar sozinho, quero ir embora... Ninguém pode me compreender. Ninguém pode me ajudar..." E a voz, diante de você, recomeça: é preciso usar preservativos, levar uma vida regular, consultar um centro especializado, parar de se injetar drogas... E você se vê lá fora, na rua, e se dá conta de que a palavra "AIDS" mal chegou a ser pronunciada. Mas ela invade seu espírito: "Estou com AIDS... AIDS..." E você tem vontade de berrar isso, de cuspir isso na cara dos passantes. E você se sente mais só que nunca...

Esse choque inaugura um período muito crítico, o da dúvida, por vezes do fechamento em si mesmo, do asco, da vergonha também. "Não falei com ninguém sobre isso. Tive medo de que meu namorado me deixasse. Também não disse a meus pais: não queria fazê-los sofrer e tive vergonha. Durante três semanas não vi ninguém. No meu trabalho, tentei ser o mais normal possível. Finalmente, desabei: contei para o meu namorado. Choramos juntos." Aparentemente, nada mudou. Ainda é possível "inventar histórias para si mesmo", negar a doença que ameaça; ou mesmo ir a extremos em comportamentos que favoreceram a contaminação. "Perdido por um, perdido por mil, continuo como antes."

Passa-se um certo tempo antes que uma nova vida comece. Pouco a pouco, os exames, os encontros com os médicos passam a marcar o ritmo dos meses e das semanas. As visitas à farmácia se fazem mais freqüentes. Um número crescente de remédios invade o universo doméstico. Rituais se instauram. Sobretudo, a percepção de si mesmo e dos outros se modifica. O anúncio da soropositividade foi sem dúvida um choque. Mas é agora que se produz a ruptura, progressiva, insidiosa. Ela implica uma rearrumação, tanto material quanto simbólica, da existência. É a vida cotidiana que é preciso conceber e organizar de outro modo, é o trabalho e as relações com os outros que é preciso reconsiderar. Tendo, no coração, medo da doença e medo de ser rejeitado. E essas dúvidas, cada vez mais urgentes: a quem contar? A quem não contar? A quem falar sobre isso? Com quem falar, simplesmente?

A escuta é portanto essencial. A dos amigos, certamente. A do médico também. Ela será sempre indispensável, balizada por momentos de desespero e de reconforto, de medo e de alívio, de desejo e de revolta, de solidão. É fundamental, acima de tudo, que o soropositivo não se feche na sua doença que está por vir, vivida por enquanto somente em pensamento, e aceite, por vezes após um momento de rejeição, voltar a seu médico. Disso depende seu equilíbrio psicológico, mas também seu estado fisiológico.

"Muitas pessoas já socialmente fragilizadas, quando ficam sabendo de sua soropositividade, e por causa do modo como ficam sabendo, às pressas, sem precisão, fogem do sistema de atendimento e levam um tempo infinito para pedir ajuda", diz um médico de uma associação. "Por falta de acompanhamento", diz um outro, "as pessoas nos chegam doentes, exangues e, sobretudo, na margem extrema da margem em que já se encontravam antes de serem soropositivas. Para elas, não há mais bem-estar corporal; às vezes é tarde demais para fazer alguma coisa além de ajudá-las a morrer em boas condições, com menos sofrimento, e sobretudo instaurando o diálogo que a consideração da dignidade humana impõe."

O Acompanhamento Médico

O essencial do acompanhamento médico repousa no estabelecimento de uma relação de confiança entre a pessoa atingida e seu médico. A qualidade da relação emocional, o apoio psicológico, a precisão das informações dadas, as alternativas propostas, são tão importantes quanto os aspectos puramente médicos.

O médico de consultório está na linha de frente. Ele informa, estimula ao teste de detecção e dá os resultados. É ele também que deve servir de referencial no curso da longa história que começa. Pelos conselhos que dá, graças a uma vigilância regular, ele será o elo entre o doente e o hospital e seu interlocutor privilegiado.

Os clínicos gerais se comportam de maneira muito variável em relação à infecção por HIV. Alguns se mobilizaram de saída e estiveram na origem da criação das associações de apoio aos doentes. Bem-informados, muitas vezes tanto quanto os melhores médicos dos serviços hospitalares, desempenham um papel de retransmissor importante para difundir a informação e fazer pressão sobre os poderes públicos. Uma parcela de 15% dos clínicos gerais acompanha assim o conjunto dos doentes.

Essa tendência se confirmou com a criação das redes consultório-hospital, que reúnem médicos liberais e de hospital de todas as especialidades desejosos de se lançar no atendimento dos pacientes. Os médicos de consultório freqüentam os serviços especializados dos hospitais para enriquecer suas noções teóricas sobre a infecção. Em reuniões regulares, recebem uma formação contínua que lhes permite trocar idéias e atualizar seus conhecimentos. Essas redes permitem assim aos doentes serem cuidados no hospital e no consultório pela mesma equipe.

Cabe ao médico, depois, criar seu próprio ambiente, em seu setor de exercício, associando-se a cinesioterapeutas, enfermeiros, psicólogos, assistentes sociais, laboratórios de análises biológicas que efetuem certos exames especializados. Desse modo, o paciente só precisa recorrer ao hospital em caso de necessidade. Pode permanecer o maior tempo possível em casa, com um sistema de hospitalização a domicílio sendo acionado nos momentos críticos da doença. A implantação dessa fórmula foi difícil, tamanha era a ruptura que separava o hospital e a medicina de consultório. No entanto, existem hoje na França cerca de 40 redes desse tipo, subvencionadas pelos poderes públicos.

Segundo um estudo datado de maio de 1993, 1.100 a 1.200 clínicos gerais estariam acompanhando assim cerca de 15 mil pacientes, metade dos quais é atendida conjuntamente pelo hospital e a clínica privada. Um em três doentes acompanhados estava no estádio da AIDS. No entanto, um levantamento realizado pelo Sida Info Service mostra que 50% dos soropositivos não estariam sob os cuidados de nenhum médico; essa situação é ainda mais preocupante uma vez que os doentes são cada vez mais marginalizados.

O médico deve poder acompanhar o paciente e até o grupo que o cerca ao longo de toda a doença, garantindo o segredo profissional. Essa noção é capital e esse princípio não pode voltar a ser posto em questão hoje, ainda que ele possa conduzir o médico a situações dramáticas. Por exemplo, ele não tem o direito de advertir o cônjuge ou os parceiros de uma pessoa soropositiva. No entanto, desde a comunicação da soropositividade, deve estimular seu paciente a avisar seus parceiros presentes e passados, para que eles possam fazer um teste e tomar as precauções necessárias. Alguns soropositivos, por razões psicológicas, não conseguem se submeter a esse procedimento. "Sou bissexual, adoro minha mulher e de vez em quando tenho relações com meu namorado. Quando soube de minha soropositividade, consegui avisar meu namorado alguns meses depois, mas não disse nada à minha mulher. Tenho cada vez menos relações com ela e uso sempre preservativos. Ela não compreende por quê. Digo que é por causa das doenças sexualmente transmissíveis. Converso sobre isso com meu médico. Mas não sei se vou conseguir dizer a ela um dia: sinto-me muito incomodado com essa situação, mas acho que ela não compreenderia, que me rejeitaria." É nesse tipo de situação que o médico tem um trabalho fundamental a realizar na relação com seu paciente.

Pode seguir-se uma certa tensão, que pode levar o paciente a abandonar seu médico. Assim, é muito difícil para o médico tanto assegurar-se de que o soropositivo avisou seu parceiro, como nada dizer quando, por exemplo, vê seu paciente com sua namorada grávida e despreocupada. O médico se vê entre duas obrigações contraditórias: respeitar o sigilo médico e fazer todo o possível para prevenir a contaminação. Somente uma relação de grande confiança mútua pode permitir a superação dessas dificuldades. Quando dispusermos, para os soropositivos, de um tratamento que permita erradicar o vírus e a contaminação, o princípio do segredo médico e da não-obrigatoriedade do teste poderão ser reconsiderados. Até lá, somente o diálogo, fundado numa persuasão mesclada de compreensão, deve preponderar.

A Vida Cotidiana

O HIV é um vírus muito frágil que só se transmite por via sexual ou sangüínea. A AIDS não é contagiosa. Os gestos e os objetos da vida cotidiana não devem portanto ser fonte de discriminação. Os talheres, a roupa branca, podem ser os mesmos para o soropositivo e os que o cercam; podem ser lavados nas mesmas máquinas. Não é necessário tampouco passar água sanitária na pia, na louça, na banheira ou no vaso sanitário, para os quais são suficientes as regras habituais de higiene. Só o aparelho de barbear e a escova de dentes devem permanecer pessoais em razão dos riscos de ferimento ou de pequenas machucaduras ocasionadas na pele ou nas gengivas. Inútil, portanto, multiplicar precauções despropositadas: elas só podem aumentar a ansiedade do soropositivo e dos que o cercam.

Um soropositivo não deve continuar a se expor ao vírus tendo relações sexuais não protegidas com outras pessoas soropositivas ou partilhando seringas, se ele se droga. Nenhum estudo demonstrou o papel das reinfecções por HIV na aceleração da doença; na dúvida, porém, é prudente evitá-las.

Certas substâncias são imunodepressivas, em particular as drogas derivadas dos opiáceos. Por isso, os usuários de droga devem tentar interromper ou diminuir seu uso, ou, se isso for impossível, participar de um programa que permita substituir a heroína pela metadona. Muitos, no entanto, sabendo-se soropositivos, têm ainda mais dificuldade que em tempo normal para enfrentar a privação da droga.

Quanto ao álcool e ao fumo, *in vitro*, isto é, nas culturas de laboratório, eles favorecem a replicação do HIV. Estudos com o homem não são de fácil realização, mas mais vale deixá-los, ou pelo menos moderar seu consumo.

Não se trata de dizer brutalmente: "Pare com o sexo, com a droga, com o cigarro, com o álcool." Trata-se, isto sim, de adaptar essas noções a cada pessoa. De maneira geral, convém evitar excessos. Os grupos de apoio e de conversa que foram criados nas associações, em particular a AIDES, são de grande utilidade, porque permitem a cada um exprimir-se e trocar experiências com outros que também vivem com o vírus.

A alimentação desempenha igualmente um papel muito importante. O paciente deve cuidar do equilíbrio quantitativo e qualitativo de sua ingesta alimentar. A ingesta cotidiana de proteínas deve ser suficiente para evitar a lassidão dos músculos; não se deve tampouco negligenciar as vitaminas e os oligoelementos. Assim, o médico é por vezes levado a suplementar a alimentação desde a fase assintomática. Alguns pesquisadores evidenciaram um hipermetabolismo de repouso, isto é, um consumo de energia em situação de repouso maior que nas pessoas sadias. É preciso, portanto, comer mais e melhor. Isso permite conservar pelo maior tempo possível o peso de referência e prevenir a instauração de um círculo vicioso: anorexia, estado depressivo, déficit imunitário, atrofia das vilosidades intestinais. O emagrecimento não tem conseqüências apenas físicas: tem também um impacto psicológico sobre o paciente, que se sente tão mais doente quanto mais emagrece, e sobre seu círculo de relações, que já não o consegue ver senão como doente.

Da mesma maneira, o impacto do moral é muito importante. Não é fácil especificar os vínculos que unem o estresse e a inquietação ao sistema imunitário, mas são muito numerosos os casos em que o anúncio de uma infecção, da morte de uma pessoa próxima ou ainda um episódio depressivo provocaram uma queda da taxa de linfócitos T4. O soropositivo deve, portanto, poder contar com um ambiente amistoso, relações de confiança com alguns amigos e com seu médico, um apoio psicológico ou psiquiátrico se necessário.

Os Exames

Em vários países, as diferentes etapas do acompanhamento médico foram detalhadas a partir de um acordo entre especialistas. Na França, é o relatório do professor Jean Dormont que, de maneira clara, propõe a conduta prática a seguir e expõe o porquê das questões em aberto.

Um exame geral completo é efetuado de seis em seis meses, mais freqüentemente se necessário. Peso e temperatura são cuidadosamente anotados. Os exames complementares avaliam os marcadores da infecção por HIV (linfócitos T4 e T8, antigenemia p24, anticorpos anti-p24, microglobulinemia beta2), e procuram os sinais de uma possível co-infecção (hepatite, sífilis), de uma infecção oportunista (exame de fezes, anticorpos da toxoplasmose, intradermorreação à tuberculina e à candidina, radiografias pulmonares). Do mesmo modo, toda infecção, por menor que seja, deve ser diagnosticada e tratada, quer se trate de uma doença sexualmente transmissível ou de candidíase, ou herpes-zoster. Toda febre deve ser investigada.

As duas grandes decisões do acompanhamento terapêutico são a prescrição de um tratamento antiviral e a prevenção das infecções oportunistas. Esses tratamentos melhoraram muito a vida dos doentes e prolongaram sua sobrevida. Muitos protocolos em curso permitem esperar ganhos suplementares.

Quando os linfócitos T4 estão na faixa de 500 a 200/mm^3, não há, até o momento, um consenso médico sobre a conduta particular a adotar. Na ausência de sintomas e exceto em caso especial, o doente é tratado apenas das afecções passageiras e sem gravidade. Ensaios de tratamentos antivirais em monoterapia ou em associação, nessa fase da infecção, deram resultados menos animadores que os esperados, mas novas pesquisas continuam a ser desenvolvidas nesse domínio.

Quando os linfócitos T4 caem abaixo de 200/mm^3 e/ou representam menos de 15% dos linfócitos, deve ser proposta uma profilaxia contra a pneumocistose, assim como um tratamento anti-retroviral.

Até poucos anos atrás, a profilaxia da pneumocistose se baseava em aerossóis de pentamidina; hoje opta-se de preferência por um tratamento antibiótico por via oral, ministrando-se essencialmente Bactrim. Atualmente na França, depois que a pneumocistose passou a poder ser evitada, 37% dos casos são reveladores da soropositividade e 32% acometem pacientes de soropositividade conhecida mas sem acompanhamento médico. Tocamos aqui num dos limites do atendimento médico, pois essa profilaxia primária, que marcou verdadeiramente uma etapa de grande importância na sobrevida dos doentes, não é sistematicamente prescrita. Essas pneumocistoses poderiam ter sido evitadas por um tratamento preventivo adaptado. Chegamos a indagar se os resultados das pesquisas clínicas são realmente aplicados!

O AZT é atualmente o tratamento anti-retroviral de eleição. Ele requer um acompanhamento regular e o tratamento pode ser adaptado em função da tolerância.

Em caso de agravamento do estado imunitário, ou quando os T4 são inferiores a 150/mm^3, uma prevenção primária da toxoplasmose deve ser empreendida pelo médico se o paciente tiver anticorpos antitoxoplasmas, pois nesse caso há um risco de reativação dos focos antigos em decorrência da imunodepressão severa.

Exames oftalmológicos devem também investigar regularmente sinais de retinite por citomegalovírus.

Alguns exames complementares podem ser indicados em função do estado clínico, outros são pedidos de maneira sistemática.

O HOSPITAL

O hospital desempenha um papel central no atendimento médico dos pacientes: é um lugar de acolhida e de orientação, que idealmente concentra a informação e o saber. É por isso que certos pacientes não hesitam em viajar centenas de quilômetros para se tratar num determinado centro, apesar de todas as exigências que um acompanhamento regular envolve. O hospital é também um lugar de pesquisa clínica, onde se realizam em particular ensaios terapêuticos, o que suscita em alguns a esperança de ser recrutado para o teste de um tratamento que poderá ser salvador. Os hospitais souberam desenvolver seus serviços para adaptá-los às necessidades dos pacientes (hospital-dia, hospitalização a domicílio) e se abriram para a medicina de consultório, ao mesmo tempo por necessidade e por força da pressão dos doentes e das associações.

Durante os últimos dez anos, a AIDS como doença forçou o hospital a se remodelar, a organizar novas relações com os doentes e os médicos de consultório, a criar novos instrumentos informáticos de avaliação, tanto médica quanto econômica e administrativa. É verdade que já se refletia sobre isso havia vários anos e que o aumento constante das despesas de saúde ligadas à hospitalização vinha preocupando bastante governos sucessivos, mas foi apenas com a AIDS que essas mudanças realmente ganharam forma. Elas permitem, por outro lado, pensar num planejamento a médio prazo, quando se sabe que no horizonte do ano 2000 o número de soropositivos deverá se estabilizar e talvez até diminuir ligeiramente, mas o número de casos de AIDS declarada deverá atingir cerca de 16 mil por ano, refletindo as contaminações ocorridas nos anos 80.

Com base no último estudo efetuado no segundo semestre de 1992 pela Direction des Hôpitaux, parece que cerca de 45.000 pessoas soropositivas foram hospitalizadas pelo menos uma vez num centro especializado. Esse número deve ser confrontado com a estimativa de que existem 110 mil soropositivos. Deles, 72% são assintomáticos e 28% são aidéticos. A idade média dos pacientes é 35 anos.

O recurso ao hospital é tanto mais freqüente quanto mais a doença declarada se aproxima; os períodos de hospitalização clássica vão então se tornando mais longos. Um paciente com AIDS passa cerca de 40 dias por ano no hospital e tem em média quatro patologias associadas, o que dá uma boa medida da precariedade de seu estado, da carga de trabalho exigida do pessoal e dos problemas suscitados pela gestão dessa situação. A organização dos serviços hospitalares que acolhem os doentes é dificultada pelo fato de a AIDS poder afetar muitos órgãos do corpo. Esses serviços souberam agrupar todas as competências necessárias (equipamento, formação). Em geral, os pacientes preferem se tratar nesses locais especializados, onde sabem que se beneficiarão dos cuidados mais avançados e poderão ser incluídos num ensaio terapêutico. Essas unidades especializadas são, de fato, lugar de pesquisa clínica e de formação. A solução humanamente aceitável, tanto para os doentes como para o pessoal, consiste em dispor de unidades com algumas dezenas de leitos, com possibilidade, em caso de sobrecarga temporária, de hospitalizar os doentes nas estruturas intermediárias especializadas, os locais de convalescença (até o momento muito insuficientes) ou encaminhá-los para outro tipo de hospitalização, hospital-dia ou hospitalização a domicílio. A Assistance Publique-Hôpitaux de Paris foi uma das primeiras estruturas a reconhecer os doentes de AIDS e a atendê-los em serviços especializados. A região parisiense é de fato a que reúne, proporcionalmente, o maior número de pessoas infectadas.

Mas, por melhores que sejam os desejos e maior a boa vontade de todos, a vida hospitalar comporta dificuldades. Algumas delas estão diretamente ligadas à AIDS, outras foram apenas postas a nu por essa doença crônica que exige muito dos doentes e de seu meio familiar ou hospitalar.

Momentos de sobrecarga ocorrem sempre. Na França, o período mais crítico é o verão: alguns serviços fecham, o pessoal está de férias, ao passo que os doentes, habituados a ser tratados por determinada equipe, se vêm por vezes obrigados a procurar outros hospitais.

A carga de trabalho da enfermagem fica cada vez mais pesada à medida que a doença progride; o compromisso psicológico é muito importante e o esforço de formação deve ser constante. As enfermeiras e as auxiliares de enfermagem despertam minha admiração. A maioria delas trabalha durante anos nesses serviços com grande motivação. Cinco horas diárias de cuidados em média para um paciente de AIDS, a tratar do corpo e a conversar, a escutar e a observar!

A enfermagem, na sua prática cotidiana, corre também o risco de se ferir com material sujo de sangue contaminado. Até 1992, haviam sido declaradas 28 infecções presumidamente profissionais por HIV. As medidas preventivas preconizadas pelo serviço de higiene do hospital (agulhas jogadas em recipiente adequado, evacuação dos dejetos etc.) são adequadas para uma prevenção eficaz e devem ser postas em prática em todas as circunstâncias com todos os doentes, seja qual for sua condição sorológica. Isso é ainda mais importante uma vez que o levantamento feito na França em 1990 mostrou que 27% de todos os acidentes com exposição ao sangue ocorreram no contato com pacientes soropositivos, quando estes não representavam mais de 7% do conjunto dos doentes.

Os acidentes ocorrem muitas vezes num contexto de sobrecarga de trabalho, de urgência ou durante o turno da noite, por ocasião de uma coleta de sangue, da colocação ou retirada de um cateter. Após um acidente desse tipo, é preciso fazer uma declaração junto ao médico do pessoal, que fará imediatamente uma sorologia de controle para conhecer a condição sorológica do acidentado, o que determinará seu acompanhamento posterior.

No caso dos cirurgiões, a exposição acidental ao sangue na sala de cirurgia ocorre em uma intervenção sobre dez. As mãos, em especial, sofrem picadas, e, embora o risco seja menor quando o cirurgião usa dois pares de luvas, a maioria só usa um. O próprio pessoal da enfermagem continua usando o mesmo material de proteção de 20 anos atrás, quando está provado que o uso de um material mais aperfeiçoado reduz os custos da proteção. A título de exemplo, o uso de agulhas de proteção automática diminui em 90% o risco de picadas acidentais.

Vemos a que ponto é necessário, na prevenção de acidentes, que o pessoal de saúde receba uma real formação técnica, que até o momento é feita com demasiada freqüência por atacado. No entanto, nas profissões ligadas à saúde, existe sempre um risco profissional que ninguém pode excluir e que é aceito. É preciso otimizar as medidas de prevenção sem contudo acreditar numa falsa segurança.

Ao risco da contaminação do pessoal pelo vírus da AIDS veio se acrescentar o das infecções ditas hospitalares, que se contraem no hospital, e que afetam tanto a equipe de atendimento quanto os doentes que estão no serviço. O aparecimento da tuberculose resistente aos tratamentos clássicos tornou esse problema particularmente agudo. A AIDS lembra que é preciso respeitar as regras elementares de higiene para evitar a propagação de todos esses germes.

É preciso também fazer um esforço para preservar ao máximo a intimidade das pessoas, dar aos doentes uma alimentação compatível com suas perturbações intestinais, diminuir as esperas e a multiplicidade de locais para os diferentes exames. É preciso ainda criar lugares de convívio para os pacientes e seus visitantes, flexibilizar os horários de visita, humanizar o hospital, que não é apenas um lugar de tecnicidade médica.

Desde o final dos anos 80, o hospital-dia e a hospitalização a domicílio representam um quarto dos atendimentos hospitalares. Quando o estado do paciente exige cuidados regulares mas não uma hospitalização, o hospital-dia permite ao paciente capaz de se deslocar obter ao longo de um só dia uma consulta com seu médico, exames de sangue, um tratamento sob forma de perfusão ou de aerossol; ele pode também retirar na farmácia do hospital sua provisão de medicamentos reservados habitualmente ao uso hospitalar. A freqüência com é preciso recorrer a essa forma de hospitalização aumenta à medida que a doença progride, mas em menor proporção que a hospitalização clássica.

A hospitalização a domicílio também se desenvolveu muito nos últimos anos; ela é o resultado de um acordo bem-sucedido com o médico encarregado. No início da epidemia, a maioria dos cuidados a domicílio era assegurada graças aos familiares e amigos do paciente e à grande eficácia das associações. Hoje, o médico encarregado, ao lado de enfermeiras, cinesioterapeutas e outros atendem esses pacientes em suas casas, quase todos no estádio da AIDS. A coordenação é assegurada pelo serviço Hospitalisation à Domicile (HAD), para o qual os doentes telefonam e que se mantém em contato direto com o hospital. Precisando sobretudo de uma ajuda a domicílio e de um apoio psicológico, esses pacientes podem assim permanecer em casa em boas condições.

Os Cuidados Paliativos

Nos limites da medicina de consultório e de hospital, encontram-se os cuidados do fim de vida. Cada um deve poder morrer onde deseja. O ideal seria talvez que os cuidados paliativos fossem prestados a domicílio, mas, muito freqüentemente, o afastamento da família e dos amigos não permite uma volta para casa; o peso dos cuidados e da enfermagem torna difícil o fim de vida fora do hospital. Trata-se de cuidados ativos introduzidos em todos os estádios da doença quando ela não é mais curável; seu objetivo é melhorar a qualidade de vida até a morte, sem provocá-la nem retardá-la, e de cuidar da pessoa em seu conjunto, seu corpo, seu sofrimento físico, psicológico e espiritual. Quer tenham lugar no hospital ou em casa, requerem uma assistência pluridisciplinar, vinda dos médicos, psicólogos e da equipe de tratamento em geral, mas também da família, dos amigos.

As primeiras unidades de cuidados paliativos foram criadas no final dos anos 60 na Grã-Bretanha. Elas reuniam num só lugar vários leitos de acompanhamento. Esses centros se desenvolveram muito nos Estados Unidos e no Canadá, um pouco menos na Europa. Alguns foram criados na França durante os anos 80. Diante da crescente necessidade desses cuidados, surgiram unidades móveis em certos hospitais; nesse caso o pessoal médico se desloca entre os diferentes serviços para atender à demanda dos pacientes ou de seus interlocutores. Mostra-se necessário atualmente que, nos hospitais habituados a se ocupar das patologias pesadas, o pessoal aprenda a assegurar um fim de vida melhor aos doentes.

A presença humana e a comunicação são indissociáveis desses cuidados. É preciso, portanto, saber ao mesmo tempo avaliar as diferentes etapas do fim de vida, conhecer as abordagens terapêuticas para aliviá-las e saber que a repetição das mortes é um fator de estresse considerável para os que as presenciam.

Os primeiros elementos sobre os quais é preciso agir são os sintomas: há uma discrepância considerável entre o modo como os pacientes sentem seus sintomas e o modo como os médicos os avaliam. Ora, todos eles podem ser amenizados, sobretudo a dor física. Dispomos hoje de um arsenal terapêutico eficaz. Não se deve temer a escalada terapêutica para aliviar a dor. A morfina alivia tanto dores agudas quanto dores crônicas, mas também as dificuldades respiratórias, e os especialistas recomendam sua utilização precoce. Mas outros medicamentos de grande eficácia também têm sua indicação nesse estádio; não se deve, em caso algum, identificar cuidados paliativos como sinônimo de morfina. Outros sintomas devem ser levados em conta: a fadiga, a angústia, a tristeza, as insônias. É preciso tratar deles também.

Humanizar a Vida

Os aspectos médicos têm uma importância primordial para um soropositivo, sempre à espera de uma melhor informação. No entanto, uma vez que ele saia do hospital, mesmo que tenha um médico que o apóie e lhe forneça cuidados, o aidético se confronta com problemas humanos e materiais que vão se tornando mais pesados à medida que avança na doença. Esses problemas surgem freqüentemente por ocasião de uma ruptura, quando da morte de um amigo, ou de sua partida porque ele não suporta mais a doença, em conseqüência de uma rejeição pela família, da perda do emprego ou simplesmente porque a AIDS vem agravar uma situação já precária. Essas circunstâncias requerem outras formas de atendimento, exigindo a intervenção de diferentes profissionais que não estão habituados a trabalhar juntos; a essas dificuldades podem se acrescentar atitudes discriminatórias e problemas financeiros.

As associações desempenharam um papel central no desenvolvimento e na implantação dos diferentes modos de atendimento desde o início da epidemia. Elas foram as primeiras a desenvolver um sistema de informação, graças aos plantões telefônicos. Muitos soropositivos que telefonam querem sobretudo aliviar sua angústia pedindo informações sobre a doença, o significado da soropositividade, as diferentes práticas sexuais, os riscos de contágio na vida cotidiana. Alguns, porém, têm demandas mais precisas: o nome de um médico confiável, um problema de alojamento, um conselho jurídico, a atitude a adotar em relação ao médico do trabalho, a necessidade de ajuda nos trabalhos domésticos, a solidão. Em resposta a essas demandas, as associações criaram estruturas de acolhimento que fornecem aconselhamento psicológico, jurídico e social. Seus voluntários vão dar apoio aos doentes em casa e os ajudam nos trabalhos domésticos. No hospital, eles inauguraram serviços dia e noite. Muitos pacientes continuam trabalhando: faltas repetidas pela manhã levantam suspeitas e por isso alguns acabam deixando de ir às consultas com o médico. Diante disso, foram implantadas consultas à noite em certos hospitais, graças aos voluntários da associação AIDES, que se encarregam voluntariamente dos trabalhos de secretaria e dos serviços de enfermagem. Apartamentos terapêuticos apareceram também.

Foram essas associações que conseguiram apreender as necessidades reais dos doentes e fazer a ligação entre eles e os poderes públicos. Com estes últimos, implantaram programas de ação que hoje são em sua maioria financiados por estruturas públicas (ministério, coletividades locais, caixa de seguro doença), ao passo que no início da epidemia elas funcionavam apenas com doações privadas e trabalho voluntário. Desde sua criação, elas conservaram seu papel inovador na humanização da vida dos doentes, sempre tentando encontrar soluções adaptadas às demandas as mais diversas e as mais difíceis.

Um estudo efetuado em 1990 pelo Ministério da Saúde sobre os problemas de saúde e as necessidades de serviço das pessoas infectadas pelo HIV permitiu quantificar essas dificuldades. Mesmo que os números tenham variado um pouco em razão da evolução da doença e dos esforços empreendidos pelos diferentes governos, eles traduzem bem a situação e os problemas que ela apresenta.

Entre as pessoas que são acompanhadas em hospital, 70% têm um emprego, mas todas têm dificuldades em administrar seu tempo de modo a atender às exigências de um acompanhamento regular no hospital. Conservar a doença em segredo por muito tempo torna-se muitas vezes difícil. Assim também, tomar 100% dos cuidados recomendados pode parecer suspeito num rapaz aparentemente saudável. Mesmo que não se mostre a carteira da Seguridade Social a todo mundo, ela se torna uma espécie de estigma. As avaliações médicas anuais que as empresas exigem são também muito temidas: a menor mancha vermelha pode evocar a doença de Kaposi, por exemplo. Procurar um emprego, assim como fazer um seguro, são coisas inquietantes por si mesmas; a preocupação é agravada pela necessidade do exame médico e pelo pavor de uma eventual coleta de sangue, que é realizada a pretexto de avaliar os fatores de risco cardiovasculares mas que muitas vezes serve também — de maneira absolutamente ilegal e sem o conhecimento dos sujeitos — para a detecção da infecção por HIV. Por ocasião dos primeiros ensaios com vacinas no Institut Pasteur, os voluntários sadios que receberam o preparado em teste apresentaram anticorpos, como era previsto, tornando-se assim soropositivos. Mas essas pessoas nunca foram de maneira alguma infectadas pelo vírus. Durante esse ensaio, um voluntário que estava procurando emprego foi recusado em razão de sua soropositividade. Os médicos do Institut Pasteur foram obrigados a encaminhar à empresa um atestado explicando as razões daquela condição.

Por vezes, as faltas repetidas obrigam a pessoa a abandonar o emprego ou a trocar de atividade, passando a outra menos absorvente e freqüentemente de menor prestígio material ou simbólico. É indispensável que os soropositivos estejam informados de seus direitos. Foi por isso que as associações criaram os serviços de consulta jurídica.

Para os que estão desempregados ou nunca tiveram emprego, infecção por HIV ocasiona situações de precariedade. Como diz Pierre Lascoumes, da associação AIDES, "é fundamental, no plano jurídico, reduzir a epidemia de AIDS ao que ela é, ou seja, uma doença e nada mais [...]. Nós nos recusamos a reivindicar para os doentes e pessoas atingidas pelo HIV qualquer forma de privilégio ou direitos específicos". A lei, nada mais que a lei. Nessa perspectiva, os aconselhamentos jurídicos são importantes para ajudar pessoas em situação difícil que podem ficar muito perturbadas por sua soropositividade. Assim como é essencial ajudá-las a se reinserir no mundo do trabalho.

Em 1990, 75% das pessoas soropositivas dispunham de um alojamento pessoal fixo; 15% moravam de maneira permanente no domicílio de parente ou amigo e 5% em instituição; duas mil pessoas estavam em situação precária. Tudo depende, de fato, do grau de autonomia do doente. Se ele não tem onde morar, é preciso que possa ter acesso, nas mesmas condições que qualquer outro doente, a um alojamento público ou privado condizente com seus recursos e, se possível, perto do hospital onde se trata.

O mais das vezes, são as associações que orientam ou tomam as medidas necessárias a esse respeito. Para as pessoas que precisam de um alojamento coletivo, com a ajuda dos poderes públicos, há diversos recursos, mas os lugares são limitados. As "famílias de acolhimento" são indispensáveis para as crianças soropositivas que precisam ser atendidas nos serviços especializados. Mas elas ainda são pouco numerosas, apesar do trabalho realizado por associações como "Sol en Si". Da mesma maneira, as associações AIDES e a "Gays pour les libertés" criaram em 1986 os "Appartements de relais thérapeutique et social", mais conhecidos pela sigla APPARTS, para o abrigo temporário de doentes de AIDS que se vêem sem alojamento. Cada apartamento acolhe três residentes, que ficam a cargo de um "coordenador psicomédico", responsável pelo dia-a-dia e pelo acompanhamento dos doentes, e de uma assistente social.

Para a maioria dos pacientes, a chegada ao apartamento é vivida como uma "trégua", mas, ao mesmo tempo, como uma confirmação da doença, o que por vezes é muito difícil aceitar. A partilha do cotidiano pode ser vivida como solidariedade e pode criar laços de amizade; ela pode também ser rejeitada, porque a onipresença da doença logo se torna sufocante e angustiante. Nesse caso, a coabitação num mesmo apartamento torna-se difícil. O objetivo inicial, a reinserção social, revelou-se mais difícil de alcançar do que se previra; assim também, a duração da permanência, que no início estava limitada a dois ou três meses, se estendeu na prática por sete a nove meses. APPARTS tornou-se uma solução de último caso, pois, ao deixar os apartamentos, os doentes não sabem para onde ir. Essa experiência, financiada em 78% pelos poderes públicos, revela claramente as dificuldades que vêm se acrescentar à doença — solidão, problema de moradia, de trabalho, de recursos — e que contribuem para agravar a marginalização dos doentes.

Um outro tipo de abrigo, os "faróis" (*Lighthouses*), já existe em Londres, nos Estados Unidos e no Canadá. Trata-se de casas situadas em plena cidade, onde pessoas doentes são acolhidas durante algumas semanas. Elas têm a particularidade de ser adaptadas às necessidades dos doentes, que muitas vezes sofrem de patologias bastante invalidantes, e além disso muito abertas para a cidade; um restaurante permite aos pais, aos amigos e até aos passantes entrar para fazer uma refeição. Trata-se de um pouso para pacientes que estão saindo do hospital e à espera de um alojamento futuro ou cujo círculo está temporariamente impedido de lhe proporcionar cuidados. Na França, uma primeira casa desse tipo começou a funcionar em 1994 na Provença e há um projeto em andamento em Paris.

Além dos problemas de sigilo, de trabalho e de moradia, o auxílio na vida cotidiana e o apoio psicológico são duas dificuldades importantes que ainda não foram devidamente equacionadas. Elas dependem muito do grau de isolamento do paciente, de seu grupo imediato, de sua família, de seus amigos. Com muita freqüência, porém, é à equipe terapêutica que compete enfrentar esse sofrimento psicológico pela escuta e a conversa, sendo que os casos mais severos devem, é claro, ser encaminhados aos especialistas.

Os problemas da vida cotidiana são múltiplos: conseguir levantar-se e andar, alimentar-se, tomar banho, vestir-se, cuidar da casa, preparar as refeições. O grau de incapacidade para morar só é tanto maior quanto mais restrito é o círculo imediato. Os cuidados a domicílio requerem uma presença que muitas vezes as associações asseguram a certos doentes isolados, que não contam com nenhuma ajuda. É por essa razão que certos doentes jovens voltam a morar com os pais.

A AIDS, doença longa e complexa, veio sem dúvida pôr em xeque a evolução das condições sanitárias e sociais destas últimas décadas. A medicina tornou-se compartimentada, especializada, em razão do progresso dos conhecimentos. O doente estava correndo o risco de se tornar um mero objeto de um interesse científico que os comitês de ética recentemente criados tendiam a reabilitar. Foi com a chegada dessa doença que uma tomada de consciência coletiva revelou certos desvios de nossa sociedade. Ela envolveu os doentes e seu grupo de relações, os médicos de hospital e de consultório. O melhor da técnica deve ser conservado, mas é preciso levar em conta o homem, seu desamparo em face da doença, suas dores, sua solidão... A abordagem deve ser global: todos os parâmetros da infecção e todos os componentes da vida devem ser considerados na busca de se assegurar um maior bem-estar, na falta de uma cura.

Felizmente, novas relações se instauraram entre os médicos e seus pacientes. Os soropositivos e os aidéticos são jovens. Com freqüência sabem tanto sobre sua doença quanto o médico e acompanham com competência a literatura científica sobre sua infecção. Esse novo tipo de interação é fundamental e irreversível. O doente se transforma num ator de sua doença e esse processo se estenderá às outras doenças prolongadas e crônicas que a medicina não consegue vencer. O mesmo se passará com as associações, que provaram sua capacidade de inovação, sua eficácia e seu espírito de solidariedade e que ocuparão doravante um lugar importante em nosso sistema de atendimento.

CAPÍTULO 6

OS TRATAMENTOS ATUAIS

Não existe até o momento tratamento definitivo da AIDS. Não obstante, progressos indubitáveis foram realizados desde o início dos anos 80. Eles permitiram prolongar a vida dos doentes e dar-lhes maior conforto.

Quando a AIDS apareceu, os médicos se viram sem recursos. A descoberta do vírus permitiu-lhes utilizar com esperança as poucas moléculas anti-retrovirais conhecidas com que já se tinha alguma experiência clínica. De fato, nos anos 70, algumas delas tinham sido utilizadas, sem sucesso, no tratamento de leucemias, algumas das quais, ao que se pensava, podiam estar associadas a infecções retrovirais. A partir de 1984, testamos sua eficácia com pacientes aidéticos. Nessa época, Jean-Claude Chermann estava trabalhando com uma molécula mineral, o HPA23, e havia demonstrado sua eficácia sobre a transcriptase reversa. Dispúnhamos também de uma experiência clínica com esse produto no tratamento da doença de Creutzfeld-Jacob, mal degenerativo ligado a príons. O HPA23 foi assim administrado a pacientes aidéticos, especialmente a jovens hemofílicos. Infelizmente, essa molécula, como muitas outras depois, não confirmou *in vivo* a atividade anti-retroviral que exibia *in vitro*.

Nesse meio tempo, testes rápidos passaram a permitir a avaliação em tempo recorde da capacidade de inibir a produção viral de milhares de moléculas já sintetizadas pelo grandes laboratórios farmacêuticos. Foi assim que Hiroaki Mitsuaya e seus colegas do National Institute of Health assim como pesquisadores do Wellcome descobriram o notável efeito anti-retroviral *in vitro* de um produto dos laboratórios Burroughs Wellcome cujo nome de código era BW 509. Tratava-se do AZT, um análogo de nucleosídeo que fora sintetizado em 1964. Suas propriedades antitumorais se revelaram medíocres; além disso, essa molécula era tóxica no animal. Por essa razão ela havia sido deixada na prateleira, ao lado de muitas outras, até o dia em que o laboratório decidiu testar seu efeito sobre o HIV. Fato notável, o AZT passou rapidamente do laboratório aos primeiros testes terapêuticos. Alguns anos mais tarde, porém, o entusiasmo dos clínicos teve de ser ponderado. Veremos adiante por quê. Muitas moléculas análogas, nucleosídeos, foram depois sintetizadas e testadas. Algumas estão em uso atualmente, como a ddI, a ddC, o 3TC, o D4T, já podendo ser comercializadas ou estando ainda em fase de ensaios terapêuticos.

Outras abordagens foram tentadas: o bloqueio do receptor celular do vírus, o CD4 solúvel, e, paradoxalmente, o uso de imunodepressores, como a ciclosporina, após alguns dias de tratamento e lamentavelmente alguns dias antes da morte dos doentes. O escândalo que a mídia fez em torno dessa tentativa mascarou o interesse presente na busca de tratar o componente auto-imunitário e tentar a ativação do sistema imunitário no curso da doença. Essa lista de abordagens e de moléculas diferentes está longe de ter se completado. Ainda que não exista milagre, as esperanças são muitas. Mas para demonstrar a eficácia de uma molécula é necessário efetuar ensaios clínicos tanto mais longos e mais rigorosos quanto mais o efeito do medicamento é fraco e de difícil comprovação.

Por enquanto, foi sobretudo graças ao trabalho dos médicos, à sua observação cotidiana, à sua colaboração com os pesquisadores e com os doentes, à cooperação internacional em matéria de ensaios clínicos que, pouco a pouco, alguns meses puderam ser acrescentados à sobrevida dos doentes. E será graças a um melhor conhecimento dos mecanismos da doença que acabaremos por dominá-la. Alguns medicamentos permitem hoje retardar a replicação do vírus. Mas, sobretudo, depurou-se a prevenção e o tratamento das infecções oportunistas.

Tendemos, pelo menos é o que eu proponho, a uma abordagem global dessa doença, que leve em conta o vírus, as infecções oportunistas, os co-fatores e o estado imunitário. A pesquisa clínica mundial procura desenvolver os diferentes ensaios terapêuticos, avaliar as melhores associações medicamentosas possíveis e determinar os momentos mais oportunos para seu emprego. Vamos lembrar aqui quais são os tratamentos geralmente aplicados. Todos os doentes deveriam poder se beneficiar deles, tanto nos nossos países quanto nos que estão em via de desenvolvimento.

O Tratamento das Infecções Oportunistas

Treze anos atrás, a AIDS se revelou ao mundo inteiro pela pneumocistose pulmonar, que, como só acomete pessoas imunodeprimidas, era até então raramente diagnosticada. Hoje, ela é a infecção oportunista mais conhecida e aquela sobre a qual métodos preventivos podem ser mais bem aplicados.

As infecções desse tipo são chamadas oportunistas porque se aproveitam da vigilância diminuída do sistema imunitário. São causadas por germes que circulam no ambiente ou estão alojados em estado latente no organismo, sem provocar doença. É quando o sistema imunitário se enfraquece que eles passam a proliferar e a representar um perigo. Esse é também o caso dos tumores, doença de Kaposi e linfomas, para os quais se invoca freqüentemente uma origem viral.

A lista dessas infecções oportunistas foi se enriquecendo ao longo dos últimos dez anos. Seu aparecimento no curso da AIDS foi avaliado, os meios de diagnóstico aperfeiçoados, e tratamentos eficazes estabelecidos. Para um bom número delas, uma prevenção primária e secundária foi desenvolvida; a prevenção é dita primária quando se atua antes do primeiro episódio infeccioso, secundária quando se busca evitar a eventual ocorrência de uma recidiva.

Esses tratamentos permitiram atrasar o momento em que essas infecções sobrevêm e dar maior bem-estar aos doentes, proporcionando-lhes uma atividade social e profissional mais longa. Além disso, o tempo médio de vida de um aidético declarado passou de oito meses em 1981 para três anos em 1994. No entanto, por causa do prolongamento da vida desses doentes, algumas patologias se tornaram mais freqüentes nessa fase tardia da infecção (infecção por *Mycobacterium avium*, infecção por citomegalovírus e candidíase esofágica). Outras infecções tiveram sua freqüência relativa reduzida graças à prevenção eficaz.

Quando a taxa de linfócitos T4 no sangue está entre 500 e 200/mm^3, três patologias sobrevêm freqüentemente. A candidíase digestiva, devida a um fungo banal, manifesta-se no nível da boca; é facilmente tratada, mas podem ocorrer recaídas. Os herpes-zosteres devidos ao vírus varicela-zoster podem ser bem tratados e prevenidos após o primeiro episódio pelo acyclovir, molécula antiviral eficaz sobre os vírus herpes. A leucoplasia da língua também regride às vezes após o acyclovir; é possível que ela tenha uma origem viral (vírus de Epstein-Barr).

A tuberculose representa um elemento preocupante na epidemia atual de AIDS. As cepas do bacilo de Koch multirresistentes aos antibióticos se multiplicam. Doze focos de tuberculose multirresistente foram registrados nos hospitais e nas prisões de Nova York, Miami e

São Francisco. Em Nova York, em 1991, 33% das cepas eram resistentes a pelo menos um antituberculoso e 15% à isoniazida e à rifamicina, que são os dois medicamentos mais eficazes para a prevenção e o tratamento da tuberculose. O aparecimento dessas cepas resistentes está freqüentemente ligado a um tratamento incompleto ou interrompido cedo demais pelo paciente.

Além das medidas preventivas de higiene hospitalar, várias recomendações são feitas hoje para a prevenção das tuberculoses multirresistentes: boa observância do tratamento da tuberculose ativa, ainda que ele se prolongue e que sobrevenham fenômenos alérgicos; desenvolvimento e generalização das técnicas rápidas que permitem comprovar a presença dos bacilos resistentes e uso de antibióticos eficazes.

Se no tocante à tuberculose a indicação de um tratamento preventivo ainda é objeto de discussão atualmente, no caso da pneumocistose ela já está bem estabelecida. O fato de essa infecção continuar ocorrendo hoje é sinal da insuficiência do atendimento dado aos doentes.

A profilaxia primária da pneumocistose é empreendida quando os linfócitos T4 caem abaixo de 200/mm^3 ou representam menos de 15 a 20% do total de linfócitos. Cada doente é um caso particular e a decisão de empreender a profilaxia depende do médico de cada um. De fato, em razão da gravidade dessa infecção, ela pode ser iniciada quando se observa uma queda rápida dos T4 ou quando o sujeito já entrou na fase sintomática, apresentando outras infecções, uma alteração do estado geral ou um linfoma. Há alguns anos, recomendavam-se os aerossóis de pentamidina: efetuados uma vez por mês, eles depositam o princípio ativo no seio dos alvéolos pulmonares. Hoje se tende a substituir esse tratamento pela tomada por via oral de Bactrim, medicamento que associa dois antibióticos. A Dapsone é também uma alternativa na profilaxia primária e secundária, especialmente em caso de intolerância ao Bactrim. Uma profilaxia secundária se impõe necessariamente após toda pneumocistose declarada, seja qual for a taxa de linfócitos.

A toxoplasmose tende a sobrevir em geral num estado mais grave de imunodepressão que a pneumocistose. Ela resulta de uma infecção recente ou da ativação de um foco antigo. Nesse caso, a pessoa tem no sangue anticorpos antitoxoplasma: é preciso portanto empreender uma profilaxia primária, caso isso já não esteja sendo feito para a pneumocistose, pois o Bactrim parece ter eficácia sobre as duas infecções. Mas o interesse da profilaxia primária contra a toxoplasmose ainda não está tão claro como no caso da pneumocistose.

A toxoplasmose acomete, na França, 15 a 30% dos doentes. É a infecção mais freqüente depois da pneumocistose e há recidiva em 50 a 80% dos casos. A profilaxia secundária deve ser portanto sistemática.

Como as infecções oportunistas têm uma responsabilidade importante na gravidade da doença, a introdução de tratamentos preventivos permitiu prolongar o período assintomático e o estádio de AIDS declarada. Mas esses tratamentos atuam sobre as conseqüências da doença, não sobre ela própria. Tratamentos dirigidos contra o próprio vírus são uma necessidade. Sob esse aspecto, porém, estamos menos bem armados.

Os Tratamentos Antivirais

Atualmente, na França, três produtos têm autorização para ser comercializados: o AZT, a ddI e a ddC. Esses três medicamentos atuam bloqueando a transcriptase reversa, enzima indispensável à replicação do vírus. Eles impedem a cópia do ARN viral em ADN. Assim, diminuem a infecção de novas células pelo vírus, mas não são capazes de eliminar o vírus já integrado nas células-alvo.

A eficácia do AZT (azidotimidina) sobre o vírus da AIDS foi reconhecida já em 1984. Vários estudos em grande escala foram iniciados então nos Estados Unidos. O primeiro mostrou que o AZT aumentava o tempo de vida dos pacientes aidéticos. Em 1990, dois outros estudos, com um ano de duração, revelaram que o AZT prescrito a pacientes assintomáticos com menos de 500 T4/mm^3 podia frear a queda dessa taxa e retardava a instalação da doença. Lamentavelmente, os ensaios de duração mais longa foram menos animadores. Ainda assim, era possível esperar que um tratamento precoce seria capaz de frear a evolução da doença, uma vez que sabemos que o vírus se multiplica também durante a fase assintomática.

Foi nesse contexto que, em 1988, foi iniciado um ensaio franco-britânico, o famigerado ensaio Concorde, com 1.749 sujeitos, compondo o maior grupo pesquisado até hoje. Os resultados preliminares foram publicados em abril de 1993: eles atestaram a ausência de benefício do tratamento precoce pelo AZT em sujeitos que estavam evoluindo lentamente para a AIDS. O anúncio brutal desses resultados preliminares teve um efeito catastrófico sobre os pacientes que tinham participado do ensaio e sobre todos os soropositivos assintomáticos. Viram suas esperanças destruídas.

A análise mais detalhada desse teste, publicada um ano depois, confirmou que o AZT não traz benefícios a longo prazo para os soropositivos assintomáticos com sistema imunitário normal ou moderadamente deficitário, que ele não torna mais lenta a evolução da infecção e não aumenta a duração da vida. A eficácia do medicamento é real, mas limitada e transitória. Hoje podemos compreender esse resultado à luz de nossos conhecimentos sobre o AZT e sobre o modo de persistência do vírus na célula que infecta. Para ser ativo sobre a transcriptase reversa do vírus que acaba de entrar na célula, o AZT precisa ser fosforilado (isto é, deve captar átomos de fósforo da célula). Ora, os linfócitos em repouso não têm enzima capaz dessa reação química, ao contrário dos linfócitos fortemente ativados; é somente nessas últimas células que o AZT é eficaz. Quando o ADN do vírus já se inseriu na célula, ele não tem nenhum efeito. Além disso, a variabilidade do vírus entra em jogo, pela modificação de certos aminoácidos na transcriptase reversa, o que o torna resistente ao AZT. Esses dados explicam por que essa molécula tem apenas um efeito limitado e transitório sobre o HIV. Ela não é capaz de erradicar essa infecção.

Além disso, apesar de sua seletividade pela enzima do vírus, a transcriptase reversa, o AZT tem também efeitos inibidores sobre as enzimas de síntese do ADN das células; por isso mesmo, é tóxico. Esse efeito é particularmente acentuado com relação às células-troncos da medula óssea, em particular as que estão na origem dos glóbulos vermelhos, e sobre as mitocôndrias das fibras musculares. Assim, o AZT pode ocasionar anemias de intensidade variável segundo os indivíduos e também dores e atrofias musculares. Esses efeitos sobrevêm por vezes desde o início do tratamento, levando à sua interrupção e ao uso de outras moléculas.

Apesar disso, essa molécula é considerada atualmente o tratamento anti-retroviral de referência. É habitualmente a primeira opção para pacientes assintomáticos em que os T4 estão abaixo de 200/mm^3 ou representam menos de 15% dos linfócitos. Caso o paciente se recuse a tomá-lo, pode se beneficiar inicialmente de um tratamento pela ddI. Nos pacientes com AIDS declarada, mesmo que a taxa de T4 seja superior a 200/mm^3, pode-se começar o tratamento com o AZT quando se observa uma queda rápida dos T4 ou do número total de linfócitos, ou ainda um aumento do antígeno p24. Todas as decisões devem ser tomadas pelo médico encarregado.

Os efeitos secundários são em geral proporcionais às doses prescritas, ao estádio da doença e à duração do tratamento. Nas primeiras semanas, podem ocorrer náuseas e dores de cabeça, que o mais das vezes desaparecem com a continuação do tratamento. Observam-se, no entanto, num número muito pequeno de casos, intolerâncias digestivas que obrigam à interrupção precoce do tratamento. O AZT, como vimos, pode ser tóxico para as células-troncos das linhagens sangüíneas. Por isso, ele pode estar na origem de uma diminuição do número de glóbulos vermelhos e pode por vezes induzir também uma diminuição da síntese dos glóbulos brancos (entre os quais os linfócitos), indispensáveis à defesa do organismo. Todas essas eventuais complicações exigem uma vigilância regular do sangue. Em caso de anomalia, o médico pode ser levado a diminuir ou interromper o tratamento. Suspende-se também o AZT temporariamente por ocasião do tratamento de ataque a certas infecções oportunistas que exigem antibióticos que também são tóxicos para as células sangüíneas.

Ao fim de certo tempo, o AZT perde sua eficácia sobre o vírus. Utilizam-se então outras moléculas antivirais que não têm os mesmos efeitos secundários e conservam uma eficácia sobre as partículas virais resistentes ao AZT. É igualmente interessante utilizar essas outras moléculas antivirais em associação com o AZT. Dessa maneira, pode-se reduzir o aparecimento de cepas resistentes ou reduzir essa mesma resistência.

A ddI (didesoxiinosina, ou didanosina) atua, tal como o AZT, sobre a transcriptase reversa *in vitro*, mas é menos ativa que ele; *in vivo*, contudo, ela talvez tenha um melhor futuro para os tratamentos precoces, porque é capaz de penetrar nos linfócitos pouco ativados ou não-ativados e alcançar aí concentrações inibidoras do vírus. Medicamentos como a hidroxiuréia poderiam aumentar sua eficácia. Por outro lado, a ddI é bem tolerada pelas células sanguíneas. Em certos casos, porém, pode engendrar uma pancreatite e neuropatias periféricas, que se manifestam por sensações anormais nas extremidades dos membros, formigamentos, uma diminuição das forças.

Até hoje não foi provado que, prescrita em primeiro lugar, a ddI seja mais eficaz que o AZT. Em contrapartida, alguns ensaios sugerem que, substituindo o AZT ou acrescentada a ele, ela retardaria a superveniência de ocorrências clínicas. Quando e em que condições fazer essa substituição? Quando o paciente for intolerante ao AZT, ou quando, apesar do tratamento, seu estado clínico ou biológico se agravar. Estudos recentes mostram que uma substituição sistemática pode ser proposta ao cabo de seis meses de tratamento pelo AZT.

A ddC (ou didesoxicitidina) tem o mesmo mecanismo de ação que o AZT e a ddI, mas, como esta última, apresenta toxicidade neurológica. Embora tenha recebido autorização para ser comercializada como monoterapia, as pesquisas recentes recomendam seu uso precoce juntamente com o AZT.

Essas três moléculas, AZT, ddI e ddC, demonstraram certa eficácia, sendo de certo modo referências para as novas moléculas hoje sob ensaio clínico. Mas mostraram também seus limites. Até o momento, nenhuma delas conseguiu bloquear totalmente a infecção viral; seu emprego é limitado em particular por sua toxicidade, por seu efeito transitório e pelo aparecimento de resistências. Esses problemas já haviam se apresentado no caso da tuberculose. De maneira geral, os antibióticos só são eficazes para bloquear uma infecção com o apoio do sistema imunitário. A situação da AIDS torna-se mais complexa porque justamente esse sistema está enfraquecido. O exemplo da tuberculose sugere que a associação de vários antibióticos tomados de maneira simultânea pode ser mais ativa e capaz de impedir ou retardar o aparecimento de mutantes resistentes. No caso da infecção por HIV, as mutações que estão na origem da resistência à ddI não são exatamente as mesmas responsáveis pela resistência ao AZT e o vírus não consegue suportar mudanças em um número demasiado grande de sítios ao mesmo tempo. Atacado de diferentes flancos, torna-se muito mais vulnerável. A associação desses medicamentos é portanto lógica. Além disso, com a diminuição das doses de cada um deles, reduzem-se os respectivos efeitos tóxicos. Há portanto interesse em utilizar moléculas que tenham alvos diferentes e complementares. A lógica pediria que as ministrássemos aos pacientes o mais cedo possível e de maneira constante, mas sua eficácia na prática ainda está por ser provada. Retornaremos a isto.

A avaliação a curto prazo dessas associações de tratamentos continua difícil hoje e exige novos instrumentos. Traçar a conduta a seguir tornou-se ainda mais complicado em decorrência do aparecimento de novas moléculas, com mecanismos de ação diferentes, atualmente sob teste clínico. A associação de um tratamento antiviral à prevenção da pneumocistose já retardou bastante a passagem ao estádio da AIDS. Os resultados estimulam a pesquisa de novos meios de ataque, com a ajuda de moléculas em combinações apropriadas. É portanto pela multiplicação das abordagens originais e com novas moléculas que a luta contra a doença deve prosseguir.

Não existe tratamento padrão a longo prazo. Por isso os doentes, com todo direito, desejam ser tratados onde têm melhores chances de se beneficiar do melhor tratamento. Com freqüência, desejam participar de testes terapêuticos, com todos os problemas éticos e financeiros que eles envolvem. A questão importante atualmente não é, portanto, apenas a do bom tratamento; é também a do acesso aos cuidados. O tratamento anual de um paciente soropositivo pelo AZT, o anti-retroviral mais prescrito hoje, custa, com o acompanhamento médico e biológico, cerca de cem mil francos.* Na França, todos os sujeitos soropositivos têm atendimento integralmente assegurado; assim, eles não pagam esse medicamento. Essa medida constitui um passo importante, porque permite assegurar a todos certa igualdade de cuidados e de atendimento terapêutico. Muitos países, no entanto, não têm uma legislação social desse tipo, sem falar dos países em desenvolvimento. Vemos assim que, para lutar contra a AIDS, o esforço não deve ser apenas científico: cabe-nos também suprimir o fosso que separa países ricos e países pobres.

* Cerca de 19.000 dólares. (N.T.)

QUARTA PARTE
PESQUISAR

CAPÍTULO 7

NOVAS PISTAS

OS CO-FATORES INFECCIOSOS

Para atuar sobre a transmissão e sobre o tratamento da doença, é muito importante saber se o vírus age sozinho ou se tem cúmplices, isto é, se existem co-fatores que amplificariam sua ação.

Essa é uma questão que começou a me intrigar ainda em 1983 e que até hoje me faz refletir. De fato, a origem da epidemia continua sendo um mistério e o vírus parece ser mais antigo que a epidemia. Por outro lado, é preciso explicar a diferença na rapidez da transmissão heterossexual entre países do Norte e países do Sul, mas também o longo período de latência que separa a primo-infecção da superveniência da doença clínica, fase muito variável segundo os indivíduos e que talvez dependa da interação do vírus e do sistema imunitário com co-fatores infecciosos.

Desde 1983, após o isolamento do vírus, um paradoxo saltava aos olhos: de maneira geral, os retrovírus têm necessidade, para se instalar na célula, de que esta esteja se multiplicando de maneira ativa. De fato, o ADN provírus é fabricado no citoplasma graças à transcriptase reversa e, para se integrar no ADN da célula, precisa se introduzir no núcleo. Isso só é possível no momento da divisão celular. Ora, a maioria das células do sistema imunitário está em repouso e não se multiplica.

Sabemos hoje que essa multiplicação não é totalmente necessária no que diz respeito ao ADN do HIV e ao dos demais lentivírus: o ADN do HIV pode ser transportado do citoplasma para o núcleo mesmo em células que não se dividem mais, como os macrófagos, e em linfócitos em fase de ativação, o que não conduz necessariamente a uma multiplicação celular. Em contrapartida, quando os linfócitos estão em absoluto repouso, o ADN do vírus permanece em seu citoplasma, "morre" ali mesmo, ou seja, é rapidamente degradado. O linfócito em repouso tem na verdade um citoplasma muito pouco desenvolvido e carece de fontes de energia.

Em sua imensa maioria, os linfócitos do sistema imunitário permanecem em repouso, especialmente os do sangue circulante. Os linfócitos ativados estão geralmente localizados nos tecidos, especialmente nos gânglios linfáticos. Cada linfócito constitui um clone, possuindo um receptor específico para um determinado antígeno. Temos assim todo um repertório de células T capazes de reagir a milhões de células estranhas (antígenos) diferentes.

Quando um antígeno estranho, ligado a uma infecção viral ou bacteriana por exemplo, penetra no organismo, ele é primeiro assimilado, "fragmentado" por uma célula do tipo macrófago. Essa célula apresenta depois esse antígeno a um linfócito T possuidor do receptor correspondente. Disso resulta uma cascata de sinais que acabam por "ativar" o linfócito. Este tem seu citoplasma aumentado, seu núcleo inchado, secreta fatores de crescimento e se prepara para se multiplicar. Nasce assim toda uma geração de linfócitos, oriundos de um único clone, que possuem todos o mesmo receptor T e respondem eficazmente ao antígeno. Essas células, por sua vez, ativam linfócitos *killers*, capazes de matar células infectadas pelo micróbio ou pelo vírus, ou então linfócitos B, secretores de anticorpos. Ao mesmo tempo, porém, esse linfócito T4 ativado torna-se um alvo preferencial para o vírus.

Percebe-se de imediato — já postulávamos isso em 1983 — que quanto mais linfócitos ativados houver no início da infecção, mais o vírus pode infectá-los e se instalar de maneira duradoura no organismo. O número de linfócitos ativados, por sua vez, depende do vulto das infecções intercorrentes. Estamos todos cercados por germes, nosso sistema celular está permanentemente alerta, mas em graus diversos.

Nas regiões tropicais, o número de germes é muito grande; com freqüência existem infecções latentes crônicas, malária, parasitoses variadas, fungos e bactérias. O número de células em estado de alerta é muito elevado, e essa é provavelmente uma das razões pela qual a propagação do HIV é mais rápida nos países do Sul que nos países do Norte.

Sabemos, aliás, que certos fatores bacterianos reforçam a virulência dos lentivírus animais. Por exemplo, o retrovírus da artrite e da encefalite da cabra, próximo do vírus Visna do carneiro, infecta rebanhos na França, sobretudo de cabritos. Quando estes são infectados também por um micoplasma, a infecção viral conduz a pneumonias mortais. Do mesmo modo, um retrovírus leucemogênico, o vírus de

Rauscher, induz, quando um micoplasma está presente, leucemias mortais em raças de camundongos normalmente resistentes.

Falamos de micoplasma. Examinemos de maneira mais detalhada a possibilidade de que um micoplasma recém-surgido, ou transformado por uma evolução recente, tenha favorecido a epidemia da AIDS.

Antes, porém, que são os micoplasmas? São pequenas bactérias que evoluíram para um parasitismo maior ou menor, perdendo certas funções genéticas. Assim, perderam o gene que codifica para a síntese de uma parede rígida. Portanto, têm apenas uma parede flexível, análoga à das nossas células; aliás, a membrana dos micoplasmas se "cola" de maneira relativamente forte à membrana das células parasitadas, o que lhes permite utilizar metabólitos provenientes destas. Os micoplasmas têm o tamanho de um vírus grande (duzentos a trezentos nanômetros) e podem formar longos filamentos capazes de fazer pensar em fungos microscópicos (daí seu nome de micoplasmas). Mas eles não são vírus, já que conservam o aparelho de tradução (ribossomos) dos ARN mensageiros em proteínas. Seu parasitismo não é estrito e é possível fazê-los se multiplicar num meio nutritivo rico, mas desprovido de células.

Que papel desempenham eles nas doenças humanas? Um papel considerável: 20% das pneumonias são causadas por *Mycoplasma pneumoniae*, artrites, uretrites e infecções vaginais são causadas por *Mycoplasma hominis* e por um *Ureaplasma*. Freqüentemente, porém, as infecções causadas pelos micoplasmas passam despercebidas e abrigamos diversas espécies deles em nossa boca, nossas mucosas, sem o notar. Os animais domésticos e de criação são também intensamente infectados pelos micoplasmas, com prejuízos mais aparentes. Esse quadro poderia sugerir que, uma vez que os micoplasmas são ubíquos, é pouco provável que sejam os agentes determinantes de uma nova doença. Esse raciocínio negligencia, contudo, o fato de que espécies raras ou novas foram isoladas a partir de pacientes acometidos de AIDS.

Como no caso dos retrovírus, a descoberta desses novos micoplasmas foi pontilhada de erros. Em 1987, Shi-Lo, um jovem americano natural de Taiwan, descreveu uma nova espécie de micoplasma que teria isolado de um sarcoma de Kaposi: na verdade, ele estava pesquisando um novo vírus que seria o agente desse tumor e, após extrair seu ADN, o fez penetrar em células de camundongo: a experiência clássica de ADN "infeccioso". Verificando que efetivamente o citoplasma dessas células estava cheio de partículas parecidas com grandes vírus, Shi-Lo batizou-as de VLA, de *Virus Like Agent*. Esse VLA parecia infectar outras células *in vitro* e produzir uma doença em monos em seis ou sete meses.

Lo e seus colaboradores trabalhavam no Instituto das Forças Armadas de Washington, especializado em anatomopatologia. Muitas análises de tecidos de pacientes mortos de AIDS são realizadas ali. Vez por outra, a equipe de Lo encontrava o mesmo VLA no rim e no fígado desses pacientes. Começaram a ser publicados os primeiros artigos, em revistas especializadas bastante obscuras. Mas Lo logo se deu conta de seu erro: não estava às voltas com um vírus, mas com um micoplasma intracelular. Supôs, no entanto, que se tratava de uma nova espécie, e lhe deu o nome de *Mycoplasma incognitus*.

Os especialistas em micoplasmas analisaram a nova espécie e verificaram que na verdade era idêntica, salvo por alguns detalhes, o *Mycoplasma fermentans*, um micoplasma robusto capaz de fermentar a glicose e a arginina e de papel patogênico duvidoso.

Nos anos 70, William Murphy já havia encontrado esse micoplasma em associação com leucemias no camundongo e no homem e havia sugerido que ele poderia ser o agente de iniciação das leucemias, induzindo uma proliferação anormal dos linfócitos. Depois os retrovírus tinham suplantado os micoplasmas na cabeça dos pesquisadores, e não se falava mais nessa teoria.

Uma abordagem inteiramente diferente levou meu laboratório a se interessar também pelos micoplasmas na AIDS. Em 1987 teve início uma colaboração entre meu laboratório e a companhia Rhône-Poulenc para a pesquisa de novos medicamentos contra o HIV. Foi desenvolvido um teste simples de "peneiramento" de produtos potencialmente ativos, com base na inibição do efeito "matador" do vírus sobre células tumorais humanas, as mesmas que eram utilizadas na produção em massa do vírus para os testes de diagnóstico. Quando as células não eram mortas, era sinal de que o produto em exame tinha uma ação sobre o vírus. Esse teste permitiu analisar ao acaso produtos sintetizados pela Rhône-Poulenc ou enviados a essa companhia, à razão de cem a duzentos por semana.

Assim foi que um pesquisador universitário madrilense enviou vários produtos que eram próximos de antibióticos conhecidos, as tetraciclinas. Eles se revelaram ativos, inibindo o efeito "letal" do vírus. Uma análise posterior, no entanto, mostrou que a multiplicação do vírus propriamente dita não era inibida. Na verdade, como as células infectadas não eram mortas, elas produziam ainda mais vírus.

As tetraciclinas já no comércio tinham o mesmo efeito, o que permitia supor que elas agiam por seu efeito antibiótico. Ora, os antibióticos não têm efeito sobre os vírus, mas unicamente sobre as bactérias. Isso me levou, portanto, a pensar que esse efeito poderia se dever à inibição de micoplasmas que contaminavam a linhagem celular utilizada no teste. Efetivamente, a equipe Rhône-Poulenc/Pasteur mostrou que a linhagem estava contaminada por uma ou duas espécies de micoplasmas e que havia uma espécie de sinergia entre o vírus e o micoplasma para matar rapidamente a célula.

A questão que se colocou em seguida foi saber se existia a mesma sinergia nos pacientes infectados e se ela tinha um papel no agravamento da doença. Haveria nos pacientes aidéticos espécies novas de micoplasmas ou uma proliferação de espécies que eles já abrigavam? Seria possível melhorar o estado clínico do paciente por um tratamento com tetraciclinas, antibiótico conhecido por sua grande atividade sobre os micoplasmas?

Assim, a partir de 1989, com a ajuda de alguns colaboradores experientes e entusiastas, dei início a um programa de pesquisas para tentar responder a essas perguntas, o que suscitou aliás o espanto dos outros e o ceticismo, se não o sarcasmo, de muitos de meus colegas. Quanto a este último ponto, porém, eu já estava acostumado! Como havia acontecido com Lo, essas pesquisas geraram muita esperança, depois decepção, depois novamente esperança. Tentamos ao mesmo tempo aprofundar a relação vírus-micoplasma nas células em cultura e desenvolver testes de detecção de micoplasmas nos linfócitos de pacientes, com o objetivo de investigar se um tratamento antimicoplasma tinha algum efeito sobre a AIDS.

Paralelamente, Lo e seus colaboradores continuaram suas pesquisas e acabaram por isolar, a partir de homossexuais soropositivos, uma nova espécie, verdadeiramente desconhecida, a que chamaram *Mycoplasma penetrans*. Com efeito, esse micoplasma deve seu nome ao fato de ser capaz de invadir as células, de penetrar no citoplasma como o fazem os vírus, em vez de ficar vivendo calmamente na superfície delas. Essa propriedade é igualmente partilhada por duas espécies que isolamos de linfócitos de pacientes, *Mycoplasma pirum* e *Mycoplasma fermentans*. Dessa vez, não encontramos correlações entre a infecção por essas duas espécies e a AIDS, como também não as encontraram as outras poucas equipes que estudaram *Mycoplasma fermentans*.

Em contrapartida, Lo foi o primeiro a mostrar que uma proporção considerável (40%) dos sujeitos infectados pelo HIV — sobretudo homossexuais — tinha anticorpos específicos contra *Mycoplasma penetrans*, o que significava que estavam infectados de maneira notável por esse micoplasma, ao passo que isso não se verificava numa população soronegativa. Confirmamos essencialmente esses resultados e, ademais, mostramos que pacientes não homossexuais soropositivos para o HIV estavam igualmente infectados e tinham anticorpos contra esse micoplasma.

Quanto às tentativas de tratamento por meio de antibióticos, seus resultados foram modestos: alguns pacientes tiveram melhora imediata, outros não. Hoje, sabemos que um tratamento desse tipo não é capaz de erradicar uma infecção por micoplasma em pacientes imunodeprimidos. Os antibióticos são citostáticos, isto é, na medida em que estão presentes impedem os micoplasmas de se multiplicar, mas não os matam. E, como no caso do vírus e do AZT, variantes resistentes aos antibióticos acabam por aparecer. De fato, como em outras infecções, se não houver sistema imunitário para concluir o trabalho, os antibióticos não são suficientes para eliminar completamente a infecção por micoplasma.

Além disso, um tratamento antibiótico isolado pode até ser perigoso. De fato, se linfócitos forem duplamente infectados pelo vírus e pelo micoplasma, o decréscimo do micoplasma reduz o efeito letal do vírus, o que permite às células viver mais tempo, produzindo maior quantidade de vírus. Assim, paradoxalmente, o antibiótico poderia aumentar a produção de vírus! Seria conveniente, portanto, associar um tratamento contra o vírus a um tratamento antibiótico. Atualmente, no entanto, pensamos que, se os micoplasmas desempenham um papel na AIDS, eles agem de outras maneiras: induzindo citocinas inflamatórias, como as TNFalfa, estimulando os linfócitos T de maneira anormal e, por fim e sobretudo, induzindo um estresse oxidante pela liberação de produtos de oxidação extremamente nocivos para as células, sendo que a penetração intracelular do micoplasma pode agravar esses efeitos. Talvez haja até "transporte" do vírus pelo micoplasma. Tudo é possível. Hoje, continuamos sem saber se *Mycoplasma penetrans* é verdadeiramente esse co-fator que poderia explicar a virulência do HIV, mas ele tem as características que dele se esperam: baixa prevalência na população não infectada pelo HIV, presença freqüente nos soropositivos. Quem sabe outras espécies, ainda não identificadas, estão presentes nos pacientes não infectados por *Mycoplasma penetrans* e desempenham um papel análogo ao deste?

Nesse caso, o roteiro da epidemia de AIDS poderia ser o seguinte: a liberação sexual, o aumento das práticas homossexuais teriam acarretado, em certos países ocidentais, a expansão e a passagem de uma família de micoplasmas — e em primeiro lugar de *Mycoplasma penetrans* — de uma localização mucosa reto-intestinal para outra (genital) e depois infecções sanguíneas (sistêmicas). Tais infecções teriam permanecido silenciosas, bem toleradas, sem a superveniência do HIV endêmico na África.

Esse vírus seria por si mesmo, em infecção isolada, relativamente bem tolerado. Mas a infecção pelo HIV de um sujeito previamente infectado pelo micoplasma acarretaria uma expansão considerável deste, que por sua vez favoreceria o desenvolvimento do HIV, aumentando a ativação dos linfócitos, a secreção das citocinas, o estresse oxidante. Observemos que esta hipótese se aplica a qualquer agente gerador de infecções oportunistas. No caso dos micoplasmas, trata-se de uma infecção silenciosa, portanto não detectada e negligenciada, talvez mais precoce que as infecções geralmente diagnosticadas. Assim, a epidemia de AIDS teria nascido do encontro geográfico entre o retrovírus africano e um germe de origem provavelmente americana, encontro que teria podido acontecer tanto em Nova York quanto em Kinshasa.

Os mesmos mistérios e talvez o mesmo gênero de explicação existem no tocante a epidemias do passado, como a sífilis. O "mal de Nápoles" (para os franceses) ou "mal francês" (para os outros) apareceu bruscamente na Europa, após a expedição de Colombo em 1492, e se difundiu de maneira explosiva nos exércitos da Europa e nas cidades por eles cruzadas. Lançava-se a culpa sobre um germe importado da América, mas recentemente se percebeu a existência de lesões sifilíticas em esqueletos de europeus que viveram bem antes da data fatídica. Talvez também nesse caso o que foi trazido da América não fosse o treponema, mas um co-fator bacteriano ou viral que teria aumentado a virulência ou a transmissibilidade do treponema.

No caso do HIV, é evidente que a culpa poderia ser lançada sobre outros co-fatores que não uma nova espécie de micoplasma. Parece que um vírus do grupo Herpes, o HHV6, é igualmente capaz de potencializar a infecção pelo HIV *in vitro*, e não é impossível que esse vírus — embora ubíquo — tenha ele mesmo sofrido uma expansão nas pessoas infectadas pelo HIV. Da mesma maneira, um outro vírus herpes, o CMV, pode também agravar a infecção pelo HIV.

A verificação de todas estas hipóteses exige um longo e paciente trabalho de correlação epidemiológica. No que diz respeito ao *Mycoplasma penetrans*, faltavam-nos reagentes adequados até pouco tempo atrás. Agora, graças a uma colaboração com a firma Diagnostics Pasteur, dispomos desses reagentes.

Alguns pesquisadores apresentam uma argumentação contrária à presença de co-fatores. Um vírus análogo ao HIV, o SIV, de origem africana, causa uma AIDS no macaco asiático. Aparentemente, o vírus oriundo de um clone molecular, isto é, de uma única molécula de ADN, é capaz de causar a doença no animal. Isso parece excluir a necessidade da presença de um co-fator. Pode-se responder, contudo, que o macaco, em estado natural, é capaz de abrigar espécies de micoplasma similares — mas não idênticos — às do homem, que desempenham o mesmo papel em relação ao vírus. Nesse caso, um tratamento antibiótico maciço, *precedendo* a inoculação do vírus, ou uma imunização anti-micoplasma, seria capaz de frear a evolução da doença.

Como vemos, essas hipóteses não são simples especulações e podem conduzir a novas abordagens vacinais e terapêuticas. Temos de deplorar que, até hoje, o número de pesquisadores que se interessam por elas no mundo não seja muito superior a uma dezena.

Há hipóteses plausíveis? Provavelmente. Mas seu número não é ilimitado, e minha imaginação, fundada em observações, me sugere particularmente uma outra: o HIV como vetor de príons.

Entramos aqui num mundo misterioso de agentes mal identificados, mas dos quais o público já conhece alguns efeitos terríveis: a doença de Kreutzfeld-Jacob no homem, a doença das vacas loucas (encefalopatia espongiforme bovina), a tremedeira (*scrapie*) dos carneiros. Classicamente, em todo vírus, a informação genética que permite sua reprodução é transportada por um ácido nucléico, ARN ou ADN. Os agentes "não convencionais" aparentemente não contêm ácidos nucléicos, mas somente uma proteína. Essa proteína é bem codificada por um gene, um ácido nucléico da célula. Mas, ao que parece, uma única mutação permite modificar sua configuração e torná-la "infecciosa". A proteína modificada, injetada num animal, vai propagar a modificação e torná-la patogênica. Essa mudança de conformação seria "contagiosa", mais ou menos como num jogo de dominós que tombam todos após o impulso inicial. Outra possibilidade é que toda a proteína modificada seja capaz de se auto-replicar, hipótese bastante audaciosa pois contradiz o dogma central da biologia molecular: segundo esse dogma, as proteínas são estruturas passivas, incapazes de se recopiar umas às outras, sendo sintetizadas por um processo complexo, e extremamente confiável, de tradução do código transportado pelo ácido nucléico, o ARN, que é ele próprio uma "transcrição" do código transportado pelo ADN dos cromossomos.

Afinal de contas, o que hoje nos parece uma grande heresia, contrária à vida genética de que se originaram todos os seres vivos desta Terra há três bilhões e meio de anos, talvez fosse a regra antes desses três bilhões e meio de anos. Podemos imaginar que existia então uma vida "não genética", em que coexistiam polímeros variados, todos independentes uns dos outros, que tratavam de se reproduzir mantendo suas "invenções". Nessa competição, as proteínas tinham uma vantagem, pois eram capazes, pela combinação de diferentes ácidos aminados, de assegurar funções diferentes, mais ou menos como uma criança é capaz de construir instrumentos variados com um Lego. Essas proteínas teriam, portanto, adquirido a capacidade de se auto-reproduzir, e um encadeamento particular de ácidos aminados acarretaria a síntese, em sua vizinhança, de um encadeamento idêntico, graças talvez ao apoio local proporcionado pelo solvente, a água.

Depois, a competição teria ocasionado a seleção de sistemas organizados mais complexos, em que a memória mais fiel teria sido assegurada por uma cadeia de ácido nucléico, provavelmente o ARN. Este, limitado em sua capacidade de conter informações muito longas, teria sido depois completado por um polímero ligeiramente modificado, o ADN, que, sendo menos rígido, permitia a estocagem de uma grande extensão de informação num filamento molecular capaz de se enrolar de modo a formar uma estrutura complexa.

"Nossa" vida teria começado nesse momento. É possível que os príons de hoje sejam relíquias do sistema primitivo de auto-replicação das proteínas, escapando ao menos por algum tempo à obrigação da matriz nucléica. O fato é que os príons atuais são extremamente resistentes ao calor, até o do autoclave, aos detergentes, aos agentes fixadores. Somente a soda é capaz de destruí-los, e a uréia muito concentrada os inativa.

Até hoje, só conhecemos príons envolvidos nas doenças degenerativas do sistema nervoso, que evoluem, lenta mas inexoravelmente, para a destruição das células nervosas e que podem ser transmitidos por extratos de órgãos atingidos ou por instrumentos em contato com uma retina infectada ou com tecido nervoso contaminado. Afinal, o que nos prova que um processo degenerativo similar não está na origem das placas de ateroma nas artérias, do envelhecimento dos órgãos e tecidos?

Caso essa hipótese, que estamos explorando atualmente em nosso laboratório, seja confirmada um dia, ela terá profundas conseqüências filosóficas: o envelhecimento e a morte não seriam resultado de um programa genético determinado, mas o desfecho — até agora sempre no mesmo sentido — de um combate entre a vida genética e a vida não-genética dos príons. A reprodução genética, e portanto a sexualidade, teria sido inventada pela vida genética para superar a vitória que os príons acabam por alcançar em cada ser organizado e que termina em sua morte. Se soubéssemos neutralizar os príons, quem sabe seríamos capazes de chegar àqueles novecentos anos dos patriarcas bíblicos, talvez muito mais?

Que que tem isso a ver com a AIDS? Sempre me impressionou, ao ver pacientes aidéticos numa fase avançada da doença, seu aspecto de seres prematuramente envelhecidos. O escritor Hervé Guibert descreve esse paralelismo entre a AIDS e o envelhecimento no livro que escreveu, pouco antes de morrer, sobre sua própria degenerescência, *Le protocole compassionel*. Durante uma visita a uma tia nonagenária, experimenta as mesmas dificuldades que ela para se mover, para entrar num táxi, para sair da banheira, para enunciar frases. Vi jovens adquirirem assim, em alguns meses, a voz trêmula, o andar trôpego do ancião. Isso me levou a pensar se a imunodepressão observada na AIDS não seria simplesmente uma aceleração do declínio imunitário que se observa igualmente na velhice, podendo os dois ter uma origem comum, os príons do envelhecimento. No caso da AIDS, o retrovírus HIV teria simplesmente adquirido, no curso de suas múltiplas passagens, a capacidade de transportar os príons do envelhecimento.

Como vemos, nunca faltam aos pesquisadores hipóteses pouco ortodoxas. Por vezes, porém, a realidade supera a mais audaciosa ficção.

Os Fenômenos Imunológicos e a Apoptose

Doença do sistema imunitário, a AIDS foi primeiramente estudada pelos imunologistas. Foi graças a uma invenção fundamental da imunologia, os anticorpos monoclonais, que se pôde compreender as características da imunodepressão: a queda do número dos linfócitos T4 e a perda de sua função. T4 define um tipo de receptor presente na superfície de certos linfócitos e que é também transportado por outras células, como os monócitos, igualmente infectáveis pelo HIV. O receptor T4 está envolvido no reconhecimento do antígeno. Tende-se a substituir T4 e T8 por CD4 e CD8 (CD de *Cluster of Differentiation*)

Muito pouco tempo depois que o vírus foi isolado, percebeu-se que ele se fixava com grande afinidade nas moléculas CD4, que são efetivamente seus receptores específicos.

O HIV e os retrovírus aparentados passaram por uma longa evolução, durante a qual adquiriram esse tropismo. Trata-se sem dúvida de uma modificação antiga, pois ela é partilhada por todos os retrovírus existentes nos primatas. Essa aquisição é muito útil para o vírus, pois lhe permite parasitar as células-chave encarregadas de organizar a defesa do organismo contra sua própria agressão.

Na base do funcionamento do sistema imunitário, encontramos três princípios. Em primeiro lugar, a percepção clonal do estrangeiro molecular; a cada nova molécula estranha corresponde um clone celular T para a ativação das outras células e a destruição daquelas que carregam esse antígeno, e um clone celular B, responsável pela secreção de uma molécula específica, o anticorpo, cujo papel é fixar-se no antígeno e assim inativá-lo ou permitir que seja destruído. Depois, a cooperação entre diversas populações celulares, graças a moléculas solúveis, as citocinas e as linfocinas. Finalmente o reconhecimento do próprio e do alheio.

A todo instante há células morrendo em nosso organismo. Elas liberam diferentes produtos. Por que essas moléculas não são geradoras de anticorpos ou de células citotóxicas? Na verdade, esse potencial certamente existe, mas os clones celulares específicos dessas moléculas são normalmente eliminados, em grande parte no timo do organismo jovem, ou reprimidos. Existem, no entanto, anticorpos ditos "naturais", que reconhecem também o "próprio", mas eles são pouco numerosos e de fraca afinidade. Só podem representar um perigo nas doenças auto-imunes, como o lúpus ou a poliartrite. De fato, o sistema imunitário não é totalmente "cego" para as moléculas próprias, mas trata-se de um ruído de fundo, uma espécie de penumbra que não prejudica uma visão aguda e fulgurante do "alheio", do estranho.

Nosso sistema imunitário está construído para travar batalhas curtas, espécies de *blitz*. Está menos preparado para as guerrilhas, as guerras de trincheira, como a que lhe faz o vírus da AIDS. Nesse caso, suas reações chegam a ser danosas e ampliam os estragos causados pelo vírus. Caso este persista, as respostas imunitárias "marcam passo" e as confusões de sinais podem levar a reações de tipo auto-imunitário: as células imunitárias se destroem entre si, ou os linfócitos B produzem anticorpos que atacam vigorosamente as proteínas do próprio organismo.

Paradoxalmente, a descoberta do vírus da AIDS e o exército de virologistas que se envolveram em seu combate relegaram para segundo plano esses aspectos imunológicos que, no entanto, são fundamentais. Ao contrário, é um fenômeno misterioso que já despertou muito interesse e diferentes explicações.

Em 1988, realizei com Denise Guétard uma experiência muito simples. Comparamos a sobrevida dos linfócitos de pacientes soropositivos com a de linfócitos de doadores soronegativos num mesmo meio de cultura que não permite sua ativação. Os linfócitos de sujeitos normais sobrevivem muito bem durante três ou quatro dias, sem se multiplicar. Em contrapartida, os linfócitos dos soropositivos, mesmo num estádio precoce da infecção pelo HIV, morrem muito depressa: 15 a 40% de mortes após três dias de cultura. Só a adição de um fator de crescimento, a interleucina 2, à cultura parece impedir que ela morra.

A que podia se dever essa fragilidade linfocitária? Essa morte não tinha nada a ver com o vírus, pelo menos diretamente, pois somente uma fração ínfima de linfócitos T4 do sangue circulante (0,1%) é infectada pelo vírus durante a fase silenciosa da doença e, ademais, os linfócitos T8, que não podem ser infectados pelo vírus, morrem da mesma maneira.

Meu colaborador René Olivier quantificou o fenômeno com um analisador de células fluorescentes a *laser*. Depois, Marie-Lise Gougeon e sua equipe mostraram que as células morriam de apoptose, o que foi rapidamente confirmado por outros laboratórios.

Apoptose. Que significa essa palavra a que suas raízes gregas conferem tanta elegância? Ela foi forjada em 1972 por uma equipe britânica de Edimburgo, a de Kerr, Willie e Curie, para definir uma morte ativa, programada, das células, análoga à "queda das folhas das árvores no outono, ou das pétalas de uma flor". Ao lado da morte passiva ou necrose (a célula morre por uma agressão externa), a célula pode, em certas circunstâncias, "decidir" sua própria morte.

Todos nós fazemos apoptose como Monsieur Jourdain* fazia prosa, sem o saber. Assim, durante a formação do embrião, na gênese das

* Monsieur Jourdain, personagem de Molière na peça *O burguês fidalgo*, encanta-se ao descobrir que faz prosa corriqueiramente, ao falar. (N.T.)

formas, células se multiplicam, mas outras têm de morrer de apoptose. No esboço da mão do embrião, a formação dos dedos está ligada à apoptose dos espaços interdigitais. Da mesma maneira, na mulher, as células da mucosa uterina morrem de apoptose no momento da menstruação. No sistema imunitário, é também por apoptose que são eliminados no timo os clones celulares auto-reagentes, os que reconhecem as proteínas próprias.

Os processos celulares e moleculares que conduzem à apoptose são em parte conhecidos. Várias enzimas específicas são induzidas ou ativadas, em particular uma endonuclease. Ela fragmenta o ADN dos cromossomos em suas regiões menos protegidas, isto é, entre os glóbulos em que o ADN se enrola com proteínas básicas, as histonas.

Podemos acompanhar esse processo ao microscópio eletrônico e ver o ADN e as histonas se condensarem e depois escaparem do núcleo. O início do processo é reversível, os cortes do ADN podem ser reparados, mas a partir de certo momento essa destruição do ADN é irreversível e a célula morre. No nível molecular, certo número de genes, entre os quais os oncogenes, intervêm para desencadear a apoptose, ou, ao contrário, para impedi-la.

Alterações na expressão desses genes podem conduzir a processos patológicos. Se, por exemplo, genes que impedem a apoptose são mais expressos que normalmente, a célula produz uma descendência que jamais morrerá de apoptose: dará origem a uma linhagem imortal, início de um câncer ou de uma leucemia.

Mas pode acontecer o caso inverso. As células normais têm necessidade, para se multiplicar, de uma interação com moléculas circulantes específicas, chamadas fatores de crescimento. Se, por uma razão qualquer, esses fatores vêm a faltar quando a célula começa a entrar num ciclo de multiplicação, ela desencadeia sua própria morte por apoptose.

Que se passa na AIDS? Quando pomos em cultura linfócitos de pacientes soropositivos, mesmo num estádio precoce, como no momento da soroconversão, uma grande proporção deles morre muito rapidamente de apoptose, quer sejam células T8 ou T4. Esse fenômeno pode ser ainda ampliado pela estimulação das células (por antígenos bacterianos, ou íons como o cálcio). Desenvolvemos, aliás, testes de laboratório precisos para medi-lo.

Como esse fenômeno se correlaciona com a doença e quais são seus mecanismos? Nós o encontramos em todos os pacientes soropositivos evolutivos e em diferentes graus. Observou-se que ele estava estreitamente ligado com os efeitos patogênicos *in vivo* do vírus, em particular a diminuição dos linfócitos T4 observada nos pacientes. Esse fenômeno está presente nos pacientes infectados pelo HIV2, mas em menor grau. Existe também nos macacos infectados pelo SIV, que evoluem para a AIDS, mas não nos mangabey, que sofrem uma infecção inaparente, nem nos chimpanzés inoculados com as cepas mais virulentas do HIV1, que, como vimos, suportam a infecção sem adoecer.

A existência desse fenômeno não pode ser posta em dúvida. O fato de as células morrerem muito depressa de apoptose *in vitro* indica que elas já estavam "preparadas" nos pacientes e que esse processo se produz igualmente no organismo.

Apesar de tudo, numerosos pesquisadores que trabalham no campo da AIDS, e não dos menos destacados, não compreenderam isso ou negaram sua importância. Para o puro e simples virologista, o vírus mata as células T4 que infecta, e toda a doença é conseqüência disso. Esta é uma concepção ingênua e simplista, que denota certa rigidez intelectual ou simplesmente uma ignorância de tudo que está fora de um domínio estreito de especialização.

Nos pacientes, encontramos sinais de apoptose nos gânglios linfáticos, principal sede da replicação do vírus. Cabe ressaltar que não são as células diretamente infectadas pelo vírus que morrem de apoptose, mas as células sãs que as cercam.

Podemos explicar esse paradoxo: é a interação da glicoproteína do vírus (associada a anticorpos) com o receptor T4 (CD4) dos linfócitos T não infectados que induziria um programa de morte celular, o qual se desencadearia quando estes fossem ativados por um antígeno. Essa hipótese, formulada por Jean-Claude Ameisen e André Capron, no Institut Pasteur de Lille, foi verificada experimentalmente por outros pesquisadores com a ajuda de preparados purificados de glicoproteína do vírus. Por vezes, em condições um pouco diferentes, essas células não morrem de apoptose, mas ficam como que paralisadas, incapazes de responder ao estímulo de ativação e de conservar assim seu papel na resposta imunitária. Diz-se que se tornaram anérgicas. Um processo desse tipo parece existir certamente no organismo, pois em muitos pacientes, no estádio da AIDS declarada, o receptor CD4 de seus linfócitos está mascarado por um molécula que, muito provavelmente, não é senão a proteína de superfície do vírus.

É claro que esse mecanismo, se é capaz de explicar a apoptose das células T4, não pode se aplicar à das células T8, que não possuem o receptor para o vírus. A apoptose destas últimas deve ter portanto outras origens.

Ela poderia se explicar, por exemplo, pelo fato de que muitas células sofrem uma ativação crônica que não pode se prolongar em razão de um déficit de certos fatores de crescimento, como a interleucina 2. Nesse caso, um programa de apoptose se desencadearia dentro dessas células.

No entanto, nos pacientes soropositivos, o fenômeno concerne a todas as populações de linfócitos, inclusive os linfócitos B. É possível, portanto, que ele tenha uma causa mais geral e esteja ligado a um outro fenômeno, de que ainda não falamos: o estresse oxidante.

O Estresse Oxidante

De que se trata? Aprendemos há muito tempo, e antes de nós toda a vida na Terra, a viver numa atmosfera que contém um gás extremamente tóxico e reativo: o oxigênio. Muitas reações químicas de nosso metabolismo, exatamente como as radiações, liberam ou induzem espécies químicas ainda mais reativas, os superóxidos, os radicais livres, o oxigênio atômico, que podem causar danos irreversíveis aos constituintes de nossas células, as proteínas, os lipídios, os ácidos nucléicos.

Os organismos desenvolveram, portanto, certo número de defesas químicas, enzimáticas, para destoxificar essas moléculas: são os chamados antioxidantes. Temos nossos próprios antioxidantes, mas as plantas são muito melhores que nós sob esse aspecto. São elas que nos fornecem as vitaminas C, E e A, que somos incapazes de fabricar e que são poderosos antioxidantes.

Que se passa nos pacientes acometidos de AIDS? Observa-se um déficit considerável de antioxidantes: o glutation baixa nos linfócitos, lipídios superoxidados aparecem no sangue, as proteínas são igualmente oxidadas e por isso sofrem uma degradação enzimática muito rápida. O fenômeno é maciço e precoce. A equipe alemã de W. Dröge observou esse fenômeno também em macacos que tinham acabado de ser infectados experimentalmente pelo SIV. Os glóbulos brancos polinucleares do sangue, os macrófagos, são fontes importantes desses produtos oxidantes quando ativados por germes infecciosos.

Além do vírus, todos os agentes oportunistas podem contribuir para o estresse oxidante, mas também, e desde o início da infecção, os micoplasmas, que carecem especialmente de uma enzima-chave, a catalase, que destoxifica os produtos oxidantes. Assim, uma infecção por micoplasma, mesmo latente, pode, em conjunção com o vírus e outros germes, ser um fator importante desse estresse.

Sabemos que os produtos desse estresse podem desencadear a apoptose celular. Aliás, um dos genes que bloqueiam a apoptose codifica precisamente para uma proteína que diminui o estresse oxidante. Isto nos conduziu a iniciar ensaios clínicos com antioxidantes e a estudar seu efeito sobre a apoptose e a evolução da doença. Os primeiros resultados, obtidos com a N-acetil-cisteína, um precursor do glutation, são animadores.

Com exceção de alguns pioneiros, Wulf Dröge na Alemanha, Leonard e Lena Herzenberg nos Estados Unidos, muito poucos pesquisadores se interessaram por esse fenômeno, que é no entanto fundamental.

Mesmo que tenha uma origem infecciosa, é possível que o estresse oxidante amplie por si mesmo os efeitos da infecção pelo HIV; conseqüentemente, convém tratá-lo como tal. Não há dúvida de que muitos pacientes soropositivos se tratam por conta própria, com base em informações passadas de boca em boca, com antioxidantes: vitamina C, E, beta-caroteno etc. Mas o fazem de maneira empírica e às cegas. Dispomos atualmente de testes de laboratório que permitem medir com precisão os diferentes parâmetros do estresse oxidante. Eles podem variar de um paciente para outro e também ao longo da doença, devendo portanto ser medidos regularmente em cada paciente, com a conseqüente instituição de um tratamento corretivo. Resultados preliminares, que obtivemos com nossos colegas do hospital da Pitié-Salpêtrière, indicam que um aumento brusco de um desses parâmetros (lipídios peroxidados) se produz logo *antes* do desencadeamento de uma infecção oportunista. Isso poderia permitir a instituição de um tratamento preventivo por antibiótico, com bom conhecimento de causa. Como vemos, o estudo da AIDS requer uma interação entre especialistas de várias disciplinas.

CAPÍTULO 8

A VACINA

"Vacina" é uma palavra mágica, pois evoca a vitória sobre as grandes doenças infecciosas. Milhares de vezes me perguntaram: quando pensa que haverá uma vacina contra a AIDS? Hoje ninguém pode responder, pois, apesar das muitas pesquisas nesse campo, as dificuldades ligadas ao HIV são consideráveis. Nem por isso os cientistas estão desanimados, e não faltam pesquisas. Várias vacinas já estão sendo testadas no homem. Após anos de tentativas e incertezas, parece haver razões para se recobrar a esperança. Certamente a confiança do início já não se justifica. Mas não há mais lugar para o pessimismo que lhe sucedeu.

Uma vacina protege de maneira preventiva contra a superveniência de uma doença infecciosa. Ela registra dentro do sistema imunitário os vestígios de um agente infeccioso sob a forma de anticorpos ou de células *killers* (ou "matadoras"), de modo que, se o mesmo germe se apresenta, o sistema imunitário desencadeia uma reação protetora imediata. Uma vacina previne o desenvolvimento de uma infecção; não deve ser confundida com a vacinoterapia, cujo objetivo é estimular uma memória imunitária debilitada numa pessoa já infectada.

DA VACINAÇÃO EM GERAL AO HIV EM PARTICULAR

Foi Edward Jenner que viu, em 1796, o proveito que se podia tirar do vírus da vacina,* doença benigna da vaca. De fato, ele constatou que os fazendeiros que ordenhavam as vacas acometidas desse vírus nunca pegavam varíola, doença freqüente e perigosa na época. Tudo se passava, portanto, como se o contato freqüente com a varíola bovina protegesse o ser humano contra a forma humana da doença. A jenne-

* *Variola vaccina* (de vaca), ou varíola bovina. (N.T.)

rização consistiu em induzir uma resposta de imunidade celular pela escarificação da pele do homem com um preparado de vírus da varíola bovina. É por causa do parentesco entre os vírus das duas doenças que essa inoculação protege também contra a varíola humana. Em menos de dois séculos, graças à generalização dessa vacinação no mundo inteiro e a um esforço notável da OMS, a varíola foi erradicada. Não existe mais um só caso no mundo.

Foi Pasteur, porém, que, graças a suas vacinas contra as doenças animais, o carbúnculo, o cólera das galinhas, e sobretudo a raiva humana, lançou as bases científicas da vacinação no final do século XIX. Em homenagem à vacina (*vaccine*) jenneriana, ele cunhou a palavra "*vaccin*". Pasteur inaugurou uma era de pesquisas muito frutíferas, por cem anos, na prevenção das doenças infecciosas, graças, a maior parte das vezes, a vacinas eficazes e baratas. A vacina de Pasteur contra a raiva utilizava um vírus inativado de maneira muito empírica. Sua particularidade era que podia ser utilizada mesmo após a infecção, porque o vírus da raiva caminha lentamente pelas fibras nervosas até o cérebro antes de desencadear a doença, o que dá tempo ao sistema imunitário para organizar uma resposta eficaz.

A terceira grande etapa da vacinação foi o desenvolvimento de dois tipos de vacina contra a poliomielite, doença terrível que conduz a paralisias definitivas e causada por um pequeno vírus a ARN transmitido pela via digestiva. Foi a cultura de vírus em células de rins de mono, conseguida por John Enderes, que permitiu a produção em massa do vírus para que dele se pudesse obter uma vacina. Jonas Salk desenvolveu uma vacina com vírus morto; por sua vez, Albert Sabin utilizou um vírus vivo, mas atenuado por passagens em culturas de células.

O princípio da vacinação tornou-se bem conhecido e é idêntico, seja qual for o germe. Num primeiro tempo, o sistema imunitário reconhece como estranhas as proteínas do vírus, especialmente aquelas presentes na sua superfície. Desencadeia então uma resposta específica: os linfócitos B fabricam anticorpos que vão se ligar, seja ao próprio vírus, impedindo-o assim de infectar células sãs, seja a células já infectadas; isso permite que elas sejam então destruídas pelas células *killers*, em geral linfócitos T. Esses linfócitos B e T específicos persistem muito tempo no organismo e constituem assim a memória vacinal desse vírus, de tal modo que, se o organismo é exposto ao vírus virulento, esses linfócitos se multiplicam, secretam anticorpos, produzem células mortíferas e evitam com isso a superveniência da doença.

Em nossos dias, existem dois grandes tipos de vacina: as vacinas com vírus vivo (rubéola, febre amarela) e as vacinas com vírus morto (gripe, pólio). No caso destas últimas, tende-se cada vez mais a substituir o vírus inteiro por fragmentos fabricados por engenharia genética. São as chamadas vacinas com subunidades. Assim, promove-se hoje produção da proteína de superfície do vírus da hepatite B por meio de células de cobaia ou de leveduras em que se inseriu o gene correspondente. Essas vacinas são mais seguras, porque não correm o risco de conservar traços de vírus infeccioso como pode ocorrer quando se procede por inativação química.

A escolha das subunidades é delicada porque nem todos os elementos de um vírus são bons alvos para o sistema imunitário, que nem sempre os consegue detectar. Para aumentar a visibilidade desses elementos, é preciso associá-los a adjuvantes, agentes que aumentam seu poder imunogênico.[1]

Que forma tomará a vacina da AIDS? Será preciso dizer "a vacina" ou "as vacinas"? Seria absurdo decidir desde já. Tanto mais que, no ponto em que estamos, é preciso aprofundar todas as direções de pesquisa, pois os obstáculos ao desenvolvimento da vacina são muitos.

Em 1984, ao anunciar a descoberta do HIV pela equipe de Robert Gallo, Margaret Heckler, ministra da Saúde dos Estados Unidos, falou, de maneira exageradamente otimista, de um prazo de dois anos para o desenvolvimento de uma vacina eficaz. Era ignorar que o HIV é um retrovírus peculiar, para o qual não existia nenhum precedente de vacina, nem mesmo para os retrovírus aparentados das doenças animais. Em 1994, continuamos não tendo vacina contra o HIV.

AS DIFICULDADES

O problema fundamental a resolver para o desenvolvimento de uma vacina dirigida contra o HIV está ligado a sua natureza retroviral. Os retrovírus introduzem seus genes nos cromossomos das células que infectam. Esses genes podem ser expressos, isto é, tornar-se ativos, ou não. Quando são expressos, a célula infectada produz partículas virais; ela passa então a ser reconhecida pelo sistema imunitário, que a destrói. Em contrapartida, quando os genes não são expressos, a célula permanece aparentemente normal e não é reconhecida. É isso que explica a dificuldade para erradicar a infecção, mesmo bem no início.

Mas essa não é a única dificuldade. O HIV é também muito variável. Essa variabilidade é apresentada em particular por sua proteína de capa, a gp120, aquela mesma que serve para a fixação do vírus nas células do sistema imunitário. Nessa proteína de capa, encontramos cinco regiões muito variáveis, cuja seqüência de aminoácidos varia de um paciente para outro e também no mesmo paciente no curso do tempo. Uma dessas regiões, o anel V3 (assim chamado porque corresponde à terceira região hipervariável), é indispensável para a penetração do vírus na célula; ele induz uma forte resposta imunitária que inclui anticorpos neutralizantes. Por isso, essa região foi utilizada em vários candidatos a vacinas. Neutralizando esse sítio, podia-se esperar bloquear a penetração do vírus na célula. Para escapar a esses anticorpos neutralizantes, porém, basta ao vírus mutar um só de seus aminoácidos, coisa que ele não se priva de fazer. Já foram arroladas mais de mil cepas diferentes de vírus, correspondendo a oito ou nove grandes famílias. Serão então necessárias nove vacinas? E a que acontecerá se essas nove famílias se tornarem 20?

A região da proteína de superfície do vírus que se fixa ao receptor CD4 não varia. Ela poderia ser um bom candidato para induzir anticorpos neutralizantes. Infelizmente, está escondida numa dobra da molécula de superfície e não é visível para o sistema imunitário.

A terceira dificuldade decorre do fato de que a vacina deve proteger contra a transmissão sexual, que é de longe o principal modo de transmissão da AIDS no mundo. A imunidade urogenital ainda é mal conhecida e tem-se pouca experiência com vacinas que induzem esse tipo de resposta. Além disso, a transmissão se faz não somente pelo próprio vírus, mas também por intermédio de células infectadas. Nas vacinas atualmente em teste, apenas se começa a levar em conta esta segunda possibilidade.

Outra dificuldade se prende ao fato de que o vírus infecta as células do sistema imunitário, precisamente as que estão envolvidas na resposta vacinal.

Por fim, não dispomos de bons modelos animais da doença, de fácil estudo. Somente o chimpanzé é sensível ao HIV1, e ele se torna soropositivo mas não doente. Trata-se portanto de um modelo imperfeito. Os ensaios vacinais podem testar nele apenas a prevenção da infecção, não a da doença. Já o macaco reso é insensível ao HIV, mas o SIV, próximo do HIV2, determina nele uma infecção e uma doença próxima da AIDS humana. Diante disso, as vacinas em teste podem trazer informações ao mesmo tempo sobre as duas etapas, a da prevenção da infecção e do retardamento da evolução da doença, mas a extrapolação para o homem é difícil.

Após dez anos de esforços, o balanço da pesquisa pode parecer magro, mas aprendemos muito.

AS DIFERENTES ABORDAGENS

O fato de se ter identificado vírus como agente de uma doença infecciosa podia dar lugar à expectativa do desenvolvimento de uma vacina por uma das diferentes abordagens já experimentadas nesse domínio. Como todos os nossos colegas, passamos em revista o que se podia esperar de um vírus morto, de um vírus vivo atenuado, dos diferentes vetores das vacinas com subunidades, dos lipossomos.

A utilização de vírus atenuado é um procedimento clássico que mostrou sua eficácia no caso de outras vacinas. Inativa-se o vírus com um agente químico (formol, propiolactona) ou fotoquímico antes de injetá-lo. Lamentavelmente, a resposta imunitária foi fraca nos chimpanzés que receberam tais vacinas. Presentemente, Jonas Salk está realizando ensaios de vacinoterapia pela inoculação da parte interna do vírus inativado em sujeitos soropositivos, a fim de estimular sua imunidade.

Um vírus atenuado se replica no organismo o suficiente para induzir uma resposta imunitária humoral e celular. Ronald Desrosiers, no Centro de Primatas da Nova Inglaterra, observou que macacos previamente inoculados com um mutante do vírus SIV ficavam protegidos contra a infecção por vírus virulento. Até o momento não foi feita nenhuma transposição para o HIV em razão de fortes objeções de que falaremos adiante.

Para utilizar um agente biológico como vetor, introduz-se um dos genes do vírus — o que codifica para a capa, por exemplo — num outro vírus, varíola bovina, *canary-pox**, vírus pólio atenuado, adenovírus não patogênico, ou numa bactéria como o BCG ou as shigelas. Após a inoculação desses vírus ou bactérias, as proteínas do HIV são sintetizadas ao mesmo tempo que a(s) do agente vetor. Esse método tem a vantagem de induzir uma imunidade humoral e celular que pode reforçar a proteção.

A fabricação das vacinas em subunidades repousa sobre as técnicas de engenharia genética, que permitem produzir em grande quantidade

* Doença eruptiva de canários. (N.R.T.)

uma ou várias proteínas do vírus por bactérias, leveduras ou células animais. Essas proteínas são depois purificadas e inoculadas com um adjuvante para induzir anticorpos e uma imunidade celular. Para o HIV, foi utilizada essencialmente a proteína de capa. Somente as células de organismos superiores são capazes de fabricá-la corretamente numa conformação próxima da que lhe é natural, pois ela é glicosilada (contém cadeias de açúcares, o que a torna mais complexa). Uma variante dessa abordagem consiste em utilizar, em vez da proteína inteira, um fragmento desta, por exemplo, o anel V3.

São essas vacinas que passaram a dar os resultados mais promissores nos chimpanzés e que estão atualmente em fase I de ensaio clínico no homem.

Por outro lado, realizaram-se muitos esforços para induzir uma proteção através das mucosas. Nesse caso, o modo de apresentação das proteínas da vacina ao sistema imunitário é ainda mais importante. Por exemplo, pode-se incluir essas proteínas em partículas (microsferas) que podem ser tomadas via oral, mas que resistem ao suco digestivo do estômago, só liberando proteínas vacinais no intestino. Elas encontram então os linfócitos, presentes em grande quantidade na mucosa intestinal (placas de Peyer) e induzem anticorpos específicos das mucosas, que podem ser igualmente protetores para as outras mucosas, em particular as genitais. É possível também utilizar lipossomos que são bem reconhecidos pelas células imunitárias das mucosas.

Equipes nos Estados Unidos e na Europa se empenharam em desenvolver vacinas utilizando uma ou outra dessas diferentes vias, e por vezes várias delas. Os interesses e as somas investidos são tais que ninguém quer passar ao largo do que será talvez um dia a vacina da AIDS. Todas as grandes companhias farmacêuticas que optaram por trabalhar com esse assunto desenvolvem, portanto, várias abordagens simultaneamente. Podemos detalhar aqui, a título de exemplo, o esforço francês, que está longe de ser desprezível. Ele repousa sobre a colaboração entre o Institut Pasteur, a Transgène, a Pasteur Mérieux Sérums et Vaccins e, mais recentemente, equipes da Agence Nationale de Recherche sur le SIDA (ANRS).

As Pesquisas Francesas

A partir de 1984, começamos a colaborar com a Transgène para desenvolver testes e vacinas baseados na engenharia genética. A sociedade de biotecnologia Transgène foi criada em Estrasburgo no início dos anos 80 com a participação de biólogos de renome como Pierre Chambon e Philippe Kourilsky. Nossa escolha se orientou naturalmente para essa sociedade, pois havia muito poucas delas na França, ao passo que na costa oeste dos Estados Unidos, em particular no Vale do Silício, já existiam dezenas. Essas companhias surgiram todas segundo o mesmo modelo: alguns pesquisadores de valor exploram uma ou duas patentes e, em caso de sucesso, são compradas por uma grande empresa farmacêutica. Assim, a Transgène foi comprada pelo Institut Mérieux/Rhône-Poulenc, que adquiriu também outras companhias nos Estados Unidos. A Transgène havia encontrado um diretor científico dinâmico no saudoso Jean-Pierre Lecoq, desaparecido prematuramente no acidente de avião do monte Sainte-Odile, perto de Estrasburgo. Foi meu colega pasteuriano Marc Girard que dirigiu nossos projetos de vacinação no animal e depois no homem, com eficácia e entusiasmo. Foi seu animador constante desde 1985, promovendo a articulação entre a pesquisa básica e industrial e os órgãos de pesquisa.

Escolhemos inicialmente utilizar o vírus da varíola bovina como vetor dos genes do HIV. O ADN desse vírus é de fato suficientemente longo para permitir a inserção de genes longos, como o da capa do HIV, sem que isso modifique sua replicação. Além disso, sua multiplicação induz uma imunidade celular considerável. Havia lugar para pensar que tal imunidade se desenvolveria também contra as proteínas do HIV. Injetou-se esse preparado vacinal em chimpanzés, mas foi um fracasso. Os animais ficaram bem imunizados contra a varíola bovina, e sem dúvida contra a humana, mas não contra o HIV.

Entretanto, todos esses trabalhos que utilizaram o vírus da varíola bovina, se não deram muitos resultados para as vacinas contra a AIDS, foram muito preciosos para o aperfeiçoamento de testes diagnósticos extremamente específicos. O vírus da varíola bovina permitiu fabricar em grande quantidade as proteínas específicas do HIV, como a proteína de capa, que foram utilizados nos testes diagnósticos ditos de segunda geração.

Outros grupos utilizaram essa abordagem vacinal, como Daniel Zagury na França, em colaboração com o National Institute of Health, e também um outro grupo em Seattle. D. Zagury não hesitou em administrar a vacina a si mesmo. Mas o vírus da varíola bovina pode ser ele próprio perigoso e é capaz de provocar encefalites. Por isso essa via foi abandonada. Uma variante mais promissora, utilizada atualmente na França e nos Estados Unidos, consiste em trabalhar com um vírus próximo do da varíola bovina, o do *canary-pox*. Esse vírus se multiplica nas aves, mas sua replicação aborta no homem. Mesmo assim, ela é suficiente para induzir uma imunidade bastante boa, particularmente uma imunidade celular, contra as proteínas do HIV quando os genes deste último são inseridos no vetor.

Outra via de pesquisa que exploramos desde o início consistia em utilizar HIV inativado quimicamente e injetado em chimpanzés, como nas vacinas tradicionais. Esse caminho foi totalmente abandonado porque os chimpanzés não ficavam protegidos contra o vírus.

Foi então que a equipe de Marc Girard e da Transgène lançou mão da engenharia genética para fabricar em grandes quantidades proteínas purificadas, sobretudo proteínas de capa, pedaços da proteína de capa do vírus, entre os quais o anel V3. Como ainda não tínhamos um centro de criação de chimpanzés na França, os testes das vacinas foram efetuados num centro privado próximo de Nova York, em colaboração com Patricia Fultz, que trabalhava no Centro de Primatas da Universidade do Alabama, em Birmingham. Protocolos para a experimentação com animais foram definidos. Os chimpanzés custam muito caro e sua manutenção também. Trata-se de uma espécie protegida. É preciso, portanto, utilizá-los da maneira mais proveitosa, mas com parcimônia. Depois de submetidos a injeções e excisões retiradas de material, os animais ficam sob vigilância contínua e nenhum é sacrificado.

Após muitas tentativas, conseguiu-se obter resultados positivos pela inoculação da proteína de capa completa do vírus, depois do peptídio do anel V3, em presença de um bom adjuvante sintético. Os chimpanzés assim vacinados ficaram protegidos contra uma injeção intravenosa de vírus da cepa que havia servido para o preparo da vacina no laboratório (isto é, nossa famosa cepa LAI) e igualmente contra cepas vizinhas. Essa proteção foi também observada quando se injetava não vírus livre, mas células infectadas pelo vírus. Resultados análogos foram obtidos pela companhia Genentech, nos Estados Unidos.

Esses resultados animadores, tanto na França quanto nos Estados Unidos, permitiram-nos passar aos primeiros ensaios com o homem.

Os Primeiros Testes Com o Homem na França

Tudo começou em Paris, em junho de 1992, no hospital do Institut Pasteur e no hospital Cochin: 45 voluntários participaram então de dois ensaios coordenados pela ANRS. As vacinas em teste eram, por um lado, a proteína de capa juntamente com o anel V3 e, por outro, o vírus vetor da *canary-pox*, expressando também ele a proteína da capa do vírus. Esta última construção foi desenvolvida pela companhia Virogenetics, atualmente filial do grupo Pasteur-Mérieux no estado de Nova York.

Todos os ensaios vacinais seguem o mesmo protocolo, que compreende quatro fases: na fase I, avalia-se a tolerância e observam-se os efeitos secundários; a fase II permite afinar os modos de administração e as doses, de modo a obter uma melhor eficácia. Essas duas primeiras etapas são sempre realizadas com um pequeno número de voluntários sãos ou doentes, conforme o caso. A fase III compara um grupo bem maior de pessoas vacinadas com um grupo não vacinado e mede o poder protetor da vacina. Depois que a comercialização é autorizada, a fase IV consiste em registrar no seio da população geral os eventuais efeitos até então despercebidos ou de manifestação tardia.

Num primeiro tempo, trata-se de avaliar a tolerância do preparado vacinal, sua não-toxicidade e a resposta imunitária. É precisc testar a vacina numa amostra suficientemente grande para ser representativa: pelo menos 50 pessoas. Os voluntários são cuidadosamente selecionados com base em critérios médicos e psicológicos, bem como em função de sua disponibilidade. As exigências são as mesmas envolvidas em todos os ensaios vacinais, mas no caso da AIDS os voluntários não podem obter nenhum benefício dessa vacina, que não os protegerá contra uma eventual infecção e os tornará artificialmente soropositivos. Eles devem, portanto, ter um modo de vida que não os exponha ao vírus. Lamentavelmente, essa precaução não foi seguida em certos ensaios americanos e vários voluntários se infectaram durante o período de teste de uma possível vacina, não por causa desta, mas por transmissão sexual.

Na França, terminada a seleção, os voluntários foram informados dos princípios do ensaio vacinal e receberam um cartão certificando que estavam participando desse teste e que sua soropositividade seria artificial.

Uma primeira avaliação da tolerância foi realizada ao cabo de dez meses: ela se revelou conclusiva. Alguns voluntários tiveram reações ligeiras e temporárias, como as que se observam quando da administração de toda vacina. Como previsto, as 45 pessoas se tornaram soropositivas. Essa soroconversão foi por vezes fonte de angústia: alguns voluntários se inquietaram por seus futuros filhos, outros tinham medo de contaminar seus parceiros. No entanto, a estrutura de atendimento montada por quatro psiquiatras, com secretária eletrônica e assistência telefônica, foi muito pouco utilizada.

Os anticorpos encontrados em todos os voluntários eram heterogêneos. Todos os voluntários desenvolveram anticorpos neutralizantes, por vezes de maneira bastante elevada, mas a imunidade celular foi induzida sobretudo pela vacina que utilizava o *canary-pox*. Essas respostas foram algumas vezes de curta duração, e ignoramos se foram suficientes para neutralizar duradouramente a cepa viral utilizada no preparo da vacina e, *a fortiori*, as outras variantes do vírus. Este é de fato o grande problema que permanece. A vacina deve levar em conta a grande variabilidade do vírus. Assim, em ensaios americanos recentes, os anticorpos induzidos em voluntários por um preparado que utilizava a capa de um vírus de laboratório não neutralizaram 60 cepas virais isoladas recentemente a partir de pacientes. Além disso, a infecção por via sexual de certos voluntários levou os responsáveis americanos a adiar a fase III dos ensaios clínicos, cujo objetivo é demonstrar a eficácia de uma vacina numa grande amostra da população.

A Vacinoterapia

Quando não se trata mais de proteger contra novas infecções e sim de tratar pessoas já atingidas, falamos de vacinoterapia.

Procura-se aumentar as respostas imunitárias ao vírus injetando preparados mais ou menos purificados das proteínas desse vírus. Foi assim que Jonas Salk, com a ajuda da companhia Immune Response, lançou há vários anos um vasto programa para pessoas soropositivas não doentes, o objetivo sendo deter ou retardar sua evolução para a AIDS. O preparado vacinal contém a parte central do vírus sem a proteína da capa. O ARN viral é inativado fotoquimicamente e por irradiação. Um preparado desse tipo deveria sobretudo induzir ou aumentar a imunidade celular, a que se atribui, com boas razões, um papel protetor durante a fase silenciosa da infecção. De fato, encontram-se durante esse período células *killers* específicas para as proteínas internas (*gag*) do vírus. Elas são capazes de matar todas as células infectadas que apresentam proteínas *gag* em sua superfície. Seu número tende a diminuir até desaparecer quando a AIDS clínica se manifesta; poderia existir, portanto, uma relação de causa e efeito.

O objetivo da vacina Salk é precisamente aumentar essas células em número e em eficácia. Os resultados desse estudo de longa duração são animadores no sentido de que a evolução da AIDS parece tornar-se mais lenta a partir do segundo ano de tratamento. Há um projeto semelhante em curso na Grã-Bretanha, mas é preciso saber desde já que a resposta de imunidade celular citotóxica depende de muitos parâmetros, em particular do equilíbrio complexo dos fatores de crescimento (citocinas).

Outros ensaios recorrem, ao contrário, à proteína de superfície do vírus e nesse caso o que ocorre é antes um aumento da taxa de anticorpos neutralizantes. Os resultados desses estudos ainda não são conhecidos. Mas esses ensaios terapêuticos não deixam de envolver riscos. De fato, os anticorpos contra a capa poderiam ter um efeito facilitador da infecção de certas células, como os macrófagos.

AS ORIENTAÇÕES ATUAIS DA PESQUISA

É ao mesmo tempo muito importante e difícil extrair lições desses dez anos de pesquisa vacinal. As possíveis vacinas testadas deram prova de sua inocuidade, de sua capacidade de estimular certa resposta imunitária, mas também de seus limites. Observa-se pouca resposta de imunidade celular e, no tocante à imunidade humoral, os anticorpos neutralizantes induzidos pelas vacinas presuntivas não neutralizam as cepas virais isoladas de pacientes recentemente infectados. Esses programas de pesquisa representaram um investimento de vulto para a indústria farmacêutica. Por isso, não surpreende que, apesar do que alguns chamam de fracasso, se insista nessa via. Trata-se ao mesmo tempo de aumentar a resposta imunitária e de incluir na mesma vacina diferentes cepas que circulam atualmente no mundo e que podem ser agrupadas em nove famílias. Não é impossível que se consiga obter respostas mais amplas, mais intensas e duradouras com melhores vetores (*canary-pox* ou outros), melhores adjuvantes e outras vias de administração.

Mas outras vias radicalmente diferentes deveriam ser exploradas. Elas se apoiariam sobre os resultados obtidos com os macacos e a observação, no homem, da proteção imunitária natural.

O SIV induzido no macaco é uma infecção próxima da do HIV no homem. O Dr. Ronald Desrosiers obteve recentemente, ao testar uma vacina feita de vírus SIV vivo atenuado, uma proteção duradoura dos macacos depois que estes foram postos à prova. O gene *nef*[2] desse vírus tinha perdido sua atividade após manipulação genética. Pode-se pensar, portanto, que o vírus da vacina mata muito rapidamente as células que infecta; estas produzem menos vírus e a carga viral liberada é fraca demais para produzir uma AIDS. No entanto, a imunidade induzida por essa infecção vacinal é suficiente para proteger contra o efeito patogênico de um vírus de prova "forte", contendo *nef* funcional.

Esse tipo de vacina, entretanto, é hoje de difícil transposição para o homem. Injetado no homem, um retrovírus vivo, mesmo atenuado, pode ter conseqüências imprevisíveis. Ele pode eventualmente se recombinar com outros vírus, o que poderia lhe devolver sua virulência. Pode também inserir genes do retrovírus nos genes das células humanas e estar assim na origem de cânceres. É preciso, portanto, ser extremamente prudente.

Na Grã-Bretanha, o Dr. James Stott e sua equipe utilizaram SIV multiplicado em culturas de células humanas e depois morto quimicamente. Tiveram a surpresa de constatar que os monos ficavam completamente protegidos contra o vírus SIV virulento, também ele cultivado em culturas de células humanas; em contrapartida, não ficavam protegidos quando o SIV vacinador era cultivado em células de mono. Estudos complementares mostram atualmente que a proteção vacinal está ligada à presença, na capa do vírus SIV da vacina em teste, de uma proteína celular que o vírus carregou por ocasião de seu brotamento e que não é senão o antígeno HLA.

Como para reforçar esses resultados, a equipe de Alberto Beretta e Antonio Siccardi, na Itália, observou que as pessoas que tinham estado expostas ao vírus e permanecido soronegativas possuíam anticorpos neutralizantes contra uma região da capa que tem uma homologia com os antígenos HLA de classe I. Inversamente, anticorpos contra essa região HLA neutralizam a infecciosidade do vírus *in vitro*.

Esses resultados sugerem que anticorpos dirigidos contra regiões não variáveis do vírus podem conduzir a uma proteção vacinal.

Por fim, a observação de parceiros sexuais de sujeitos soropositivos que permanecem soronegativos apesar de relações sexuais regulares sem uso de preservativos é muito rica de ensinamentos. Gene Shearer e Mago Clerici observaram que, se esses parceiros não tinham anticorpos contra o vírus, já que eram soronegativos, tinham uma imunidade celular particular, reconhecendo várias partes da capa do vírus.

É razoável supor que tal imunidade celular assegura certo grau de proteção contra doses fracas de vírus transmitidas por via sexual. Daí a pensar que se poderia vacinar com doses fracas de vírus, utilizando essa imunidade celular, há apenas um passo ainda teórico a transpor. Tanto mais que o exemplo de outras infecções experimentais no camundongo mostra que há proteção. Doses fracas de um parasito, a leishmânia, injetadas em camundongos, induzem uma forte imunidade celular e os protegem da infecção, ao passo que, em doses fortes, os mesmos camundongos não ficam protegidos e têm anticorpos.

De maneira similar, macacos que receberam doses muito fracas de SIV por via retal não produziram anticorpos, mas ficaram protegidos contra uma infecção ulterior pelo mesmo vírus, ao menos de maneira temporária.

A partir das pesquisas realizadas durante os dez últimos anos e levando-se em conta essas novas observações, tanto no macaco quanto no homem, parece-me que poderemos dispor um dia de uma vacina contra a AIDS.

Esta deverá utilizar as regiões mais variáveis da capa. É verdade que essas regiões são mal reconhecidas pelo sistema imunitário (diz-se que são pouco imunogênicas), mas é possível modificar sua exposição; e mesmo no anel V3 existem partes pouco variáveis, que poderiam ser utilizadas. Embora muitos ensaios infrutíferos tenham sido realizados nesse domínio, ainda restam novas fórmulas a explorar. Por outro lado, vimos que uma parte da capa do vírus apresenta uma homologia com o antígeno HLA e é capaz de induzir anticorpos protetores. Essa via está por aprofundar, sempre com o cuidado de evitar que conduza a reações auto-imunitárias.

A vacina deverá induzir ao mesmo tempo anticorpos e uma imunidade celular. Sabe-se que, por razões de segurança, é praticamente impossível utilizar o vírus atenuado, mas há indícios de que a escolha do vírus *canary-pox* como vetor é aceitável. Percebeu-se entretanto que, mesmo sem vetor, com a injeção do ADN nu em células musculares, podia-se induzir uma expressão fraca, mas contínua, de proteínas, fonte de uma forte imunidade celular. Este é um outro caminho que está sendo explorado por diversos laboratórios.

Essa vacina deverá também induzir uma imunidade local nas mucosas, pois ela deve poder proteger no sítio da transmissão. Várias pesquisas estão centradas nos vetores que poderiam liberar diretamente seus antígenos nas mucosas ou nos tecidos linfóides que lhe são associados, como as placas de Peyer do intestino. Estamos trabalhando atualmente com lipossomos, pequenas micelas de lipídios em que é possível inserir proteínas virais. Estas poderiam induzir uma boa imunidade no nível das mucosas bucal ou vaginal.

Estas diferentes linhas de pesquisa merecem ser exploradas a fundo e simultaneamente, ainda que nem todas se revelem eficazes.

Testar a Eficácia de Uma Vacina

Supondo-se que obtenhamos um dia uma vacina que tenha transposto as primeiras fases dos ensaios clínicos, restará demonstrar sua eficácia. Para isso, é preciso que o ensaio seja desenvolvido em populações com forte probabilidade de se contaminar, o que equivale a uma incidência de infecção de 3 a 5%. Essas taxas só são encontradas em certas populações em que a soroprevalência já é muito grande. É preciso, ademais, ter em mente que, de todo modo, será preciso fornecer informação e regras de prevenção a todos os sujeitos. Deverão ser feitos todos os esforços para que as pessoas não se contaminem. Tanto mais que, se o teste for de tipo duplo cego, somente metade delas receberá a vacina.

Ao contrário, esses ensaios deverão dar ensejo a ações de prevenção, de explicação, de distribuição de preservativos. Poderíamos imaginar que, se essas regras chegassem de fato a ser muito bem aplicadas, nenhum dos sujeitos se tornaria soropositivo; infelizmente, esse não será o caso. Todo um trabalho de avaliação deverá ser realizado para distinguir o que é efeito de uma melhor prevenção e o que deve ser atribuído à eficácia da vacina. Essa avaliação só poderá ser realizada nos países do Terceiro Mundo — África, Ásia, América do Sul — pois somente neles a prevalência da infecção é suficientemente forte para que se possa demonstrar a eficácia da vacina sobre uma população limitada.

Prevendo que uma vacina estará disponível dentro de pouco tempo, a OMS escolheu quatro países para ensaios de fase III: Uganda, Brasil, Tailândia e Ruanda (por causa da guerra civil neste país, os ensaios se realizarão provavelmente na Costa do Marfim). Até hoje, nenhuma vacina em teste chegou a ser destinada a esses ensaios, mas, antes de efetuá-los, toda uma infra-estrutura deverá ser montada: é preciso, em primeiro lugar, conhecer o estado da epidemia no país, depois caracterizar as variantes que grassam ali para se assegurar de que elas podem ser neutralizadas pela vacina em teste. Trata-se de um enorme trabalho que a OMS empreendeu. É preciso formar pesquisadores e técnicos que possam trabalhar nos laboratórios em conformidade com as normas internacionais.

Naturalmente, tais ensaios deverão respeitar as regras internacionais de segurança e de ética. Em 1993, com outros organismos dependentes da ONU, de a OMS estabeleceu "regras de ética internacional para a pesquisa biomédica no homem". Elas repousam sobre vários princípios de base: "o benefício", o que significa otimizar o benefício para os participantes e minimizar os efeitos negativos; "o respeito pela pessoa" e por sua decisão após uma informação livre e esclarecida, devendo as pessoas vulneráveis ou dependentes ser protegidas de abusos; "a justiça ou uma justiça redistribuída", o que implica que os benefícios e os ônus da pesquisa médica devem ser repartidos de maneira eqüitativa. Para facilitar a aplicação desses princípios, a OMS pediu aos responsáveis políticos dos países em que os ensaios deverão ser efetuados que instituíssem eles próprios comitês éticos independentes para supervisionar a organização e o desenrolar dos ensaios vacinais.

Um dos problemas que não deixará de se colocar muito rapidamente é o do consentimento esclarecido, que exige que a pessoa que participa do ensaio seja informada da natureza da pesquisa e de seus eventuais riscos e possa compreender essa informação. Ela deve poder tomar sua decisão com inteira liberdade.

Já é muito difícil transmitir noções como as de contágio, de contaminação, de fase assintomática da infecção e de AIDS, estádio final da doença. Que dizer então das dificuldades de explicar a vários milhares de pessoas o que são ensaios randômicos e de tipo duplo cego contra placebo? Além disso, as pessoas mais suscetíveis à infecção, e que poderiam portanto participar desses ensaios, são com muita freqüência as mais desfavorecidas social e economicamente. Pode-se temer até que certos locais de recrutamento para os testes, como os dispensários para o tratamento de doenças sexualmente transmissíveis, que são forçosamente locais de passagem de pessoas sob alto risco para o HIV, possam ser estigmatizados. Para que não se suspeite de que pertencem a um grupo de risco, as pessoas poderiam deixar de recorrer a eles.

Nem todo país tem uma "cultura de ensaios terapêuticos". É por isso que alguns sugerem que, nas sociedades que se dispuserem a deles participar, seja possível pedir o consentimento dos chefes da tribo, da comunidade ou da aldeia. Mas não haveria nesse caso outros tipos de pressão ou outros abusos? É muito difícil saber. Quando vemos em que circunstâncias se aplicam testes para a detecção sorológica do HIV, deixando-se com freqüência de pedir o consentimento ou de comunicar os resultados, há razão para nos inquietarmos com o desenrolar dos ensaios vacinais. Será necessário, de fato, obter das pessoas um duplo consentimento: primeiro deverão aceitar ser testadas para que se possa ter certeza de que são realmente soronegativas, depois concordar em participar do ensaio vacinal. Podemos esperar, no entanto, que todas estas reflexões desenvolvidas a propósito de uma vacina e tendo por foco a ética, o consentimento e a liberdade individual terão um efeito muito positivo sobre a aplicação de testes de detecção, o respeito pelo segredo profissional e a abordagem do doente. As conseqüências sociais e econômicas da participação nesses ensaios devem ser também estudadas.

As pessoas que receberão a vacina se tornarão forçosamente soropositivas, ao contrário das que receberão um placebo. Como distingui-las dos outros soropositivos, os "verdadeiros"? Com um cartão, como na França? Os riscos de discriminação são como sempre muito grandes. Como explicar que se é soropositivo por causa de uma vacina, para não ser relegado pela sociedade? Se o primeiro ensaio vacinal não for conclusivo, poderão essas pessoas participar de um segundo ensaio? Em que condições?

A implantação desses programas de vacinação não deve eliminar os esforços de educação e de prevenção que, de qualquer maneira, mesmo que venha a existir uma vacina a curto ou médio prazo, serão os pilares da luta contra o HIV nos anos vindouros. Ademais, e este é um ponto capital, é preciso que a futura vacina possa ser oferecida a um preço acessível para os países em desenvolvimento, sem que os industriais deixem de recuperar as somas por vezes enormes que investiram em pesquisa e desenvolvimento. Há aí, portanto, um problema de política internacional e de ajuda mútua Norte/Sul, com relação ao qual os poderes públicos dos países desenvolvidos e a ajuda privada deverão desempenhar um papel capital.

Todas estas considerações podem parecer fora de propósito, uma vez que ainda não existe nenhuma vacina que tenha comprovado sua eficácia. Mas é essencial que nossa reflexão comece desde já.

CAPÍTULO 9

AS PERSPECTIVAS TERAPÊUTICAS

Será possível um dia curar um sujeito soropositivo e torná-lo soronegativo? Este é o objetivo terapêutico que estabelecemos, mas ele gera problemas extremamente difíceis, por várias razões. A cura de uma infecção viral por inibidores químicos é muito delicada, porque os vírus se apropriam das vias do metabolismo celular para se multiplicar. Até hoje, somente no caso do vírus do herpes foi possível sintetizar um inibidor enzimático específico que bloqueia sua replicação. Além disso, os retrovírus infectam a célula de maneira latente, quando seus genes, uma vez integrados no patrimônio genético da célula, não se expressam nela. De maneira geral, não sabemos curar uma infecção unicamente por meio de inibidores químicos, mesmo que sejam muito ativos. A ação do sistema imunitário é sempre indispensável para completar os efeitos do(s) inibidor(es). Ora, quando a AIDS se declara, é justamente o sistema imunitário que está debilitado. Finalmente, os médicos e os pesquisadores não têm experiência suficiente para tratar com sucesso uma infecção crônica que dura anos.

É levando em conta essas considerações que se pode estabelecer o quadro de uma terapêutica futura: idealmente, seria preciso atuar de maneira forte e precoce, isto é, tratar a pessoa infectada assim que se constata que ela é soropositiva, quando o sistema imunitário ainda não está demasiado perturbado; seria preciso tentar manter normais os diferentes parâmetros clínicos e biológicos pelo maior tempo possível. Portanto, o tratamento deve agir tanto sobre os próprios mecanismos da infecção quanto sobre suas conseqüências, mesmo que hoje ainda não conheçamos de maneira muito precisa o encadeamento de todos os fatores que intervêm no curso de sua evolução. É por essa razão que preconizo uma abordagem terapêutica global, que deverá ser necessariamente adaptada a cada doente.

OS GRANDES EIXOS DE PESQUISA

Freqüentemente há um descompasso entre o anúncio da descoberta de uma nova molécula e a prova de sua eficácia terapêutica. Quando um anúncio desse tipo é feito, muitos pacientes querem receber a nova molécula milagrosa; o médico precisa então explicar que há um abismo entre a demonstração de atividade *in vitro* e de eficácia no homem.

Na verdade, para provar a eficácia de uma molécula ou o benefício terapêutico que os doentes podem esperar dela, é preciso que ela seja avaliada no curso de ensaios terapêuticos. A diferença da eficácia *in vitro/in vivo* decorre do fato de que muitas moléculas podem ser degradadas pelas enzimas do soro ou do fígado quando são injetadas no organismo, ou não podem ser ministradas ao homem por causa de sua toxicidade. É preciso saber que pode ocorrer também a situação inversa: uma molécula que não tem atividade *in vitro* pode tê-la *in vivo*. Nesse caso, o organismo converte o precursor num metabólito ativo.

No início da epidemia, todos os esforços da pesquisa medicamentosa se concentraram nas moléculas que têm ação contra a transcriptase reversa, enzima indispensável para a replicação do vírus. Embora possuam certa atividade *in vivo*, elas não permitem atualmente curar a infecção por HIV.

Com o desenvolvimento dos conhecimentos sobre as diferentes etapas da replicação viral, novas abordagens foram consideradas em função do conhecimento do ciclo da replicação viral: bloqueio da absorção do vírus pela célula-alvo, ação sobre a transcriptase reversa por diferentes mecanismos, ação no nível dos próprios genes do vírus, inibidores da protease viral indispensável à maturação das partículas virais, inibidores da glicosilação, acarretando a produção de partículas virais defectivas.

A *inibição da fixação do vírus por seu receptor específico* (CD4) suscitou muita esperança quando da descoberta desse receptor, em 1984. Na verdade, era perfeitamente possível fabricar essa molécula CD4 por engenharia genética e utilizá-la em solução como uma isca para o vírus. Este reconheceria de fato o CD4 solúvel presente em quantidade considerável no sangue e se fixaria nele, em vez de se fixar nos linfócitos T4, infectando-os.

Os primeiros ensaios feitos nos Estados Unidos mostraram, contudo, que a duração de vida do CD4 solúvel é curta demais para ter uma real eficácia e que, por outro lado, para inibir as cepas virais dos pacientes eram necessárias concentrações de CD4 solúvel muito maiores que no caso das cepas de laboratório. Minorou-se o primeiro inconveniente associando-se ao CD4 solúvel moléculas conhecidas por sua longa vida no organismo, como as imunoglobulinas. Além disso, pode-se supor atualmente que, mesmo que não possa inibir as novas infecções virais, o CD4 solúvel será capaz de atenuar seus efeitos patogênicos, impedindo a fixação da proteína de superfície do vírus nas células não infectadas. A descoberta de um segundo receptor, que interage com o anel V3, faz surgir uma nova esperança de impedir a fixação do vírus aos linfócitos.

Entre os *anti-retrovirais*, podemos distinguir os que agem sobre a enzima transcriptase reversa em competição com os precursores do ADN. Trata-se do 3TC e do D4T, que têm mecanismos de ação semelhantes aos do AZT, da ddI e da ddC, e aqueles que agem sobre uma outra região da enzima, os *Non Nucleoside Reverse Transcriptase Inhibitors* (inibidores não-nucleosídeos da transcriptase reversa), ou NNRTI. O 3TC e o D4T estão atualmente na fase dos ensaios clínicos na Europa e nos Estados Unidos, sendo comparados com o AZT ou associados a ele em doses diferentes.

Foi por ocasião dos estudos sobre estes últimos inibidores que se constatou a existência de duas classes de análogos nucleosídicos: as substâncias como o AZT, que agem preferencialmente sobre as células ativadas, e as do tipo ddI ou ddC, que têm maior atividade em células menos ativadas. Essa observação viria permitir uma abordagem mais racional da terapêutica anti-retroviral, com a associação de duas moléculas com alvos de ação diferentes.

Entre os NNRTI, encontramos os TIBO, derivados da família das benzodiazepinas, conhecidos ansiolíticos do sistema nervoso. Eles têm grande atividade *in vitro* sobre o HIV1, mas induzem rapidamente mutantes resistentes do vírus; seria preciso, portanto, poder associá-los aos anti-retrovirais do primeiro tipo.

Uma nova abordagem voltada para *os próprios genes do vírus* está em fase de experimentação. Trata-se dos ARN de sentido inverso. Estes são fragmentos de ARN sintetizados quimicamente, cujas seqüências são complementares às dos ARN mensageiros do vírus. Ao se emparelhar com essas seqüências, eles impedem a tradução do ARN mensageiro em proteína. Esse mecanismo de ação tão interessante, em que se baseia também muita esperança para o tratamento de doenças degenerativas, se defronta com duas dificuldades: é preciso conseguir fazer esse ARN de sentido inverso penetrar na célula e permitir que resista às diferentes enzimas de degradação do organismo.

Os ribozimas são igualmente seqüências de ARN que podem cortar os ARN do vírus e assim bloquear sua tradução. O problema é fazê-los chegar sem embaraço até seu alvo, o que talvez se consiga por intermédio de um vírus vetor.

As *antiproteases* atuam no nível da montagem das partículas virais. De fato, para ser funcional, a longa cadeia das proteínas Gag precisa ser clivada em três pedaços por uma enzima, uma protease específica codificada por um gene do vírus.

Essa descoberta despertou uma grande esperança terapêutica e companhias farmacêuticas como a Merck, a Roche, a Abbott e outras realizaram sobre o assunto uma pesquisa exemplar por sua modernidade. Essas moléculas foram sintetizadas e calculadas em computador, a partir de um modeló molecular de três dimensões. Elas mostraram grande eficácia *in vitro*. Duas antiproteases estão atualmente em fase de ensaios clínicos e provocaram uma diminuição significativa da carga viral, assim como um aumento do número de linfócitos T4 em certos pacientes. Lamentavelmente, porém, esse efeito é transitório e, ao fim de algumas semanas ou menos, o vírus escapa à antiprotease, seja passando para um compartimento inacessível ao inibidor, seja gerando mutantes resistentes.

Uma outra abordagem promissora, que incide sobre a prevenção da transmissão do vírus e não sobre o tratamento, envolve as *substâncias viricidas*. Elas inativam as partículas virais livres e exercem portanto um papel no bloqueio da transmissão do vírus, do mesmo modo que um preservativo ou uma vacina. Essa substâncias são administradas por via vaginal e os primeiros ensaios mostraram que podiam ser irritantes para a mucosa. É preciso, portanto, desenvolver pesquisas para chegar a um produto eficaz, bem tolerado e barato, que poderia então ser muito amplamente utilizado e ter enorme impacto sobre a transmissão heterossexual do vírus na África, na Ásia e na América do Sul.

No início da infecção, a imunidade celular, por intermédio dos linfócitos T, e a imunidade humoral, graças à produção de anticorpos pelos linfócitos B, tentam resistir à infecção. Pouco a pouco, essas defesas se enfraquecem. Pode-se então procurar atenuar essa debilitação pelo aporte direto de anticorpos, a imunoterapia passiva, ou pela ativação do sistema, a imunoterapia ativa.

Diversos ensaios de *imunoterapia passiva* estão em curso, um deles na França. Eles se fundam no fato de que um dos sinais da debilitação do sistema imunitário nos sujeitos assintomáticos é a diminuição dos anticorpos anti-p24 dirigidos contra as proteínas internas do núcleo do vírus. Para suprir esse déficit, injeta-se de maneira repetida plasma de sujeitos soropositivos assintomáticos, rico de anticorpos anti-p24 (após ter inativado o vírus residual por aquecimento a 56°C), em pacientes que estão entrando na doença e que já tomam AZT.

Os resultados desses ensaios foram animadores, em particular sobre a taxa da antigenemia p24 e sobre a superveniência de infecções oportunistas, mas esses tratamentos têm de ser continuados, porque sua interrupção ocasiona um efeito de recrudescimento. Ora, essa abordagem requer um grande número de doadores soropositivos de plasma, o que limita os ensaios. Talvez seu uso venha a ser interessante também após acidentes de laboratório, para evitar a transmissão materno-fetal e nos estádios mais avançados da doença.

A *imunoterapia ativa* age como uma vacina numa pessoa já infectada. A injeção repetida da glicoproteína de capa sintetizada por engenharia genética estimula a produção de anticorpos contra o vírus. Certos ensaios mostram que a queda dos linfócitos T4 ficaria mais lenta. Os ensaios de Jonas Salk, que envolvem o uso das proteínas internas do vírus, merecem também ser atentamente acompanhados.

Uma abordagem similar, que usa a engenharia genética, está em curso de avaliação. Incorpora-se a proteína p24 a uma partícula proveniente de uma levedura, o VLP (*Virus Like Particle*), com o objetivo de reforçar seu poder antigênico. Ela deve estimular a imunidade humoral e celular.

O sistema imunitário é regulado por uma rede de interação de fatores de crescimento, as citocinas. Pode-se portanto ter uma influência global sobre esse sistema utilizando essas substâncias sintetizadas por engenharia genética. Nos sujeitos soropositivos, observa-se uma tendência à diminuição da interleucina 2, o que corresponde a uma baixa de sua imunidade celular. Inversamente, as interleucinas 4 e 10, que são fatores necessários para a produção de anticorpos, tendem a se elevar durante esse mesmo período.

Ensaios terapêuticos que estão sendo conduzidos atualmente com a interleucina 2 mostraram um aumento dos linfócitos T4, mas ainda não se sabe se essa observação corresponde a um efeito duradouro. Estão igualmente em curso ensaios de cultura *in vitro* de linfócitos T8 de um paciente em presença de interleucina 2, sendo o produto depois reinjetado no paciente.

Todos esses estudos deveriam se beneficiar dos resultados das pesquisas que hoje se realizam sobre o sistema imunitário dos soropositivos, em particular dos que permanecem assintomáticos mais de dez anos depois de sua infecção e parecem resistir à doença.

Por outro lado, certas pessoas soronegativas que têm relações sexuais regulares com soropositivos não são infectadas. Tudo se passa como se elas eliminassem o vírus. O estudo do mecanismo dessa rejeição é também importante para o desenvolvimento de uma vacina preventiva.

Uma abordagem imunitária inteiramente diferente pretende utilizar a ciclosporina ou a cortisona. De fato, parece que pacientes que receberam enxertos e que foram contaminados pelo HIV ao receber uma transfusão de sangue durante a operação não teriam tido seu estado agravado por causa da ciclosporina que estavam recebendo.[1] Durante ensaios com a cortisona, Jean-Marie Andrieux e sua equipe observaram uma elevação dos linfócitos T4, mas há risco de efeitos secundários consideráveis. Por outro lado, foi usada a talidomida, um desativador do sistema imunitário. Estudos mostraram efeitos clínicos muito positivos em certas doenças auto-imunes, em particular o lúpus e infecções devidas ao vírus do herpes. A talidomida é especialmente ativa sobre as vesículas herpéticas perilabiais, freqüentemente observadas nos pacientes aidéticos. Investigamos portanto o mecanismo de ação dessa substância e tentamos encontrar sua melhor utilização.

Todos os co-fatores da infecção, da mesma maneira que as infecções oportunistas, devem ser neutralizados assim que aparecem sinais clínicos ou biológicos. Por outro lado, muito pouco tempo após a infecção, produz-se um estresse oxidante ligado ao surgimento de radicais livres que oxidam os lipídios e as proteínas celulares. Os lipídios vêem seu funcionamento modificado e as proteínas são degradadas muito mais rapidamente. Há testes de laboratório para avaliar esse estresse oxidante (dosagem de lipídios peroxidados, teste de oxidação das proteínas, pesquisa de radicais livres circulantes pelo teste da aspirina) e tratamentos (vitamina C e E, zinco, selênio, beta-caroteno). Uma avaliação dessas diferentes abordagens é necessária e não deve excluir os extratos de plantas, pois estas são os melhores químicos da natureza, inclusive em matéria de moléculas antioxidantes.

Certos caminhos, que parecem promissores aos olhos de todos, gozam de muitos créditos financeiros, em detrimento de outros que parecem acessórios e são desprezados. Ora, as pesquisas devem ser conduzidas em todas as direções e nenhuma via deve ser excluída: é a pesquisa de risco, pela qual sempre me bati.

OS TESTES CLÍNICOS

Com a AIDS, mais que com qualquer outra doença, vemo-nos confrontados com duas necessidades contraditórias quando queremos tratar os doentes: por um lado acelerar as etapas de difusão de um medicamento promissor para salvar vidas e, por outro, demonstrar, no caso de uma infecção que dura há mais de dez anos, que o tratamento é ativo e não tóxico.

Antes que uma molécula seja experimentada no homem, é necessário conhecer seus efeitos tóxicos no animal. Felizmente, no caso de certo número delas, como o AZT, esses estudos tinham sido realizados anos antes, quando se visavam outras aplicações. Quanto às outras, já que nenhuma mostrou um efeito curativo duradouro, foram necessários vários ensaios terapêuticos para demonstrar melhorias mensuráveis, tanto mais que nem sempre todos os ensaios deram resultados concordantes. Se dispuséssemos, no caso da AIDS, de um medicamento tão ativo quanto o é a estreptomicina na meningite tuberculosa, nós o saberíamos rapidamente.

Mais provavelmente, o encaminhamento para um tratamento da AIDS será feito pouco a pouco, como no caso do câncer. Precisaremos certamente de anos para comprovar o benefício das boas combinações terapêuticas. A falta de modelo animal não facilita a tarefa.

No homem, os testes se realizam em geral em três fases sucessivas:

— fase I: estudo com um pequeno número de sujeitos saudáveis para avaliar a dose a ser administrada e os efeitos tóxicos;

— fase II: estudo com um número mais ou menos grande de doentes para avaliar os efeitos benéficos potenciais;

— fase III: estudo de eficácia com grande número de doentes, comparando a molécula em teste com uma molécula de referência ou com um placebo.

Esses testes são codificados e têm suas modalidades definidas por um texto legal que trata da proteção das pessoas que aceitam participar de pesquisas biomédicas.

O doente, como o médico, deve estar informado do desenrolar do teste, o que implica um mínimo de conhecimento sobre a doença e os testes, a definição dos objetivos e os meios de alcançá-los. O doente será incluído num dos grupos do teste por sorteio. Pelo princípio do duplo cego, nem o doente nem o médico sabem quem está recebendo o medicamento ou o placebo. Esse princípio pode ser suspenso, assim como o anonimato. Os resultados são analisados de maneira estatística. A inclusão num ensaio exige, portanto, uma informação completa do paciente, que, após reflexão, aceita ou não esse percurso. Teoricamente, salvo maiores incidentes, o participante só é informado dos resultados do teste quando este se conclui. Se um paciente se recusa a participar do teste, cabe assegurar-lhe o melhor tratamento permitido pelo estado de nossos conhecimentos naquele momento; ele tem também o direito de interromper sua participação sem precisar dar explicações.

Em razão da eficácia parcial do tratamento atual da doença, da excelente informação que os doentes têm sobre os ensaios em curso e da permanente ansiedade que experimentam por se beneficiar dos melhores ensaios, estes têm evoluído, pois o paciente é um parceiro ativo, com plenos direitos, em todas as suas etapas. Houve por isso modificações do quadro bastante estrito do desenvolvimento dos ensaios.

Por exemplo, pode ocorrer que, nas avaliações parciais, já se manifeste uma diferença clínica considerável entre o grupo tratado e o grupo placebo, em benefício do primeiro. Nesse caso, por razões éticas evidentes, os doentes do grupo placebo passam a ser igualmente tratados. Foi o que se passou nos primeiros testes do AZT, que duravam menos de um ano. Infelizmente, o benefício não se confirmou por períodos mais longos. Seja como for, por razões éticas, os ensaios contra placebo tendem a se tornar cada vez mais raros. De fato, os ensaios devem beneficiar o paciente, que tem o direito de receber o tratamento reconhecido como o mais ativo naquele momento. Caberá à nova molécula demonstrar um maior benefício terapêutico.

Pode ocorrer que os pacientes envolvidos em um ensaio tenham conhecimento dos resultados mais promissores de um outro ensaio. Se os resultados não estiverem à altura das esperanças, há risco de que os pacientes se desmobilizem e abandonem o tratamento. Vemos portanto a importância da informação e do acompanhamento durante toda a duração do teste.

Freqüentemente, diante desse tipo de situação, recorre-se a um comitê de especialistas não diretamente envolvidos no teste em questão.

Ao fim dos ensaios, o paciente é informado dos resultados pelo médico que o incluiu no estudo. Este é muitas vezes um momento delicado. A comunicação dos resultados deve ser sempre extremamente prudente.

O anúncio dos resultados preliminares do ensaio Concorde pela imprensa teve um efeito desastroso sobre os seus participantes e os soropositivos em geral. O ensaio parecia não lhes ter proporcionado nenhum benefício e nenhuma solução alternativa lhes era proposta.

A partir de 1989, surgiu um novo tipo de teste: "o ensaio compassivo". Trata-se de pôr à disposição dos doentes medicamentos cuja comercialização ainda não foi autorizada. Diante de um impasse terapêutico, da ineficácia ou das complicações de um tratamento já testado, o doente pode receber um medicamento em teste por um prazo curto e no âmbito de ensaios controlados, mas sujeito a exigências menores. Nascidos de uma abordagem pragmática (os anti-retrovírus atualmente no mercado têm efeito de duração limitada), esses ensaios alcançaram grande sucesso. Eles não deveriam, contudo, prejudicar os verdadeiros ensaios clínicos, que são hoje os únicos capazes de dar as informações necessárias para a concessão da licença de comercialização do medicamento.

Para dar os resultados esperados, esses ensaios exigem das indústrias farmacêuticas investimentos vultosos e tempo. Esse tempo falta aos doentes. Por isso é necessário encontrar a melhor maneira possível de avaliar o protocolo dos ensaios e seu desenvolvimento. Na Inglaterra, um procedimento de urgência permite que o dossiê de solicitação de um ensaio terapêutico seja examinado em algumas semanas, em vez de alguns meses. Um procedimento análogo tornou-se agora aplicável na França.

Seria muito importante dispor de marcadores biológicos preditivos da evolução clínica, pois isso proporcionaria grande ganho de tempo nas avaliações terapêuticas. Um intenso esforço de padronização das técnicas foi realizado com relação a testes que, até poucos anos atrás, eram do domínio exclusivo dos laboratórios especializados: a viremia quantitativa, plasmática e celular, a *Polymerase Chain Reaction* (PCR) e a avaliação das resistências das cepas virais. Outros testes, como o da apoptose, estão em processo de validação, bem como a determinação de marcadores de membranas dos linfócitos.

O Futuro Terapêutico

Se fosse possível agir no momento da primo-infecção, seria lógico fazê-lo no melhor prazo possível. De fato, sabemos que quanto mais forte é o pico de replicação do vírus, mais depressa a imunodepressão e a doença aparecem. É por isso que sugerimos que se comece imediatamente um tratamento com AZT nos casos em que a primo-infecção é detectada. É o que se faz quando de picadas acidentais com sangue infectado. Os resultados desses tratamentos são de difícil avaliação, porque os casos estudados são poucos. Mas, mesmo que eles não detenham a infecção, podem diminuir seu efeito patológico. Estudos comparáveis no macaco mostram que, muitas vezes, o AZT, mesmo que administrado rapidamente depois da inoculação do vírus, não impede que a infecção se desenvolva. Esse tratamento parece, no entanto, diminuir a carga viral e conduzir a uma evolução mais lenta da doença. Parece-me judicioso aconselhar igualmente, para agir sobre o componente imunitário, que se ministre ao paciente interferon alfa durante seis semanas. É verdade que essa substância é naturalmente secretada pelas células infectadas por um vírus, mas o interferon exógeno virá reforçar sua ação.

Uma vez passada a primo-infecção, todos os parâmetros clínicos e biológicos retornam ao normal, inclusive o número de linfócitos T4. Durante essa fase da infecção, os tratamentos deveriam ser de certa maneira "*à la carte*", isto é, adaptados a cada paciente, o objetivo sendo suprimir o mais depressa possível a menor anomalia. É razoável pensar que, se todos os parâmetros estiverem normais, em particular os exames sanguíneos, o sistema imunitário estará em estado normal de funcionamento.

Em razão da persistência da infecção viral, coloca-se a questão da conveniência ou não de propor um tratamento anti-retroviral, e que tratamento. O AZT não é recomendado nesse estádio, como o mostraram os grandes ensaios terapêuticos, do tipo Concorde. Seria possível propor o uso de um anti-retroviral como o ddI, por exemplo, que age sobre as células infectadas pouco ativadas, em associação com um medicamento antiprotease. A decisão de iniciar um tratamento desse tipo será tanto mais fácil de tomar quanto mais sinais houver de disfunção do sistema imunitário (apoptose, elevação da beta-2-microglobulina sanguínea e diminuição progressiva dos linfócitos T4).

Desde esse estádio, podem aparecer infecções oportunistas sem nenhuma manifestação clínica, detectáveis apenas pelo aumento de anticorpos. É o caso das infecções por *Mycoplasma penetrans*, que necessitariam de um tratamento antibiótico adaptado (tetraciclinas, fluoroquinolonas).

Um estresse oxidante muito danoso para todas as células do organismo pode ser detectado por testes apropriados. Ele deverá também ser tratado. Existem numerosos antioxidantes na farmacopéia atual (vitaminas A e C, superóxido dismutase, N-acetil-cisteína etc.), mas convém utilizá-los de maneira racional.

Por quanto tempo esses tratamentos podem ser eficazes? Sabemos que o vírus persiste em estado latente nas células, como uma brasa que dorme, pronta para se inflamar. Seria preciso poder erradicar definitivamente a infecção viral, sabendo que as células infectadas são só incompletamente atingidas pelos antivirais e pelo sistema imunitário. Duas abordagens novas devem ser consideradas: a terapia gênica e a utilização de superantígenos.

A *terapia gênica* já foi utilizada no homem para o tratamento de certos cânceres. No quadro do HIV, ela consiste em introduzir nas células uma informação genética que bloquearia a síntese de um dos componentes do vírus. Poderiam ser utilizadas seqüências complementares do ADN ou do ARN do vírus que, ao se acoplar de maneira irreversível aos ácidos nucléicos virais, poderiam bloquear sua ação.

A outra abordagem consistiria em utilizar *superantígenos*, que ativariam as células infectadas de maneira latente pelo vírus e com isso as tornariam detectáveis pelo sistema imunitário. De fato, essa ativação acarretaria uma produção do vírus por essas células, tornando-as assim sensíveis à destruição pelas células *killers* específicas das células infectadas. Evidentemente, seria indispensável operar essa ativação em presença de inibidores virais potentes, de maneira a impedir novas infecções pelo vírus produzido.

Essas estratégias que têm por objetivo erradicar o vírus poderiam ser avaliadas graças a parâmetros biológicos, como a diminuição do ARN viral e a dos anticorpos circulantes até seu desaparecimento total. Um projeto como esse provavelmente não se realizará amanhã, mas, sem querer dar esperanças insensatas aos soropositivos, podemos nos preparar para isso.

No estádio da AIDS, quando a doença se declara, as mesmas abordagens utilizadas na fase assintomática podem também ser empregadas, mas suas chances de sucesso serão função do nível de degradação do sistema imunitário. Nesse estádio, a terapia gênica e a terapia celular parecem ser as duas armas de futuro mais promissor.

A terapia gênica seria utilizada de maneira diferente da descrita acima. Seu objetivo seria tornar as células não infectadas resistentes à infecção viral ou então bloquear a replicação do vírus nas células já infectadas. Trabalhos interessantes vêm reforçar esta primeira hipótese. A equipe de Edward De Maeyer, inserindo o gene do interferon beta humano em linfócitos T4, obteve *in vitro* uma secreção fraca e contínua dessa substância, que tornou esses linfócitos T4 totalmente resistentes à infecção pelo HIV. A transposição de tais trabalhos para o homem não está isenta de problemas. De fato, os linfócitos do sangue circulante representam apenas uma pequena fração (2%) do total, os outros estando nos diferentes órgãos e nos gânglios linfáticos. É difícil, portanto, atingir por esse meio toda a população linfocitária. Assim sendo, seria interessante poder tornar as células precursoras dos linfócitos T resistentes ao vírus. As células troncos se encontram na medula óssea e começa-se agora a conseguir isolá-las e fazê-las se multiplicarem em cultura, mas ainda não se sabe que efeitos teria, sobre suas funções e suas diferenciações, a introdução do gene do interferon.

A *terapia celular* tem por objetivo amplificar a ação de certas células do organismo e, neste caso particular, as defesas imunitárias. Ensaios iniciais envolvem a coleta de linfócitos T8 de pacientes e seu cultivo posterior *in vitro*, em presença da interleucina 2, o que reforça sua ação de células *killers*. Em seguida eles são reinjetados no paciente. Essa técnica se inspira naquela utilizada nos Estados Unidos por Steve Rosenberg para o tratamento de certos cânceres. No caso da AIDS, os resultados estão ainda por avaliar, tanto mais que, até o momento, esse tipo de tratamento só foi proposto a pacientes numa fase em que já não havia muitas outras possibilidades terapêuticas. Seria igualmente possível colher os linfócitos T8 no estádio precoce da infecção, quando eles são normais em qualidade e quantidade, e congelá-los. Seriam reinjetados no paciente na fase sintomática da doença. Será certamente possível refinar essa técnica mediante a seleção, na população dos linfócitos T8, daqueles que têm uma atividade *killer* específica contra o HIV e os agentes oportunistas.

Atualmente, conhecemos os princípios gerais do tratamento da infecção por HIV e dispomos de um amplo leque terapêutico e de um potencial ainda maior. Nos próximos anos será preciso, portanto, determinar os esquemas terapêuticos que levariam em conta a doença em sua complexidade e que poderiam ser adaptados a cada paciente no curso da evolução de sua doença.

É por isso que proponho a criação dos centros integrados de clínica e de pesquisa. Os médicos se responsabilizariam por certo número de pacientes e assegurariam igualmente a realização de pesquisas básicas. A carreira de médico-pesquisador existe nos Estados Unidos, mas é pouco atraente na França. Observei que todos os médicos que vieram trabalhar em meu laboratório interromperam o exercício da medicina para se consagrar unicamente à biologia molecular. Uma das finalidades da fundação que criei com Federico Mayor, diretor da UNESCO, é instituir tais centros.

QUINTA PARTE

PREVENIR

CAPÍTULO 10

A AIDS EM NOSSA SOCIEDADE

"As grandes epidemias não se caracterizam somente pelo número de doentes e de mortos. Uma doença se torna o mal do século porque cristaliza, porque simboliza mesmo, a maneira como uma sociedade vive coletivamente o medo e a morte. Nesse sentido, a doença importa tanto por seus efeitos imaginários quanto por seus efeitos reais", escrevia Michel Mafesoli.[1] A AIDS não escapa a essa regra: muito depressa, saiu do mundo médico para pôr em questão os próprios fundamentos de nossa sociedade. Presente em nossa vida cotidiana, ela nos obriga a refletir e, eventualmente, a modificar nossos comportamentos. Nenhuma doença na época contemporânea nos incitou tanto a pôr em questão nossa identidade, nossos valores, nosso senso de tolerância e de responsabilidade.

O CASO DO "SANGUE CONTAMINADO"

Desde o início da década de 1990, a sociedade francesa em sua totalidade, e não somente os hemofílicos ou as pessoas que receberam transfusões, a imprensa e os políticos, os médicos e os pesquisadores, todos individualmente, se viram profundamente perturbados pelo drama do sangue contaminado. Tornou-se patente que várias centenas de hemofílicos e de pessoas que receberam transfusões foram contaminadas pelo vírus da AIDS entre 1981 e 1985. O Dr. Michel Garetta, ex-diretor do Centre National de Transfusion Sanguine (CNTS) e o Dr. Jean-Pierre Allain, chefe do departamento de pesquisa e desenvolvimento do centro, foram acusados de "fraudes quanto às qualidades substanciais de um produto". Tratava-se da distribuição de produtos não aquecidos destinados aos hemofílicos entre junho e outubro de 1985. O professor Jacques Roux, ex-diretor geral do Ministério da Saúde, e o doutor Robert Netter, ex-diretor do Laboratoire National da Saúde, foram acusados de "omissão de assistência a pessoas em perigo".

Essas pessoas foram julgadas. Condenações penais foram pronunciadas.

Essas contaminações poderiam ter sido evitadas? Como as descobertas científicas interagiram com as decisões de saúde pública? Essas questões continuam a agitar os espíritos.

A AIDS foi identificada pela primeira vez como doença transmissível entre homossexuais nos Estados Unidos em 1981.

Já em 1982, a mesma síndrome foi reconhecida entre os hemofílicos: essa observação era fundamental, porque os hemofílicos tinham recebido produtos derivados do sangue — concentrados — que tinham sido filtrados bacteriologicamente, o que demonstrava que o agente infeccioso estava presente no sangue e era relativamente resistente, já que havia passado incólume pelas diferentes etapas de purificação parcial desses produtos.

Nessas questões de sangue contaminado, é preciso distinguir o caso dos hemofílicos e o das pessoas que receberam transfusões de sangue fresco ou de alguns de seus derivados.

Em se tratando dos hemofílicos, é preciso lembrar que, como os fatores anti-hemofílicos são relativamente resistentes ao calor, era possível inativar seletivamente o HIV pelo aquecimento dos preparados.

No caso das transfusões de sangue fresco, o aquecimento era impossível, uma vez que os elementos celulares do sangue (glóbulos vermelhos, plaquetas) são destruídos de maneira irremediável por um aquecimento acima de 43ºC.[2] Nesse caso, somente a prevenção e a testagem teriam podido diminuir o risco de contaminação.

O Sangue e a Hemofilia

Para melhor compreender estas noções, é necessário relembrar alguns dados relativos ao sangue e seus diferentes compostos, ao funcionamento da transfusão sanguínea na França e à hemofilia e seu tratamento no curso destas últimas décadas.

O sangue é constituído de 43% de glóbulos vermelhos que asseguram o transporte do oxigênio a todo o organismo, de 2% de glóbulos brancos, em particular os linfócitos, que combatem as infecções e fabricam os anticorpos, e de cerca de 300 mil plaquetas/mm^3, que, em associação com os fatores solúveis do plasma, asseguram a coagulação do sangue em caso de hemorragia. Os 55% restantes formam o plasma: 50% de água, 4% de proteínas (imunoglobulina, albumina, fatores coagulantes) e 1% de minerais. A cada ano, na França, 700 mil a um milhão de pacientes são tratados por produtos sanguíneos graças à solidariedade de dois milhões de doadores voluntários não remunerados.

A partir de uma doação de sangue (200 a 400 mililitros), os centros de transfusão preparam os produtos sanguíneos lábeis, glóbulos e plaquetas de difícil conservação; encaminham o plasma para os centros de fracionamento, onde são produzidos os derivados estáveis, com forte valor agregado. Esses derivados são: o plasma, destinado às vítimas de queimaduras graves e aos acidentados e que é usado para manter certo volume nas artérias; as imunoglobulinas, utilizadas nos déficits imunitários; a albumina, que serve para as vítimas de queimaduras graves e permite combater as hemorragias; e por fim os fatores coagulantes, em particular os fatores VIII e IX, destinados respectivamente ao tratamento das hemofilias A e B.

A doação de sangue na França é anônima e não remunerada. Uma lei de 1952 define a organização da transfusão sanguínea; o preço de venda dos produtos sanguíneos, reembolsados pela Previdência Social, corresponde ao preço de custo de sua fabricação, embalagem e distribuição. Em 1982, o Centre National de Transfusion Sanguine recebeu autorização para importar as frações coagulantes necessárias aos hemofílicos em caso de insuficiência da produção nacional; ele se abasteceu no mercado americano, em que o preço da matéria-prima era inferior ao custo líquido francês.

Na Europa, a hemofilia atinge um indivíduo em 15 mil. Ela é transmitida pelas mulheres aos filhos do sexo masculino; as mulheres são muito raramente atingidas. Trata-se de uma doença hereditária da coagulação cuja expressão está ligada ao sexo.[3] Essa afecção está associada a um déficit de fator de coagulação, o fator VIII, que define a hemofilia A, e o fator IX no caso da hemofilia B. Ela pode ser mais ou menos grave. É grave quando a taxa de atividade anti-hemofílica é inferior a 1%. Nesse caso, mesmo sem a ocorrência do menor choque sobrevêm espontaneamente hemorragias nos músculos e nas articulações. Entre 1 e 5%, tem-se a forma média: um choque fraco desencadeia uma hemorragia de intensidade desproporcional. Entre 5 e 25%, tem-se a forma branda: só os traumatismos mais fortes desencadeiam os sangramentos. Acima de 30% não há risco de sangramentos. Portanto, quando se aplica o tratamento, é preciso obter uma taxa de pelo menos 30% do fator VIII para alcançar uma ação hemostática suficiente. Os sangramentos repetidos nas articulações, nos ossos e nos músculos acabam por alterar esses tecidos e estão na origem de dores e de malformações.

Cada hemorragia requer um aporte de fator coagulante para fazê-la cessar, do contrário ela não pára e há risco de morte.

No início, esse fator coagulante era fornecido por uma transfusão de sangue total, que exigia uma hospitalização. No final dos anos 60 apareceram frações plasmáticas enriquecidas em fatores VIII ou IX. Primeiramente sob a forma de crioprecipitados (precipitados a frio) preparados a partir de algumas doações de sangue, depois sob a forma de concentrados, preparados industrialmente a partir de vários milhares de doações. A vantagem para os hemofílicos era considerável, porque a injeção regular desses concentrados tinha uma ação preventiva sobre os riscos de hemorragia, permitindo-lhes assim levar uma vida normal. O inconveniente era que, se uma só das doações de plasma estivesse contaminada por um agente infeccioso, todo o lote ficava contaminado. Foi o que aconteceu com os vírus das hepatites e com o vírus da AIDS.

Desde o início de nossas pesquisas sobre a AIDS, interessamo-nos pelos hemofílicos. De fato, alguns deles estavam infectados, o que nos levou então a suspeitar de que o vírus podia ser transmitido pelo sangue. Ainda em 1983, aliás, efetuamos um primeiro isolamento de vírus a partir do sangue de um jovem hemofílico.

Em 1983-84, iniciamos um estudo sorológico para comparar as taxas de soropositividade em função dos diferentes produtos de substituição que os hemofílicos tinham recebido. Alguns tinham recebido concentrados regularmente no hospital Necker, outros apenas crioprecipitados[4] no hospital Saint-Antoine. Finalmente, havia belgas que tinham recebido produtos nacionais. A taxa de contaminação era de menos de 5% entre os hemofílicos belgas, de 10% entre os tratados no hospital Saint-Antoine e quase 60% entre os tratados no Necker. Esses resultados foram um choque para nós. Eles revelavam taxas de contaminação consideráveis e muito diferentes segundo o tipo de tratamento recebido pelos hemofílicos.

No entanto, não era fácil interpretá-los. Podia-se pensar que a presença dos anticorpos não significava necessariamente uma futura evolução da infecção para a AIDS (voltaremos a falar disto adiante). Ao mesmo tempo, estava bem presente em nosso espírito aquele jovem hemofílico soropositivo em quem tínhamos isolado o vírus e em quem a AIDS já se declarara. Alguns temiam que aqueles resultados induzissem um pânico e, por tabela, uma reação de rejeição aos soropositivos. Por temor desse pânico, a importância desses resultados foi minimizada.

Uma outra atividade de nosso laboratório consistiu em efetuar exames para verificar se o vírus havia sido de fato inativado em produtos anti-hemofílicos pelo seu aquecimento. O procedimento de aquecimento não é simples, porque é preciso inativar o vírus sem inativar o fator VIII, que é frágil. O HIV, como todos os retrovírus, está envolto numa capa fosfolipídica, o que significa para nós, virologistas, que pode ser inativado com relativa facilidade pelo calor ou por diferentes agentes, como o álcool. J.-C. Chermann, Bruno Spire e F. Barré-Sinoussi demonstraram, entre o final de 1983 e início de 1984, que o vírus é inativado por um aquecimento a 60° durante meia hora. Por outro lado, os fatores VIII e IX concentrados, preparados a partir de milhares de doações, deixavam passar muitas impurezas. Na verdade, continham 1% de fator VIII e 99° de proteínas plasmáticas como impurezas. O aquecimento a 56-60 podia desnaturar o fator VIII e facilitar a indução, nos hemofílicos, de anticorpos contra esse fator, o que para eles teria sido uma catástrofe. De fato, uma vez que passa a ter esses anticorpos, um hemofílico se torna resistente ao fator VIII e portanto não pode mais ser tratado por esse meio, senão após uma dessensibilização muito complicada. Assim, a margem de manobra para a obtenção de um fator VIII eficaz e desprovido de vírus era muito estreita. Não obstante, os responsáveis pelo centro de transfusão de Lille, inspirando-se no método publicado pelo centro de transfusão de Nova York, conseguiram, já no início de 1985, produzir esse fator VIII aquecido segundo um processo que nós validamos. Não tínhamos tido nenhuma colaboração com o CNTS, que, com as conseqüências funestas que conhecemos, havia preferido se aliar a uma firma austríaca para o aquecimento de seus produtos.

Além disso, fizemos para a Travenol, uma firma americana implantada na Europa, exames de seus produtos aquecidos. A Travenol comercializava um produto chamado Hemophil T, que era um fator VIII aquecido para se inativar o vírus da hepatite B (VHB). Podia-se pensar que o HIV, sendo ainda mais sensível ao calor que o VHB, era *a fortiori* inativado por tal tratamento. Tentamos verificar essa hipótese em colaboração com o professor Mannucci. O produto foi administrado a 20 criancinhas italianas hemofílicas que nunca tinham recebido fator VIII antes. Ao final de 12 a 18 meses, observou-se que nenhuma delas tinha sido infectada pelo HIV. Esse estudo foi realizado durante o ano de 1984 e seus resultados foram publicados na revista britânica *Lancet* no início de 1985. Eles não proporcionavam uma demonstração absoluta da eficácia do aquecimento, pois o número de crianças estudadas era pequeno e o ensaio fora bastante breve; era preciso esperar certo tempo para a detecção de uma eventual soroconversão tardia. Mas, de todo modo, aqueles resultados faziam pensar que o aquecimento tinha certa eficácia.

Esses resultados não foram mantidos como um segredo de laboratório, mas encontraram a incredulidade ou a indiferença.

Uma decisão enérgica, que teria podido se seguir à nossa pesquisa de 1984, teria sido a de interromper, a partir daquele ano, todo tratamento profilático dos hemofílicos com concentrados. Uma medida dessas teria sido extremamente impopular junto aos médicos que fazem transfusões e junto aos próprios hemofílicos. Advertir de um perigo de morte os que ainda não estavam infectados era, ao mesmo tempo, anunciar aos 60% já soropositivos a probabilidade de uma morte prematura.

Em 1985, os conhecimentos estavam mais avançados e a recomendação de utilizar produtos aquecidos se generalizava. Nosso estudo sobre os hemofílicos italianos, publicado em fevereiro desse ano, embora imperfeito e fragmentário, podia contribuir para suscitar dúvidas ao mesmo tempo quanto à eficácia do aquecimento e ao risco dos efeitos secundários. Os diretores do CNTS continuaram a distribuir, entre julho e outubro de 1985, produtos que sabiam estar potencialmente contaminados. A restrição de seu uso aos hemofílicos infectados (soropositivos) foi sem dúvida imperfeitamente seguida. Habitualmente, um produto que se revela perigoso é imediatamente retirado do circuito dos usuários pela companhia que o fabrica.

O erro das autoridades de saúde pública foi não ter considerado esses produtos como medicamentos e ter confiado o monopólio de sua fabricação a uma empresa que não tinha a condição de empresa farmacêutica. De maneira geral, os fabricantes não podem ser seus próprios controladores. Atualmente, isto é levado em linha de conta na nova organização da transfusão e da fabricação de produtos sanguíneos. Aliás, o aquecimento foi apenas uma etapa. A inativação por detergentes praticada hoje em dia é mais segura, mas não elimina totalmente o risco de transfusão de vírus muito resistentes.

A Dra. Anne-Marie Berthier, em Rennes, mostrou que os concentrados, mesmo descontaminados, ainda continham produtos que deprimiam o sistema imunitário, sendo portanto desaconselháveis para os hemofílicos soropositivos. A solução — onerosa — está na utilização de fatores VIII e IX altamente purificados.

A coletividade não cumpriu todos os seus deveres e não reparou suas faltas mediante a indenização dos hemofílicos ou de suas famílias. O Estado deve criar as condições de uma pesquisa rápida e frutífera para impedir que esses pacientes evoluam para a AIDS.

A TRANSFUSÃO

No circuito do sangue, os centros de transfusão tinham a responsabilidade da fabricação e da distribuição dos produtos sanguíneos. Podiam, ainda que seus conhecimentos na época fossem incertos, intervir em várias etapas: selecionando os doadores, afastando as doações dos doadores de risco, aquecendo os produtos estáveis para inativar o vírus e reduzindo as indicações de transfusão. Em nenhum desses níveis as medidas de segurança foram adotadas com presteza.

A testagem sistemática das doações de sangue foi tornada obrigatória a partir de 1º de agosto de 1985. O teste diagnóstico permitia então a cada indivíduo saber se era soropositivo e aos centros de transfusão testar as doações de sangue e eliminar as que eram perigosas. Mas a testagem devia ser apenas um dos elementos de uma política de prevenção para os que recebiam transfusão.

Durante os anos de 1983 e 1984, as autoridades francesas não percebiam muito bem o perigo que o sangue representava. As doações eram voluntárias e gratuitas. "O sangue era forçosamente puro e as contaminações vinham dos Estados Unidos": eis o que pensavam os responsáveis pela transfusão sanguínea. E o conjunto da população partilhava essa opinião. Viam-se pessoas morrer de AIDS, toxicômanos, homossexuais, africanos. Pensava-se que a doença atingia tão-somente marginais ou "grupos de risco". As relações que podiam existir entre os sintomas benignos, como as adenopatias, e a AIDS, que já se sabia ser mortal, não eram muito bem conhecidas.

Do mesmo modo, persistiam muitas incertezas quanto à noção de soropositividade. Os anticorpos eram protetores ou testemunhavam a presença da doença?[5] Ainda em julho de 1985, a significação real da soropositividade ao HIV era incerta. Não se podia dizer com certeza, acerca de um sujeito soropositivo em boa saúde, se ele estava protegido ou não, se ele ia evoluir para a AIDS e se podia transmitir o vírus. Até essa época, ainda se falava em "portadores sãos". Os primeiros dados precisos de que pudemos dispor datam de 1985: eram os referentes ao grupo de homossexuais de São Francisco que, desde 1979, eram acompanhados para a hepatite B. Ficamos sabendo então que 10% dos soropositivos desenvolviam AIDS ao fim de cinco anos. Que iria acontecer com os outros? Por falta de experiência, não sabíamos. Nesse meio tempo, havíamos constatado que os anticorpos presentes nos soropositivos tinham um poder neutralizante muito fraco sobre o vírus.

Oito casos de AIDS em 1981, 32 em 1982, 92 em 1983, depois 236 em 1984, 573 em 1985: a progressão da epidemia de AIDS na França parecia também limitada. Entre 1983 e 1985, a AIDS não constituía um grande problema de saúde pública, sobretudo se comparada ao número de casos das outras doenças virais e bacterianas. Era preciso sem dúvida sensibilizar a população, mas, sobretudo, devia-se evitar criar um pânico que suscitaria reações de rejeição, como se observava nos Estados Unidos, por exemplo.

O Ministério da Saúde, no entanto, logo se pusera de alerta. Já em março de 1982, organizou-se um grupo de trabalho em torno de Jacques Leibowitch, do hospital Poincaré, e de Willy Rozenbaum, na época chefe de clínica do hospital Claude Bernard, com o apoio de Claude Weisselberg, que ocupava a direção geral do Ministério da Saúde e que viria a ser conselheiro do ministro, Edmond Hervé. Sob o estímulo de Jean-Baptiste Brunet, um controle epidemiológico da doença foi instituído de imediato, precisamente no momento em que três casos de AIDS foram diagnosticados na França. Nessa altura, só uma centena de casos fora registrada nos Estados Unidos. Difícil agir mais depressa!

No dia 20 de junho de 1983, uma circular foi dirigida a todos os centros de transfusão sanguínea. Ela os informava do risco de transmissão do vírus pelo sangue e lhes pedia que efetuassem uma seleção dos doadores, afastando os que, por seu modo de vida ou sua origem geográfica, fossem suscetíveis de transmitir a doença. Na época, antes da aparição do teste e dos produtos aquecidos, essa era a única medida viável em matéria de transfusão. Ela não surtiu o efeito esperado. Muitos diretores de centros de transfusão, nada convencidos de sua utilidade, aplicaram esse texto de maneira lenta e incompleta. Os que doavam ou recebiam sangue não estavam sensibilizados para o problema da AIDS. Os centros pensavam que sua clientela não comportava doadores infectados. Ademais, a circular deixava subsistir uma dúvida: "A AIDS poderia ser devida a um agente infeccioso cuja transmissão pelo sangue e pelos produtos derivados do sangue pôde ser suspeitada mas não estabelecida." No início de 1984, fez-se uma sondagem sobre a aplicação dessa circular. À pergunta "Consideram que possuem uma população de doadores de riscos?", 84 estabelecimentos em 93 responderam negativamente. Dos centros de transfusão da região parisiense, 80% declaravam estar certos de não contar doadores de risco em sua população, quando essa já era a região mais infectada da França. Só a partir de 1985 os centros de transfusão passaram a sentir verdadeiramente que a AIDS lhes dizia respeito.

Em seu relatório de setembro de 1991, o Sr. Michel Lucas, inspetor geral dos Affaires Sociales, relatou a maneira como essa circular havia sido acolhida por certas associações de homossexuais e certos médicos "que se surpreendiam e criticavam o Estado por pretender lhes dizer o que deviam fazer quando se viam diante de doadores, e que tipo de pergunta lhes deviam fazer". Era muito difícil perguntar a alguém, mesmo por escrito, se ele era homossexual.

No conjunto, essa circular, que instaurava no entanto a única medida possível naquele momento, foi mal recebida e mal aplicada. Em particular, ela não acarretou a interrupção imediata da coleta de sangue nas prisões e não pôs um freio nas transfusões. Uma vez que se pensava que o sangue podia ser perigoso, não se devia mais coletá-lo nas prisões, onde se encontra um número considerável de usuários de drogas contaminados: no entanto, em algumas delas essa prática continuou até 1991. Quanto a diminuir a indicação das transfusões, todo mundo confiava no "bom sangue francês", que ajudava a recuperar as forças depois de uma intervenção. Aliás, a França consumia na época certos derivados sanguíneos, em particular o plasma fresco congelado, em quantidade muito maior que seus vizinhos europeus. As indicações de transfusão para fins de bem-estar tinham aumentado.

Na França, a circular de 20 de junho de 1983 pedia aos centros de transfusão que submetessem os doadores a um interrogatório, mas não verdadeiramente que os informassem do perigo potencial representado pelo agente da AIDS. Os doadores de dois outros países, a Suécia e a Grã-Bretanha, ao contrário, foram informados diretamente, por carta individual, dos riscos potenciais da doação de sangue caso tivessem comportamentos de risco. A informação tinha por objetivo modificar as atitudes diante da doação. Já em março de 1983, uma poderosa associação de homossexuais da Suécia recomendava a todos os homossexuais que se abstivessem de doar seu sangue. Essa informação prévia e generalizada reforçava a filtragem e facilitava uma segunda triagem no momento da doação, cada um conhecendo a regra do jogo e se tornando responsável. Em 1986, encontrava-se um soropositivo por 50 mil doações na Grã-Bretanha e na Suécia, contra um por 1600 na França: 31 vezes mais! Isso dá uma boa medida da eficácia relativa dos diferentes sistemas.

A França tornou obrigatória a testagem do sangue para o HIV em 1º de agosto de 1985, dois meses mais cedo que a Grã-Bretanha e a Suécia. Estes dois países sustaram a distribuição dos fatores VIII e IX, não aquecidos, respectivamente em fevereiro de 1985 e em dezembro de 1984, e a França o fez em outubro de 1985. O número de pessoas contaminadas por transfusão recebida durante intervenção cirúrgica é muito mais elevado em nosso país, ao passo que a porcentagem de hemofílicos contaminados é similar nos três países, de 35 a 45%.

O funcionamento econômico dos centros de transfusão, que tinham o caráter de associações privadas, explicava seu interesse em aumentar suas coletas, tanto mais que nosso sistema é globalmente mais dependente de doadores que o da Suécia e o da Grã-Bretanha. Se ele foi capaz de assegurar nossa auto-suficiência, foi graças a uma coleta 30% maior que a da Suécia e 70% maior que a da Grã-Bretanha. Para isso, foi necessária a ação de associações de doadores de sangue muito mobilizadoras. Os centros de transfusão sanguínea não desejavam diminuir seu desempenho e sua competitividade privando-se de doadores. Toda sua política se fundava na valorização da doação do sangue e do doador. Era-lhes difícil, portanto, pôr em questão essa relação por meio de um questionário visto como indiscreto e indelicado. Os centros ingleses e suecos, ao contrário, não tinham esse problema: nada os ligava a seus doadores e sua preocupação não era a rentabilidade; quando não tinham sangue suficiente, compravam-no no exterior.

A Implantação dos Primeiros Testes de Detecção e Suas Dificuldades

Em outubro de 1983, no congresso organizado em Paris pela Association de Recherche Contre le Cancer de Villejuif, quando anunciei que o Institut Pasteur ia desenvolver um teste para detectar nosso vírus (na verdade, eu estava me arriscando muito), Robert Gallo se levantou para precaver o Institut Pasteur contra tal aventura, pois a seu ver nada provava que nosso vírus era a causa da AIDS. É normal que as descobertas suscitem controvérsias científicas: elas devem ser discutidas, criticadas, confirmadas e reconhecidas pela comunidade científica. Mas, nesse caso específico, havia vidas em jogo: era preciso ser eficaz e não perder um tempo precioso. A medicina não é uma ciência exata como a matemática: não tem por único objetivo o frio conhecimento, mas a luta contra a doença, a ação concreta. Sem dúvida é preciso debater, mas o debate, útil para produzir um consenso entre os cientistas, não deve tolher a ação.

Os políticos e os cientistas franceses, em particular, deveriam ter se dado conta de que os pesquisadores americanos, por razões econômicas e políticas, tinham interesse em retardar e arrefecer nossos ardores: ganhar tempo lhes permitiria encontrar seu próprio vírus. Os conselheiros científicos dos ministérios, que eram regularmente informados de nossos trabalhos, deveriam ter percebido a oportunidade de manter a dianteira que se apresentava. Preferiram hesitar, esperar.

Em 23 de abril de 1984, o mundo ficou sabendo por Margaret Heckler, ministra da saúde dos Estados Unidos, que o professor Robert Gallo havia descoberto o vírus da AIDS e desenvolvido um teste diagnóstico para detectar a infecção por ele; ao mesmo tempo, o NIH depositava uma requisição de patente. Por ironia, essa redescoberta do vírus da AIDS vinha afiançar nossa própria descoberta. Sem o sensacionalismo dessa entrevista coletiva à imprensa, os responsáveis franceses não teriam tomado decisões; nem mesmo os responsáveis pelo Institut Pasteur estavam convencidos de que era preciso desenvolver um teste o mais rapidamente possível. Por outro lado, os centros de transfusão já tinham acabado de integrar à sua rotina o teste para a detecção do antígeno do vírus da hepatite B para todo sangue coletado, e adotar um novo teste representava para eles um esforço adicional considerável.

Em maio de 1984, nos Estados Unidos, o National Institute of Health (NIH) abrira uma concorrência para a produção dos testes e dos *kits* junto às companhias farmacêuticas, a fim de determinar qual podia ser seu melhor parceiro. Várias companhias já tinham uma grande experiência na cultura em massa do vírus e no desenvolvimento de testes diagnósticos. O NIH deu à Abbott, bem como a quatro outras firmas farmacêuticas, a autorização para produzir o teste e lhes entregou um litro de células H9 infectadas pelo HTLV3, nome dado por R. Gallo ao vírus da AIDS.

No Institut Pasteur, não tínhamos escolha: uma convenção que nos ligava ao Institut Pasteur Production (IPP),[6] na época uma pequena empresa, nos obrigava a lhes propor em primeiro lugar o desenvolvimento e a exploração de nosso teste. Apesar dessa enorme diferença de meios, conseguimos efetuar uma boa transferência de tecnologia graças aos esforços de todos. Marc Girard, então diretor científico do IPP, e Christian Policard, diretor geral da Diagnostics Pasteur, desempenharam um papel determinante.

O problema essencial no desenvolvimento de um teste diagnóstico em nível industrial era poder produzir o vírus em massa a partir de uma boa linhagem celular. Faço questão de detalhar esses aspectos um pouco técnicos ligados à cultura porque eles foram um ponto de litígio importante por ocasião do conflito que opôs o Institut Pasteur ao NIH. Desde o início de 1983, vínhamos cultivando o LAV em linfócitos normais. Poderia se presumir que esse método não teria permitido o desenvolvimento industrial do teste. Não é verdade. Utilizávamos desde essa época um teste de laboratório (RIPA) que nos permitiu efetuar centenas de testes para nossos colegas dos hospitais. É evidente que para o conjunto das doações de sangue era preciso passar para uma outra escala. No entanto, mesmo com nossa produção de vírus com linfócitos, isso teria sido possível, ainda que ao preço de um enorme esforço industrial. Foi esta a razão por que escrevi às autoridades sanitárias responsáveis. Tínhamos sem dúvida tentado desde o início cultivar BRU em linhagens de origem leucêmica, que se multiplicavam indefinidamente, mas essas tentativas tinham fracassado e, erroneamente, não tínhamos continuado tentando com isolados provenientes de pacientes com AIDS declarada.

Um progresso decisivo sobreveio em nossas culturas entre agosto e outubro de 1983. De fato, durante o verão, pareceu-nos que a cepa BRU tinha evoluído. Na realidade, ela havia sido contaminada por nossa cepa LAI, muito mais virulenta. Em outubro de 1983, com minha saudosa colaboradora Jacqueline Gruest, observei que a cepa BRU modificada crescia sobre culturas contínuas de linfócitos B transformados.[7] Obtivemos assim quantidades muito maiores de vírus, que permitiram a produção de testes ELISA de boa qualidade. Foi graças a esses testes que pudemos começar, ainda em 1984, os primeiros estudos epidemiológicos entre os hemofílicos e os africanos do Zaire. Nesse meio tempo, no laboratório de Robert Gallo, Mikulas Popovic estava cultivando nosso vírus LAI sobre linhagens de linfócitos T, que produziam vírus em maior quantidade que nossas linhagens linfocitárias B. Na primavera de 1984, com a colaboração de Robin Weiss, cultivamos o vírus BRU-LAI em uma linhagem T, oriunda de uma criança leucêmica; depois, após um trabalho de seleção dos clones feito durante o verão, obtivemos uma produção muito grande de vírus. Entre junho e outubro de 1984, transmitimos nossos resultados e nossas culturas à Diagnostics Pasteur.

A continuação tornava-se um problema de desenvolvimento industrial. Em dezembro de 1984, a Diagnostics Pasteur apresentou um protótipo comercial do teste. Era preciso ainda definir sua fiabilidade. Três testes foram então avaliados: o da Abbott, o da Organon e o da Diagnostics Pasteur. Em 7 de março de 1985, uma avaliação em duplo cego foi confiada a um grupo dirigido por Anne-Marie Couroucé, virologista do CNTS. O estudo foi realizado em seis centros de transfusão sanguínea, com mil doadores tomados ao acaso, e em duzentas pessoas com forte probabilidade de estarem infectadas pelo HIV. Duas doações de sangue se revelavam positivas pelos três *kits* e, após o controle, o teste Abbott revelou dar maior número de falsos positivos que os da Pasteur e da Organon.

Em 18 de março de 1985, Jean Weber, presidente da Diagnostics Pasteur, escreveu ao ministro da Saúde comunicando estar em condições de produzir 125 mil testes por mês a partir de 15 de abril. A testagem de todos os produtos sanguíneos iria exigir, segundo uma estimativa da época, 350 mil testes por mês. Uma questão a resolver era quem iria pagar esse teste — a Previdência Social ou os centros de transfusão? O preço elevado do teste francês em relação ao teste Abbott se justificava por uma manipulação suplementar que fora desenvolvida no seio de nossa equipe por Françoise Brun-Vézinet e Christine Rouzioux. Mas era difícil obrigar os centros a pagar 20% mais caro por um teste. As discussões retardaram por algumas semanas a comercialização, mas todos os centros de transfusão dispunham do teste no início de julho, isto é, um mês antes de seu uso se tornar obrigatório por lei.

Em 19 de junho, o primeiro-ministro Laurent Fabius anunciou a testagem obrigatória para todas as doações de sangue a partir de 1º de outubro de 1985. Uma comissão, de que eu fazia parte, se reunira no Ministério da Saúde para determinar a conduta médica a ser adotada com relação aos doadores soropositivos. Foi decidido, com razão, que eles seriam informados de seu estado por um médico e que um acompanhamento médico seria instituído.

A França estava um ano à frente dos americanos na descoberta do vírus. Por que não conservou essa vantagem na difusão de um teste? Parece-me que, durante os anos 1983-1984, a razão desse atraso se prende à fraca tomada de consciência da importância de nossa descoberta pelos meios científicos nacionais e internacionais.

Quanto ao "atraso" de 1985, minha reflexão pessoal me conduz a atribuí-lo a duas espécies de causas.

Causas técnicas: é preciso lembrar que todos os testes visavam à detecção de anticorpos contra o vírus. A mesma cepa viral isolada em 1983 no Institut Pasteur é utilizada no mundo inteiro, seja pelas firmas americanas, britânicas ou francesas. No entanto, existia uma diferença entre os testes, ligada à natureza das células utilizadas para produzir o vírus. Nos Estados Unidos, tratava-se da cepa H9, ela própria derivada da linhagem HUT78. Na França, tratava-se da linhagem CEM. As duas linhagens são de origem leucêmica e se multiplicam indefinidamente. No entanto, a linhagem H9 exprimia em sua superfície antígenos HLA, ao passo que a linhagem CEM era praticamente desprovida deles. Ora, as partículas virais, mesmo purificadas, levavam consigo proteínas celulares, entre as quais os antígenos HLA. Anticorpos contra esses antígenos podiam existir em doadores de sangue e produzir uma reação falsamente positiva.

O teste americano Abbott, o primeiro oferecido ao mercado francês, sofria dessa desvantagem. O teste Pasteur — segundo o procedimento desenvolvido pelas Dras. Brun-Vézinet e Rousioux em nosso laboratório — atenuava esse risco de duas maneiras: a utilização da linhagem CEM e, para *cada soro* a analisar, de um controle constituído por um lisado de células CEM *não infectadas* pelo vírus. A leitura diferencial de resposta do soro entre as células infectadas e não infectadas permitia eliminar toda reação falsamente positiva ligada a anticorpos anticelulares.

Entretanto, essa vantagem técnica tinha por conseqüência uma desvantagem financeira: envolvendo duas leituras em vez de uma para cada soro, custava mais caro.

Posteriormente, a firma Abbott, dando-se conta da superioridade francesa, reagiu, passando a fornecer melhores reagentes às provas de validação realizadas pelo CNTS (em março-abril de 1985).

Razões econômicas e administrativas: duas questões se colocavam. Quem iria pagar o custo da testagem nos centros de transfusão? Era preciso pagar também o adicional representado por um procedimento mais seguro, porém mais oneroso, como o teste de Pasteur?

Produziu-se o que se passa habitualmente na alta administração francesa: joga-se pingue-pongue, um lado joga o problema financeiro para o outro. Disso resultavam reuniões, comitês de toda sorte. O problema econômico ocultava o problema de saúde pública, este não sendo levado devidamente a sério, com um atraso que se media em semanas.

Os próprios médicos que atuavam na área da transfusão não estavam convencidos, continuando a viver do dogma da pureza do sangue francês, fruto da doação gratuita. Além disso, a AIDS aparecia ainda como um risco aleatório da soropositividade, e não como sua conseqüência quase inelutável. Os próprios especialistas — inclusive eu — se equilibravam com prudência entre o estado de alerta permanente às autoridades e à mídia e o medo de provocar pânicos injustificados, reações de exclusão das minorias mais atingidas.

Terá havido realmente atraso na homologação do teste Abbott para favorecer a largada do teste francês? O Dr. Weber, presidente da Diagnostics Pasteur, declarou que havia testes de detecção suficientes para assegurar 40% das necessidades francesas e exportar o restante, não sendo aliás sua intenção monopolizar o mercado francês. Não há razão para não acreditar nele.

As famosas frases, no fundo bastante ingênuas, das reuniões interministeriais e do diretor do Laboratório Nacional da Saúde — devemos atrasar a Abbott? — parecem-me corresponder sobretudo a uma política de retaliação da França frente aos Estados Unidos, que, eles sim, atrasaram em quase um ano, por causa da mesquinha disputa em torno das patentes, a introdução no mercado americano do teste de origem francesa, que era no entanto superior ao teste inicial da Abbott!

Vemos que, dos dois lados do Atlântico, o imperativo da saúde pública apagou-se um pouco diante dos interesses econômicos.

O governo francês terá demonstrado protecionismo? O que se verifica é que as autoridades francesas desejavam que houvesse um teste francês na França e não queriam deixar todo o mercado à Abbott. Que eu saiba, nem o Institut Pasteur, nem o IPP, nem o Ministério da Pesquisa exerceram pressões para atrasar a comercialização do teste americano. Uma única medida pode ser qualificada de protecionista: foi o registro do teste Pasteur em 21 de junho, quando o da Abbott só ocorreu no dia 24 de julho de 1985. Os testes Pasteur tiveram portanto um pouco de tempo para se implantar.[8]

As principais lições a extrair desses acontecimentos me parecem ser que os responsáveis pelas instituições envolvidas com a saúde pública deveriam escolher conselheiros científicos e médicos abertos e competentes, e que não se deve esperar que uma controvérsia científica que tem conseqüências sobre a saúde pública se conclua para tomarem-se decisões. Mais vale assumir o risco de se enganar e de gastar dinheiro inutilmente que passar ao largo de medidas que poderiam salvar vidas humanas.[9]

Esse caso da transfusão suscita o problema geral do risco potencial. Se os pesquisadores descobrem um agente que se pode detectar mas cujo risco patogênico não se conhece de maneira precisa, deve-se ou não preconizar a testagem? A questão volta a se colocar hoje com relação aos micoplasmas. Encontram-se anticorpos contra *Mycoplasma penetrans* em menos de 1% dos doadores soronegativos e em 30% dos soropositivos. Isso sugere que o micoplasma desempenha um papel na patologia da AIDS ou em sua transmissão e seria tempo de nos inquietarmos a esse respeito.

Outro exemplo: existe uma terceira família de retrovírus no homem, os retrovírus espumosos. Eles matam os linfócitos *in vitro*, mas não há prova reconhecida de sua ligação com alguma doença humana. Deve-se pesquisá-los? A resposta para essas questões de saúde pública não é simples, mas penso que se deve seguir o princípio de segurança máxima e evitar os riscos potenciais; pode-se, por exemplo, num primeiro tempo, efetuar um grande levantamento soro-epidemiológico em associação com alguns centros de transfusão sanguínea e depois tirar as conclusões.

A TESTAGEM

Deve-se caminhar para uma política de testagem sistemática? Nesse caso, quem deve ser testado e com que freqüência? Há alguns anos, esse debate se mantém em primeiro plano. Os partidários da testagem recorrem a dois argumentos: os imperativos da saúde pública e a necessidade de proteger as pessoas soronegativas. Os opositores ressaltam os direitos do indivíduo e a ineficácia de uma medida como essa em termos de saúde pública. É preciso ao mesmo tempo proteger o homem e a sociedade, e o compromisso ótimo pode variar em função das circunstâncias. Creio atualmente na eficácia de uma testagem sistematicamente proposta, considerando que o teste representa unicamente uma informação num momento dado e que sua negatividade não é em caso algum uma garantia para o futuro. O resultado deve levar em conta a janela sorológica e, se a demanda do teste for motivada por um comportamento de risco, é este que deve ser modificado.

A testagem é um instrumento essencial de prevenção e de análise cuja eficácia depende das condições de sua aplicação. Ela é obrigatória para todas as doações de sangue, de gametas, de órgãos, de tecidos, de leite e de células, mas, nos outros casos, deve permanecer voluntária e supõe o consentimento livre e esclarecido da pessoa envolvida.

Na França, todos os levamentos sobre a informação relativa aos modos de contaminação mostram que as pessoas interrogadas em geral conhecem os modos de transmissão reais da doença, mas acrescentam erroneamente outros meios que sabemos hoje jamais terem transmitido o vírus: picada de inseto, doar de sangue, vacinação, injeções diversas com seringas estéreis, saliva etc. Se levássemos em conta essas crenças, os testes teriam de ser repetidos ao infinito de maneira inútil e a um custo desmesurado. Constata-se, por outro lado, que, entre os novos soropositivos descobertos a cada ano, 50% declaram ter tido um ou vários testes negativos anteriormente. Isso sugere, portanto, que, para muita gente, o teste aparece como uma garantia perigosamente tranqüilizadora. O soronegativo testado, fiado em sua condição sorológica transitória, toma menos precauções. A testagem, se por um lado pode induzir a pessoa soropositiva a se deixar acompanhar, pode também isentar de responsabilidade o soronegativo. O médico tem portanto um papel muito importante de informação a desempenhar quando comunica o resultado do teste, seja ele qual for.

A pedido da OMS, realizaram-se em vários países sondagens destinadas a orientar as ações de saúde pública. A França as efetuou em 1990 e 1992, e certas perguntas diziam respeito à testagem. Entre essas duas datas, a opinião parece ter evoluído: um número cada vez maior de pessoas é favorável à testagem obrigatória em certas circunstâncias (testes pré-nupciais, medicina do trabalho) que podem, certa ou erradamente, ser percebidas como ligadas à saúde pública. O campo dos opositores renitentes à testagem generalizada de toda a população diminuiu entre 1990 e 1992: passou de 44,8% para 39,2%. A partir da sondagem, as testagens de caráter sistemático revelam-se de todo modo pouco apropriadas para atingir, de maneira efetiva, os indivíduos mais expostos ao risco de infecção. Entre as pessoas interrogadas, uma em cinco declara ter se submetido a teste, algumas várias vezes. As motivações para se fazer testar entre a população heterossexual são múltiplas: algumas pessoas com um único parceiro submeteram-se ao teste porque tinham tido relações sexuais anteriores, mas as pessoas com vários parceiros são as mais numerosas; delas, uma em três declara que o teste a estimulou a mudar seu comportamento sexual, o que quer dizer que para duas em três nada mudou...

As modalidades de acesso ao teste são também muito instrutivas: 59% dos testes efetuados entre os heterossexuais com vários parceiros o foram fora de um contexto de testagem proposto. É importante, portanto, manter dispositivos específicos, como os centros de testagem anônima e gratuita. Na França, todos os testes de pesquisa de anticorpos anti-HIV disponíveis no mercado receberam um certificado de registro da Agence du Médicament, após uma avaliação realizada por um grupo de especialistas que impõem critérios particularmente severos quanto à especificidade e à sensibilidade.

Existem cerca de 4.000 laboratórios de análises biológicas na França. Alguns realizam muitos testes diagnósticos, outros poucos, mas é importante que cada laboratório realize um número mínimo deles para melhor aferir seus dispositivos de medida. Uma imprecisão pode ser responsável tanto por falsos positivos quanto por falsos negativos. Por isso, melhor seria que os laboratórios que realizam poucos testes renunciassem pura e simplesmente a essa prática e remetessem o soro a colegas mais especializados. Um fato recente, envolvendo um laboratório parisiense, nos convida a lembrar que cada soro deve ser tratado em separado. De fato, a mistura de cinco soros, tal como era praticada, acarreta por definição uma diluição da taxa de anticorpos, e um soro que apresente um baixo teor de anticorpos (como ocorre no momento da soroconversão) pode então ser considerado, erroneamente, negativo.

Essas práticas duvidosas tornam imperativo um melhor controle dos laboratórios de análise por seu órgão de tutela, o Ministério da Saúde. As condições de utilização do teste devem ser claramente especificadas pelo fabricante, testadas pela Agence du Médicament, que deve poder propor ao ministro que as imponha aos profissionais, por via regulamentar.

Muitas considerações ideológicas presidem as tomadas de posição a favor ou contra a testagem obrigatória. E as associações de luta contra a AIDS temem que ela engendre fenômenos de exclusão.

A comissão *ad hoc* da Académie de Médecine está levando adiante seus trabalhos, em particular sobre a testagem em meio hospitalar. Em muitos estabelecimentos cirúrgicos, o teste é realizado sem o conhecimento dos doentes, a pretexto da proteção do pessoal. Nem sempre os doentes são informados *a posteriori*. De fato, quando eles são soropositivos, o pessoal considera que precauções especiais devem ser tomadas (desinfecção da sala, evacuação do material contaminado, uso de um duplo par de luvas no momento da intervenção). Na verdade, essas medidas de higiene deveriam ser adotadas sistematicamente, qualquer que seja a condição sorológica do paciente.

A PREVENÇÃO

O desenvolvimento do antibióticos e da vacinação no curso dos últimos decênios nos levou a crer, pelo menos nos países ocidentais, que o tempo das grandes epidemias tinha terminado. A luta contra as doenças infecciosas tornava-se uma questão de meios. Com o progresso das vacinações, a prevenção passou a ser considerada obsoleta por muita gente. A AIDS põe em xeque essa falsa segurança, os números o provam: cinco casos descobertos em 1981, 17 milhões de pessoas infectadas hoje, desde o aparecimento da doença. No ano 2000, o número acumulado de pessoas infectadas deverá atingir 30 a 40 milhões de pessoas no mundo. Embora esses números nada tenham a ver com o total de mortos acarretados pelas grandes epidemias da Idade Média (no início do século XIV a peste fez 25 milhões de vítimas em dois anos), trata-se sem dúvida de uma epidemia, e até de uma pandemia. Além disso, ela afeta o essencial da vida humana: o sangue, as relações sexuais, a procriação.

Na ausência de soluções médicas, a prevenção é o único meio de reduzir a taxa de infecção. Cada país, cada comunidade tem sua própria história da AIDS; o início da epidemia, os modos de contaminação, o número de pessoas atingidas vêm se inserir num contexto cultural específico. Se os meios para a prevenção da AIDS são universais, sua comunicação, para ser eficaz, deve ser diferente. Todos os países promoveram campanhas de prevenção com meios e resultados variados. O importante hoje é tornar essa prevenção eficaz, permitir que todo mundo se sinta envolvido e solidário e estimular as pessoas que têm comportamentos de risco a modificá-los.

Às dificuldades inerentes à prevenção, vêm se acrescentar outras. De fato, como manter um discurso de saúde pública sobre comportamentos privados? Como emitir uma mensagem racional, fundada em estatísticas, no domínio particularmente sujeito ao irracional do amor e do desejo sexual? Como dirigir-se à maioria da população ao mesmo tempo que às minorias mais expostas, sem com isso apontá-las com o dedo e marginalizá-las? Toda a dificuldade da prevenção da AIDS reside nessas contradições.

Mirko Grmek explica muito bem que, no curso da história, sempre houve uma tensão permanente entre as liberdades individuais e a saúde pública. Basta que remontemos ao século XVIII, quando a saúde pública era regida pela "polícia médica" — termo que, por si só, indica que a coletividade primava então sobre o indivíduo. No código napoleônico, a noção de segredo médico, embora sendo antiga, pois data de Hipócrates, reapareceu. As descobertas da microbiologia no final do século XIX e o fato de se poder associar um germe a uma doença e até preveni-la por meio de uma vacina fez surgir a esperança de que a sociedade inteira pudesse se proteger. Após os horrores do fascismo e do comunismo e das duas guerras mundiais, o indivíduo reencontrou um lugar prioritário.

A AIDS chega numa época em que a liberdade individual e os direitos do homem estão erigidos em valores cardeais. No entanto, a prevenção só pode repousar sobre a responsabilização de cada um e a solidariedade de todos. Como então agir sobre o irracional? Pela informação, é claro. Mas não se consegue substituir idéias falsas, quando estão solidamente enraizadas, pela mera enunciação de idéias verdadeiras. Não basta derramar sobre o público uma soma de informações científicas para que, como que por magia, elas substituam idéias preconcebidas e fantasias. É por isso que as mensagens publicitárias e as campanhas de informação, mesmo repetidas, têm um efeito limitado. Somente a educação prévia pode dispor a pessoa a receber a informação. Esta deve intervir desde a mais tenra idade, no próprio seio da família. Deve começar pela aprendizagem do corpo humano e da saúde. Assim, mais tarde, quando uma informação específica sobrevier, ela encontrará eco.

Ao longo da história das epidemias, sempre se observaram reações de rejeição: os doentes são postos em quarentena, ou até queimados, isolam-se as cidades, os ricos partem para o campo. No caso da AIDS, no início da epidemia, estavam reunidos todos os elementos para que esse gênero de fenômeno de exclusão se desenvolvesse. Os homossexuais e os toxicômanos, já sujeitos à exclusão, já considerados marginais, estavam afetados. O conjunto da população certamente não se sentia envolvido. Felizmente a tolerância prevaleceu. Deixou-se de falar de "grupos de risco" para evocar "comportamentos de risco". Mas o dilema continua o mesmo: é preciso escolher entre uma mensagem destinada a todos, mas pouco adaptada aos alvos prioritários, e uma mensagem mais dura, que provoca medo, que é mais dirigida e que aponta com o dedo. O limite entre as duas é estreito.

As campanhas de prevenção não surtiram muito efeito. Os levantamentos mostram que os jovens de 15 a 20 anos foram sensíveis às campanhas sobre o preservativo, mas entre os que têm mais de 25 anos o impacto é muito fraco. Até hoje, homossexuais muito bem informados se infectam. Tudo se passa como se representações muito profundamente arraigadas em nossa cultura induzissem uma espécie de resistência ao discurso médico. Já o europeu do norte é bem mais responsável. Isso pôde ser observado no terreno da transfusão sanguínea: desde que o risco de contaminação pelo sangue se tornou evidente, as autoridades sanitárias da Grã-Bretanha e da Suécia advertiram todos os doadores do risco representado por um sangue potencialmente contaminante. Na França, ao contrário, as pessoas correram para os centros de transfusão para saber se eram soropositivas. O mesmo fenômeno poderia se reproduzir se a pesquisa do antígeno fosse tornada obrigatória para as doações de sangue. E esse afluxo de pessoas com risco real de contaminação teria um efeito perverso e provavelmente aumentaria o risco nas transfusões.

É na França que se encontra o maior número de casos na Europa, três a quatro vezes mais que na Grã-Bretanha ou na Alemanha, se relacionamos a cifra ao número de habitantes. A doença chegou muito cedo em nosso país, que reúne uma população considerável de homossexuais com múltiplos parceiros, como os Estados Unidos e a Europa do Norte, assim como um grande número de toxicômanos que se contaminaram com seringas, como na Itália e na Espanha. Enquanto as estatísticas da AIDS se estabilizaram na Europa do Norte, as do Sul registram novos casos, principalmente entre os usuários de drogas intravenosas.

As sondagens denominadas "Os franceses e a AIDS", realizadas sob a orientação da OMS em março de 1990 e 1992, traduzem o estado dos conhecimentos sobre a doença, o grau de tolerância, a percepção das campanhas de informação, em particular as centradas nos preservativos. O segundo levantamento foi coordenado a um estudo relativo aos comportamentos sexuais dos franceses. O nível de conhecimento sobre os modos de transmissão está melhorando. Mas, em 1992, um terço da população continuava a alimentar crenças falsas: certas pessoas, por exemplo, pensam que o HIV se transmite por simples contato. A proporção dos que acreditam em modos de contaminação teóricos chegou até a aumentar, em particular entre as pessoas cujo nível de estudos é pouco elevado. O rigor do discurso científico pode ser interpretado de maneira ambígua. Quando o cientista diz, por exemplo, que há uma possibilidade teórica de contaminação pela saliva ou durante tratamentos dentários, ele sabe que essa possibilidade, mesmo que exista, é extremamente fraca e só se concretizaria em condições muito precisas. Muitas pessoas, no entanto, vão se lembrar justamente desse risco, ainda que o nível de conhecimento esteja melhorando (51,7% de boas respostas sobre a contaminação em 1992 contra 39,7% em 1990) e que o número dos que se consideram sujeitos de risco esteja diminuindo.

Uma grande maioria, mais de 70%, não opõe os soropositivos "bons", contaminados à revelia, aos "maus", que seriam os toxicômanos ou os homossexuais; mas essa mesma proporção é favorável a ações judiciais contra os soropositivos que não informam seu(s) parceiro(s) de seu estado. Essa estabilidade é ainda mais interessante uma vez que, durante os anos de 1991 e 1992, dois grandes debates públicos agitaram a França: o caso da transfusão sanguínea e a conveniência da testagem obrigatória. Os franceses, contudo, continuaram constantes em suas convicções, mesmo após esses debates: uma pessoa em cada cinco interrogadas (duas em cinco em 1990) não sabe que há um tempo de latência entre a infecção pelo vírus e a detecção do anticorpo e 49% acreditam que o doador de sangue corre o risco de se infectar com o HIV. O fato de o assunto ser amplamente tratado na imprensa não assegura, portanto, que todos extraiam disso uma informação justa e concreta. Depois do processo sobre o sangue contaminado, a imagem positiva do corpo médico não foi recolocada em questão: 4,9% das pessoas interrogadas declaram não confiar no corpo médico no tocante à informação sobre a AIDS, ao passo que 54,3% desconfiam do governo e 54,9% dos jornalistas. Só as associações de prevenção e os pesquisadores têm índices de desconfiança inferiores a 3%. Pesada responsabilidade...

O levantamento dirigido por Alfred Spira, Nathalie Bajos e o grupo ACSF descreve ao mesmo tempo a atividade e as práticas sexuais. Ele põe em evidência os diferentes aspectos de comportamentos muito complexos. Entre as pessoas sexualmente ativas, 4,1% dos homens declaram ter um parceiro do mesmo sexo. Entre os homens, 18% admitiram ter tido pelo menos um novo parceiro no curso do ano anterior; entre as mulheres, 10,5%. Também 18% dos homens e 10% das mulheres declaram ter usado um preservativo durante a última relação sexual. Um homem em cinco e uma mulher em oito modificaram seu comportamento sexual depois do aparecimento da AIDS. A "proximidade" é uma noção capital na adoção do comportamento preventivo. A pessoa de risco permanece muito ligada ao fato de ter alguém soropositivo em seu meio.

A partir desses dados, como definir e ajudar da melhor maneira possível o discurso de prevenção, como tornar as pessoas fiéis, incitá-las a diminuir o número de seus parceiros sexuais, usar preservativos, submeter-se a teste? Como fazer com que os homossexuais, ou os heterossexuais, compreendam que a epidemia não terminou, que ela continua a lhes dizer respeito, que não se deve cessar de praticar o *safer sex*? Como, em particular, atingir os toxicômanos, que devem ser, ao lado dos jovens, o alvo prioritário da prevenção, mas que se mostram por vezes refratários ao discurso de saúde pública e são com muita freqüência os relegados de nosso sistema de atendimento?

Hoje, impõem-se ações dirigidas, operações de aproximação, adaptadas a cada população. Algumas já estão sendo empreendidas. Um enorme esforço deve ser realizado no meio escolar e junto aos jovens, em particular. Mas é preciso empreender ações também entre os toxicômanos, as prostitutas, nas prisões etc. Elas devem ser promovidas pelos poderes públicos em colaboração com as associações que operam nesse terreno. Não basta, mesmo que seja importante, repetir a todos e sempre: "Usem preservativos!" Isso não nos deve dispensar de um trabalho ao mesmo tempo mais global e mais adaptado aos diferentes tipos de pessoa que se quer sensibilizar.

CAPÍTULO 11

A AIDS NO MUNDO

> "É uma nova guerra mundial que temos de travar, a terceira deste século [...]. A AIDS não é uma fatalidade, não a legaremos aos habitantes do século XXI. [...] Demos a nossos esforços uma verdadeira dimensão de guerra. Isso requer dois meios: em primeiro lugar um investimento financeiro que se eleve à altura da ameaça, e isso em todos os países do mundo, a começar pelos mais ricos. Em segundo lugar, é preciso um esforço de coordenação que se estenda ao conjunto dos saberes médicos."
>
> Boutros Boutros-Ghali, 1º de dezembro de 1993
> Sexta Jornada Mundial da AIDS

Três milhões de aidéticos no mundo, 17 milhões de soropositivos: é este o último balanço da epidemia levantado pela Organização Mundial da Saúde. Os casos de AIDS se distribuem assim: 67% na África, 13% nos Estados Unidos, 12% nos outros países do continente americano, 5% na Europa, 2% na Ásia e menos de 1% na Oceania. A catástrofe anunciada se confirma. Em 1993, dois milhões de homens, mulheres e crianças foram contaminados, um milhão e meio deles provavelmente na África. A epidemia está ganhando terreno sobretudo nesse continente, e, há alguns anos, no Sul e no Sudeste asiáticos. De maneira mais geral, no curso dos próximos anos, 90% dos casos mundiais de AIDS vão aparecer nos países em desenvolvimento, o que terá fatalmente para eles dramáticas conseqüências sociais, econômicas e, a mais longo prazo, demográficas. Na África subsaariana, o Banco Mundial prevê que a expectativa de vida, em vez de aumentar, vai se estabilizar em decorrência do aparecimento do HIV. A AIDS vai se tornar um sinal e uma causa de subdesenvolvimento. Por enquanto, em particular na Ásia, as pessoas infectadas ainda são na maioria assintomáticas, portanto válidas, mas tudo faz pensar que evoluirão para a doença. É nesse momento que a epidemia revelará todo o seu alcance devastador. Tratar desses milhões de pessoas em perigo de morte nos anos vindouros será portanto um dos principais desafios de nossa época.

A AIDS foi, no Ocidente, um revelador das carências de nossas sociedades; ela agiu do mesmo modo em todas as outras regiões: em particular, pôs em evidência a incrível vulnerabilidade das mulheres e a dificuldade do atendimento dos doentes nos sistemas sanitários precários dos países em desenvolvimento.

GEOGRAFIA DA AIDS

Cada país, cada região tem sua história: ela está ligada às datas de chegada do vírus e ao início da epidemia, às diferentes práticas de risco que estiveram na sua origem e a todos os fatores culturais, sociais, políticos, ambientais que explicam que a epidemia se desenvolva de maneira diferente em dois países comparáveis *a priori*.

É muito difícil apresentar números globais perfeitamente confiáveis. Os dados demográficos gerais nem sempre são suficientemente precisos, ou são muito recentes. Além disso, os estudos são realizados em regiões limitadas e com grupos específicos, mulheres grávidas, prostitutas, pessoas hospitalizadas nas grandes cidades e doadores de sangue; depois são extrapolados para a população geral, o que implica muitas imprecisões.

A maioria das contaminações, contudo, parece ser de origem heterossexual. Na América do Norte, na Europa ocidental e na Austrália, a epidemia se desenvolveu a partir do fim dos anos 70 entre os homossexuais e entre os usuários de droga. Atualmente, são eles que representam a maioria dos doentes; quanto à epidemia, ela se desenvolve sobretudo entre os heterossexuais, insidiosa no Norte, explosiva no Sul.

Na América Latina, o vírus se propagou no início dos anos 80 essencialmente entre os homossexuais e bissexuais e entre os usuários de drogas intravenosas. No México, quase metade das mulheres foi contaminada por homens bissexuais e as outras por transfusão sanguínea. No Brasil, entre os usuários de drogas intravenosas, a taxa de contaminação passou em alguns anos de 20 para 76%; de agora em diante, esse subcontinente evolui como a África: a transmissão heterossexual domina e atinge sobretudo as mulheres.

Na África subsaariana, a transmissão sempre foi heterossexual. Embora essa região abrigue apenas 10% da população mundial, é nela que vivem dois terços dos aidéticos, 83% das mulheres e 90% das crianças infectadas no planeta. As regiões central e oriental da África continuam sendo a zona mais afetada, mas é no sul do continente que a epidemia se alastra hoje com maior rapidez, em particular na Zâmbia, no Zimbabwe e na Suazilândia. Nesses países, a epidemia atinge tanto as cidades quanto a zona rural, mas sempre de maneira heterogênea, como em toda a África. A taxa de contaminação no continente varia de 1 a 20% segundo o país. Nas partes mais infectadas da África, prevê-se que o tempo de duplicação dos infectados seja de um a três anos entre a população sexualmente ativa. Nas regiões de soropositividade mais baixa, seria de cinco anos ou mais.

No Sul e no Sudeste asiáticos, a epidemia começou somente em meados dos anos 80: manifestou-se primeiro entre os usuários de drogas intravenosas, depois entre as prostitutas. As doações de sangue contaminado também desempenharam um papel importante em certas regiões, particularmente na Índia. Atualmente, a epidemia se desenvolve segundo o modelo africano e o potencial de propagação é maior ainda, pois esse subcontinente é muito mais populoso que a África.

Na Europa oriental e na ex-União Soviética, as perturbações sociais e políticas que se produziram nestes últimos anos, em particular a abertura das fronteiras, os deslocamentos de população e as guerras civis favoreceram a propagação da epidemia. Ela atinge sobretudo os homossexuais e os usuários de drogas intravenosas, sem esquecer as contaminações pelo uso repetido de seringas sujas nos hospitais da Romênia e na ex-URSS. O mundo inteiro teve conhecimento dessas contaminações em cadeia, mas houve certamente outras de que não tivemos notícia.

Na Ásia do Leste e no Pacífico, a epidemia é conhecida desde meados dos anos 80, mas os dados de que dispomos são fragmentários e dizem respeito sobretudo à China. A transmissão teria passado pelos usuários de drogas intravenosas e por via heterossexual.

Para a África do Norte e o Oriente Médio, carecemos de dados bem documentados. Ao que parece, os países em que o islamismo domina estão menos atingidos que os outros, mesmo na África. O comércio e o uso de droga e a bissexualidade, no entanto, são fatores de propagação que podem suplantar os freios religiosos.

A essa grande desigualdade epidemiológica entre os Estados Unidos e a Europa, por um lado, e os outros países do mundo por outro, acrescenta-se uma enorme diferença no volume de recursos destinados à saúde, e em particular à luta contra o HIV, nos domínios da prevenção, da pesquisa e do atendimento. O gasto anual médio com saúde por habitante é de 1.250 dólares nos países industrializados, de 35 na América do Sul, mas de cinco ou menos na Ásia do Sul ou na África subsaariana. Ora, o custo anual de um tratamento com AZT ou ddI ultrapassa de muito essas cifras. É difícil, portanto, com esses recursos, pensar em tratamentos antivirais sistemáticos, pois até o tratamento de infecções oportunistas, como a tuberculose, que é atualmente uma prioridade, só é acessível num certo número de hospitais. Dos sete bilhões anuais de dólares gastos por ano com a AIDS, 95% o são nos países industrializados.

O DESENVOLVIMENTO DA EPIDEMIA NA ÁFRICA

O desenvolvimento da epidemia na África põe em evidência a interação dos fatores políticos, econômicos e sociais que convulsionaram esse continente no curso dos últimos anos e que têm um papel importante na propagação da AIDS. As crises políticas e o desenvolvimento econômico — que acarretou um crescimento muito rápido dos meios de comunicação e das cidades, assim como um aumento das migrações sazonais ou plurianuais de um país para outro ou de uma região para outra — favoreceram a difusão da epidemia, que se tornou endêmica.

A AIDS apareceu na África num momento em que esse continente já atravessava diversas crises, que ela veio agravar ainda mais. Durante os últimos 30 anos, depois de um período de desenvolvimento econômico, dificuldades crescentes acarretaram uma pauperização das sociedades africanas e debilitaram o tecido social e familiar, solapando as estruturas sociais de base. As migrações e a internacionalização da cultura golpearam a tradição, que desempenhava até então um papel estabilizador. Por outro lado, desde que conseguiram a independência, vários países, como Uganda, Angola, Moçambique, Etiópia, viveram crises políticas que os enfraqueceram e empobreceram. A isso se acrescentaram, desde o final dos anos 70, crises econômicas ligadas à queda das cotações mundiais de matérias-primas como o amendoim ou o café, e calamidades naturais como a seca no Sahel. Essas crises sempre estiveram na origem de deslocamentos de população ou agravaram outras dificuldades que também contribuíram para desestabilizar os sistemas sociais tradicionais. A vida errante e a insegurança explicam ainda o estado de saúde precário de importantes contingentes marginalizados da população, criando assim um terreno propício ao desenvolvimento de epidemias e infecções crônicas. A propagação de doenças sexualmente transmissíveis — tanto mais que elas estão associadas a úlceras genitais ligadas ao cancro mole, à sífilis ou ao herpes, provocando a ruptura da proteção cutânea ou mucosa — favorecem a infecção pelo HIV.

O desenvolvimento das comunicações entre as diferentes regiões da África por grandes eixos rodoviários esteve na origem de grandes desigualdades: as capitais e as cidades de parada tornaram-se reservatórios de vírus. Elas têm as taxas de contaminação mais elevadas e as mais antigas; é o caso, por exemplo, de Abidjan, Dujumbura, Kigali, Bangui ou Lyanlorde. As zonas rurais adjacentes estão menos afetadas, exceto quando mantêm relações constantes com essas zonas urbanas. Pois as populações mais expostas são as que se deslocam: os transportadores, os caminhoneiros, os militares, os trabalhadores sazonais, os comerciantes e todas as outras pessoas que mantêm contatos com eles, em particular as prostitutas. Com freqüência, a taxa de soropositivos aumenta à medida que as cidades ficam mais próximas. Mas não se pode generalizar. Cada cidade tem sua história, seu desenvolvimento econômico, seus costumes, sua religião, variáveis que influem, todas elas, sobre o comportamento de seus habitantes e sobre a soroprevalência e tornam difícil qualquer generalização. Tanto é que Lagos, Dar es-Salaam e Dakar estão menos atingidas que outras capitais.

Ainda assim, a concentração da contaminação nas cidades é ainda mais inquietante na medida em que, paradoxalmente, esse continente, que é o menos urbanizado, detém a mais alta taxa de crescimento demográfico urbano. A população urbana da África negra, estimada em 2,5% em 1920 e em 13% em 1960, chegou a 30% em 1988. Foram as cidades maiores e mais bem equipadas que, entre os anos 60 e 80, mais atraíram as populações em busca de emprego. Essas cidades novas, o mais das vezes fora das regiões islamizadas, vêem chegar rapazes celibatários e desenraizados, vindos da zona rural. Mais recentemente, mulheres sem qualificação passaram a ir também procurar trabalho na cidade. Sem recursos próprios, algumas trabalhavam como prostitutas, por falta de alternativa. Essas migrações, envolvendo longos períodos de separação, tiveram também um papel muito desagregador da estrutura familiar e contribuíram para o desenvolvimento da prostituição e das doenças sexualmente transmissíveis bem antes do aparecimento da epidemia de AIDS. Em contrapartida, ao voltar da cidade, os migrantes propagam as infecções em suas zonas rurais.

Mas, se em alguns países a urbanização exerceu um papel determinante, percebe-se que, ao contrário, a AIDS se desenvolveu muito também em certos países dos menos urbanizados da África, como Uganda, Ruanda, o Burundi e a Tanzânia. O exemplo de dois países hoje muito infectados ilustra bem esses modos diferentes de desenvolvimento.

Uganda é um dos países mais infectados da África: 10% de seus 17 milhões de habitantes são soropositivos, o que representa uma pessoa em cinco sexualmente ativas; o número de mulheres afetadas é duas vezes maior que o de homens; entre os adolescentes de 15 a 19 anos, há seis vezes mais moças que rapazes infectados. A transmissão heterossexual responde por 80% dos casos, a perinatal por 8%, o sangue contaminado por 8%. A guerra civil separou as famílias. A economia começou a desmoronar antes da queda da cotação mundial do café, o principal produto de exportação do país, em 1985. O programa de reerguimento de muitos países africanos passa por uma grande austeridade, que já não permite nem mesmo garantir um salário mínimo aos funcionários públicos. Nesse contexto, as mulheres têm de assegurar a alimentação, o cuidado e educação de seus filhos. Algumas, para sobreviver, procuram vários parceiros sexuais. Além disso, certas cerimônias rituais — a escolha de um nome para o filho, a iniciação, a circuncisão, o casamento, o enterro, por exemplo — autorizam a promiscuidade sexual. Estes são, evidentemente, elementos importantes na propagação das doenças sexualmente transmissíveis e da AIDS. Com base nesses dados, a associação "Proteger a Pessoa Contra a AIDS" implantou um programa de informação junto a crianças de cinco a 15 anos — "a janela da esperança", a faixa etária das crianças que escaparam da AIDS perinatal e ainda não iniciaram sua vida sexual.

A Costa do Marfim é o ponto de partida de um grande eixo comercial na África ocidental. Trinta anos de paz e prosperidade relativa fizeram do país um pólo de desenvolvimento muito atraente. Um terço da população é estrangeira: provém essencialmente dos países limítrofes, Burkina, Faso, Mali, Guiné, Gana e Nigéria, onde grande número de trabalhadores sazonais deixa sua aldeia durante a estação seca para ir trabalhar nas plantações marfinianas ou no porto de Abidjan. A Costa do Marfim é lugar de passagem quase obrigatória para os países limítrofes sem saída para o mar, graças à via férrea Abidjan-Uagadugu, aos rios e às estradas. Conseqüência: esse país é um dos mais infectados da África ocidental. Um marfiniano em dez é soropositivo; essa taxa é bem superior entre as prostitutas de Abidjan e entre os homens jovens, como os recrutas militares. Um estudo de 1987 sobre os 30 primeiros casos de soropositividade na Nigéria mostrou que 26 das pessoas atingidas tinham estado num país litorâneo, em particular a Costa do Marfim, onde tinham ido à procura de trabalho.

O Desenvolvimento da Epidemia na Tailândia e no Sudeste Asiático

A epidemia na Tailândia desenvolveu-se mais tardiamente e de maneira muito diferente da que grassou na África. Isso não impede que, após cerca de dez anos, se pareça cada vez mais com ela.

A infecção por HIV foi registrada pela primeira vez na Tailândia em 1984; ela atingiu inicialmente os usuários de drogas intravenosas, depois as prostitutas e os homens jovens heterossexuais, que contaminaram suas esposas. Atualmente, a epidemia, embora muito mais recente que na África, se desenvolve no conjunto da população por via heterossexual, porque é comum que os homens tenham outras parceiras além da regular, com as quais não usam preservativos sistematicamente.

Observa-se um aumento constante da taxa de contaminação: entre os homens que se consultam por doenças sexualmente transmissíveis, a taxa passou de 0 em 1989 para 6% em 1992. É de 7 a 12% no exército. No norte da Tailândia, 15% dos homens estão atingidos.

Encontramos nesse país os mesmos fatores de desenvolvimento que na África, freqüência de doenças sexualmente transmissíveis, interações numerosas entre grupos no interior do país: prostitutas, militares, populações que se deslocam em busca de trabalho. A título de exemplo, em 1991, 70 mil tailandeses deixaram o país em busca de trabalho; as mulheres vão para a cidade e se prostituem para suprir as necessidades da família, que permanece nas regiões rurais.

Por enquanto, poucos soropositivos desenvolveram a AIDS. Assim, continuam a trabalhar. A capacidade produtiva da nação ainda não foi afetada e o número de órfãos continua baixo. Mas, como diz Michel Merson, diretor do programa mundial de luta contra a AIDS na OMS, "a epidemia na Ásia vai anular todas as outras em vulto e impacto. Porque esse continente é muito populoso e nele vivem dois terços da população mundial infectada pela tuberculose".

A Epidemia Atinge as Mulheres

Segundo a OMS, dentro de dez anos 7,5 milhões de mulheres vão estar contaminadas na África. Com base nas estimativas das Nações Unidas, 70% das infecções de mulheres no mundo atingirão doravante moças entre os 15 e 25 anos. As mulheres, cada vez mais jovens, são portanto atualmente o principal alvo da epidemia.

De fato, sua constituição física as torna mais vulneráveis à infecção que os homens. Por ocasião de uma relação sexual, elas se infectam muito mais facilmente que eles, fragilidade que é aumentada na fase da adolescência pela falta de maturidade dos tecidos genitais. Os homens procuram mulheres muito jovens, na esperança de que não estejam contaminadas. É assim que, no Malawi, na faixa dos 15 aos 19 anos, há cinco vezes mais moças que rapazes infectados. No Zimbabwe, o estudo dos casos de AIDS acumulados entre 1987 e 1992 mostra que, entre os menores de 19 anos, há um homem contaminado para cinco mulheres. Na Nigéria, no Quênia e em Serra Leoa, 16 a 36% das moças têm uma doença sexualmente transmissível.

A vulnerabilidade das mulheres está ligada à sua dependência social, econômica e psicológica para com os homens. Elas não são senhoras de sua própria sexualidade e procuram uma segurança material junto a homens mais velhos. Por outro lado, o *status* da mulher depende em muitas sociedades do fato de ser mãe: se as relações sexuais forem protegidas para evitar as doenças sexualmente transmissíveis, ela não engravidará jamais. A mulher não tem condições de recusar uma relação sexual, de exigir o uso do preservativo, nem conta com outras opções como a castidade, a confiança recíproca ou as relações sexuais sem penetração. Por outro lado, é mais comum que os homens tenham múltiplas parceiras na África que nos países ocidentais. As mulheres sabem de antemão que não podem se opor a isso, sob pena de serem rejeitadas. Instala-se um clima de tolerância sexual. O casamento torna-se portanto um fator de risco, pois as mulheres são contaminadas por maridos que têm múltiplas parceiras. Mas, seja qual for o país, a prostituição continua sendo um terreno propício ao desenvolvimento da epidemia. O aumento da contaminação é grande, por exemplo, em Nairobi, no Quênia: de 7% de prostitutas infectadas em 1980, passou-se a 75% em 1991. Da mesma maneira, em Bombaim, na Índia, a contaminação passou de 1% em 1985 a 29% em 1992.

Subordinadas aos homens em sua vida sexual, as mulheres não podem se proteger. Na falta de educação sexual, as moças são muito ignorantes de seu corpo, das doenças que podem sobrevir e da sexualidade em geral. A prevenção da AIDS deve passar, portanto, por um enorme esforço de educação das mulheres, tanto mais que o problema das crianças está ligado ao de suas mães. Mas deve envolver também os homens.

AS CRIANÇAS

Entre as crianças infectadas, 90% o foram pela mãe durante a gravidez. A taxa de transmissão perinatal é mais alta (20 a 30%) na África que na Europa (12 a 20%). Além disso, as mulheres africanas precisam amamentar seus filhos para lhes assegurar o melhor equilíbrio nutricional possível, embora o vírus esteja presente no leite, pois o risco de desnutrição é ainda mais elevado que o de infecção pelo HIV. Sabemos que, na Europa, se a taxa de transmissão perinatal é de 20%, ela passa a 40% em caso de aleitamento. Portanto, a ameaça que pesa sobre as crianças africanas é terrível, tanto mais que, para elas, a segunda conseqüência da epidemia é o risco da orfandade. Estima-se que no final da década de 1990, nove milhões de crianças estarão órfãs. Hoje, as crianças que perderam um ou ambos os pais em conseqüência da AIDS já somam um milhão no mundo. Não apenas essas crianças sofrem distúrbios psicológicos, de desnutrição e de pobreza, como seu déficit educativo e sua perda de referenciais as tornam mais propensas a desenvolver comportamentos de risco. Atualmente, em Uganda, 16% das crianças deixaram de freqüentar a escola por causa da guerra civil e da epidemia de AIDS. Que dizer de Ruanda...

Que fazer por essas crianças cujos pais morreram? Reinseri-las em sua família extensa — o que pareceria ser a melhor solução, mas isso nem sempre é viável, pois as famílias já estão muito desestabilizadas — ou criar orfanatos? Na realidade, o problema se coloca antes mesmo da morte dos pais, quando as crianças são obrigadas a deixar de ir à escola ou de trabalhar para cuidar deles. Foram desenvolvidas muitas experiências em pequena escala durante estes últimos anos, sobretudo graças a organizações humanitárias não governamentais, mas elas correm o risco de se tornar rapidamente insuficientes.

O PERIGO DA TUBERCULOSE

Na zona tropical, encontramos com grande freqüência certos sinais habituais da AIDS (diarréias, febre e emagrecimento) e certas infecções oportunistas (criptococose, criptosporidiose), mas atualmente é sobretudo a tuberculose que constitui um problema importante de saúde pública: um bilhão e 700 milhões de pessoas estão infectadas de maneira latente pelo bacilo de Koch e provavelmente oito milhões têm uma forma ativa da doença. Embora o agente da tuberculose seja conhecido há mais de cem anos e exista uma vacina que induz uma proteção relativa, a BCG, bem como tratamentos eficazes, a propagação da tuberculose nunca foi sustada, nem na África nem no Sudeste Asiático. A doença se transmite no ar, pelos aerossóis contendo o bacilo projetados pela tosse. A infecção simultânea pelo HIV e a tuberculose é extremamente grave, pois a infecção pelo HIV diminui a imunidade celular, favorecendo a passagem da tuberculose da forma latente para a forma ativa. Por sua vez, o bacilo da tuberculose ativa as células infectadas pelo HIV e cria uma imunodepressão que se soma àquela induzida pelo vírus.

A epidemia se desenvolve com muita intensidade na África subsaariana, onde a tuberculose se tornou a maior causa de morte entre os adultos infectados pelo HIV: 35% dos adultos soropositivos morrem de tuberculose na Costa do Marfim. A situação é igualmente dramática na Ásia, onde vivem dois terços das pessoas infectadas pela tuberculose. Se a epidemia de AIDS continuar a se desenvolver rapidamente, como na Índia e na Tailândia, a recrudescência dos casos de tuberculose ativa ameaça ser enorme. Como reagir a esse desastre anunciado?

A solução consiste em detectar e tratar os portadores do bacilo antes que a fase ativa se instaure. Embora o tratamento seja longo, demandando de seis a nove meses, isso permitiria salvar milhares de vidas. O custo, no entanto, seria muito pesado para orçamentos de saúde já precários: cerca de 40 dólares por pessoa. Além disso, faltam as infra-estruturas necessárias à testagem, ao acompanhamento e ao tratamento. Por vezes, os doentes estão em tal estado de pobreza que vendem os medicamentos que lhes foram dados para a semana. Finalmente, o aparecimento, nos Estados Unidos e na Europa, de cepas de bacilos resistentes às terapêuticas atuais veio aumentar a inquietação de doentes e médicos.

DISCRIMINAÇÃO E DETECÇÃO

O medo das doenças infecciosas é uma constante da história. Ele sempre esteve na origem de discriminações. Como a peste, a lepra ou a sífilis, a AIDS suscita hoje, em todos os países, reações de rejeição em relação tanto aos adultos quanto às crianças. No mais das vezes, esse repúdio repousa sobre o desconhecimento dos modos de transmissão da AIDS.

Os casos são muitos. Num orfanato do Quênia, três meninas soronegativas cujos pais tinham morrido de AIDS foram marginalizadas por suas companheiras. Na China, após a descoberta da soropositividade de um adolescente, toda a escola que ele freqüentava se considerou infectada pela AIDS. Na Polônia, a associação Moras quis instalar uma casa para soropositivos no subúrbio de Varsóvia: a casa foi vandalizada e queimada. Na França, uma menina hemofílica foi privada de uma colônia de férias. Nos Estados Unidos, outra foi recusada numa escola.

O fato de considerar os hemofílicos como "vítimas inocentes" sugere que as outras seriam culpadas. Daí a preconizar formas de segregação é um passo. Foi assim que Cuba internou seus soropositivos durante vários anos, antes de adotar o sistema de saídas mais flexível de hoje. A Bulgária quis também testar todos os que voltam ao país. Alguns países exigem um teste ou uma declaração formal de soronegatividade para a entrada de estrangeiros em seu território, sejam quais forem as razões, turismo, negócios, estudos, asilo político. Assim, a Conferência Internacional sobre a AIDS que devia se realizar em Boston em 1992 foi deslocada para Amsterdam, porque os Estados Unidos exigiam um visto especial para a entrada de pacientes soropositivos em seu território.

Essas medidas coercitivas têm uma eficácia mais que discutível. Algumas pessoas podem se manifestar soronegativas ao teste quando, de fato, estão em período de soroconversão e podem contaminar outras. Além disso, as soluções que repousam exclusivamente na força só podem marginalizar os doentes e os soropositivos. Os que procuram fechar suas fronteiras estão apenas jogando o problema para o lado de fora, quando a contaminação atravessará de todo modo as barreiras ilusórias que se tenta lhe opor. As únicas proteções verdadeiras são asseguradas pela informação, o desenvolvimento de comportamentos mais responsáveis e a testagem livremente consentida.

No Ocidente, a testagem proposta ou sistemática foi objeto de numerosas controvérsias e de algumas derrapagens. Os problemas a resolver parecem ainda maiores nos países em desenvolvimento. O sigilo da soropositividade nem sempre é respeitado. Com muita freqüência, o pessoal médico indaga que benefício pode valer ao doente o fato de conhecer seu estado, já que nenhum tratamento lhe pode ser proposto. Deve-se ou não informá-lo? Para que desesperar pessoas já privadas de tudo, a quem nada se pode oferecer?

No Congo, por exemplo, a testagem dos doadores de sangue encontra muitas dificuldades. Um estudo do ORSTOM mostrou que, com freqüência, os doadores não são avisados de que seu sangue será testado. Mas muitos desconfiam disso, pois conhecem as vias de transmissão do vírus, e o número de doadores espontâneos baixou. Não se deve esquecer, no entanto, que a grande maioria das doações é "forçada". De fato, em caso de cirurgia prevista, um membro da família deve doar sangue antes da intervenção. Em um ano de testagem no banco de sangue, foram encontradas 172 pessoas soropositivas, mas somente quatro delas foram informadas e aconselhadas. O banco tentou convocar as outras pessoas, sem especificar o motivo, mas o papel entregue pelo Correio foi imediatamente identificado e os destinatários passaram a recusar a mensagem. Como se vê, é muito complicado adaptar uma política de prevenção a um contexto como esse, e é difícil conceber um modo de deter a transmissão do HIV.

Apesar de tudo, algumas experiências são animadoras. Em Uganda, em certas aldeias em que a taxa de soropositividade atinge 30%, os doentes, longe de ser excluídos, recebem apoio e cuidados de toda a comunidade.

RAZÕES PARA A ESPERANÇA

Um imenso fosso separa os países industrializados das regiões em desenvolvimento. A AIDS nesses países, e em particular na África, agravou uma situação sanitária já muito precária. Pode-se contudo ter esperança de que, com a chegada dessa doença, seja possível promover uma melhoria das estruturas de saúde em seu conjunto.

Um relatório anual do Banco Mundial indicava que, em 1990, as despesas de saúde representavam apenas seis dólares por habitante/ano nos países de baixa renda, isto é, os que dispõem de menos de 635 dólares por habitante/ano. De um ponto de vista sanitário, sem falar da AIDS, o mínimo indispensável não poderia ser assegurado por menos de 12 dólares.

No mapa-múndi, esses países recobrem quase toda a África negra e certas regiões da Ásia, como o Vietnã, o Laos e o Camboja. Todos eles estão entre os mais infectados pelo HIV. A AIDS veio se acrescentar às grandes doenças infecciosas que, em nossas regiões, praticamente estão eliminadas. Basta visitar os hospitais das grandes metrópoles africanas para constatar que mesmo os doentes graves quase desapareceram das enfermarias para dar lugar aos aidéticos. Essa miséria deve impor uma tomada de consciência e um sobressalto internacional, que permitiriam melhorar os cuidados acessíveis a todos. Só será possível realizar progressos favorecendo a interação entre os países desenvolvidos e os países pobres.

Em 1990, sempre segundo o Banco Mundial, o auxílio para a saúde representava 6% da ajuda internacional total, ou seja, quatro bilhões de dólares, ou pouco menos que um dólar por habitante/ano dos países em desenvolvimento. Essas cifras parecem derrisórias e a comunidade internacional deve ser capaz de aumentar seu esforço. Em contrapartida, porém, os ministérios da saúde não devem continuar sendo os primos pobres quando da distribuição dos orçamentos nacionais, pois a verdade é que o dinheiro dos organismos doadores é por vezes destinado a ministérios de prestígio, ou a operações espetaculares, enquanto a ação social é esquecida.

É um esforço global que é preciso empreender, com a colaboração dos diferentes agentes, a comunidade internacional, os governos dos países envolvidos e as organizações não governamentais (ONGs), a fim de assegurar, da melhor maneira possível, o atendimento dos doentes e a pesquisa terapêutica.

Em muitos países, em particular os mais pobres, um grande esforço de descentralização deve ser realizado. Como a OMS o preconizou, os cuidados primários devem ser desenvolvidos em detrimento de estruturas hospitalares urbanas que só beneficiam um pequeno número. Essa reflexão sobre uma melhor distribuição dos recursos, dos medicamentos (listas nacionais de medicamentos, por exemplo) e de cuidados deve ser levada adiante. Da mesma maneira, a cobertura social em países de renda média deve ser revista, pois beneficia sobretudo as classes médias.

As ONGs desempenharam um papel muito importante e pioneiro na prevenção, na informação, no cuidado e no atendimento dos doentes. Elas atuam *in loco* em função da demanda, ou sobre uma população bem definida.

Em Uganda, a associação Taso reúne voluntários que vão a certas regiões levando atendimento, alimentos, agasalhos. Outras associações fornecem bicicletas para facilitar esses deslocamentos. Outra ainda centra toda sua ação na educação e na informação dos jovens de cinco a 15 anos, "a janela da esperança". A associação americana Wedge faz o mesmo junto a adolescentes no Quênia, no Brasil, na Zâmbia. Na África, foi criada uma associação de mulheres para tentar diminuir sua vulnerabilidade em face dessa doença, tanto antes quanto depois do casamento. Na Tanzânia, o padre Joinet desenvolve uma campanha de prevenção original e adaptada ao contexto local.

As ONGs têm uma eficácia local por vezes maior que a dos programas nacionais; elas podem agir mais facilmente em certas comunidades, como as de prostitutas e as de toxicômanos, por exemplo. Na Tailândia, a associação Empower focalizou sua ação nas prostitutas. Com a ajuda de documentos, jogos, vídeos, ela tenta lhes explicar o risco recíproco do não-uso de preservativos com seus clientes. Isso é importante, pois muitas vezes essas populações são muito infectadas, marginalizadas e os poderes públicos, por razões políticas, não se dispõem a atendê-las. Assim, ocorrem por vezes tensões entre as ONGs e os governos, que se sentem desafiados.

Diante do vulto da epidemia e da insuficiência dos recursos, certas escolhas são necessárias. É preciso poder atender as pessoas que estão doentes hoje, prevenir as infecções oportunistas, em particular a tuberculose, e prever o futuro pela eliminação de novas contaminações.

Na falta de tratamento e de vacina, a prevenção continua sendo a prioridade para limitar a epidemia. Ela passa pela informação e a educação da população no tocante ao HIV e aos meios de precaver-se contra ele, mas, como se observa em todos os países, há um grande descompasso entre o nível de conhecimento e as modificações do comportamento.

É um trabalho de longo fôlego que se precisa empreender. Junto aos homens, para generalizar o uso do preservativo e estimular a limitação do número de parceiras, mas também junto às mulheres, que têm um papel central a desempenhar na prevenção dessa epidemia. Muitas vezes elas se vêem em situações que não lhes dão margem de escolha. Por isso é preciso promover sua educação, sua informação sobre seus corpos e sua sexualidade, para lhes dar melhores chances de se tornarem agentes de prevenção junto tanto a seus parceiros quanto a seus filhos. Essa educação pode ir de par com o controle da fertilidade, sem esquecer que em muitas culturas o poder das mulheres e das tribos está ligado ao número de filhos.

Os espermicidas à base de amônio quaternário, embora tenham certa eficácia para inativar localmente o vírus, irritam a mucosa vaginal. Por isso, poderiam paradoxalmente ter um efeito facilitador da infecção pelo HIV. É preciso portanto desenvolver pesquisas que levem a derivados menos irritantes, mais ativos e de mais amplo espectro, o que os tornaria mais eficazes também contra as outras doenças sexualmente transmissíveis. Assim, eles constituiriam um meio eficaz de prevenção. A OMS apóia ativamente esse tipo de pesquisa.

As crianças e os adolescentes devem igualmente ser informados e educados para evitar a contaminação de amanhã. Em primeiro lugar na escola, mas um número crescente de crianças está deixando de ir à escola por causa da doença dos pais e da precariedade da vida familiar.

Na grande maioria dos casos, os doentes e os soropositivos não recebem atualmente os cuidados apropriados, pois os tratamentos antivirais são muito caros. Conviria ao menos considerar o tratamento das infecções oportunistas para as quais existem medicamentos ativos reconhecidos, e todos os agentes sanitários devem ser parceiros dessas operações destinadas a controlar a boa distribuição dos medicamentos. No conjunto, a pesquisa terapêutica deve se empenhar em encontrar soluções baratas, sem excluir a contribuição das medicinas tradicionais.

Por enquanto, nos países do Terceiro Mundo, os esforços e os programas internacionais estão centrados mais na prevenção e no controle da epidemia que na realidade dos doentes e nos cuidados a lhes fornecer, ao passo que nos países industrializados essa abordagem foi muito importante. Parece, contudo, que, apesar das dificuldades, e em particular do impacto da epidemia sobre o desenvolvimento do continente, há algumas razões para se ter esperança. Os próprios africanos começam a tomar consciência do problema, ao mesmo tempo em que os países ricos parecem resolvidos a ajudá-los. Michael Merson, diretor do programa mundial de luta contra a AIDS da OMS, mostrou que um esforço suplementar de 1,5 a 3 bilhões de dólares por ano permitiria assegurar uma prevenção eficaz nos países em desenvolvimento. Uma verdadeira vontade mundial de frear esse flagelo, de aumentar e conjugar esforços em prol de uma melhor eficácia parece estar se afirmando hoje.

Conclusão

Apesar da gravidade da situação, eu gostaria que o leitor guardasse desse livro uma mensagem de esperança. Sem dúvida estamos condenados a viver com o vírus ainda durante anos, ou mesmo décadas. Mas as condutas de prevenção e a pesquisa podem, desde já, começar a refrear a epidemia, depois detê-la e finalmente erradicar o vírus. Para tanto, é necessária uma tomada de consciência de nossa responsabilidade global no tempo e no espaço.

Há alguns séculos, assistimos a uma mundialização progressiva e universal de uma humanidade em rápida expansão demográfica. A medicina moderna acelerou essa expansão, reduzindo a mortalidade infantil graças às vacinações e ao controle das doenças infecciosas, responsáveis pelas grandes epidemias do passado. Mas, ao dissociar a sexualidade da reprodução, a ciência médica criou também condições para uma liberação sexual aparentemente sem limites. A AIDS está aí para nos lembrar dos riscos de todo excesso.

Não se trata de voltar atrás: os ganhos da ciência moderna são irreversíveis. Mas cabe-nos redescobrir o respeito pelo corpo: o nosso, é claro, mas também o dos outros. Precisamos ser conscientes e ensinar às gerações futuras que, ao nascer, dispomos de um capital biológico, sem dúvida maravilhoso, mas frágil e facilmente reduzido a nada por certos comportamentos que convém, portanto, modificar.

Essa mudança cultural, tão necessária no Norte do planeta, o é ainda mais no Sul, onde a transmissão heterossexual do vírus domina. Ela passa pela educação e por uma valorização dos direitos da mulher, sobretudo o direito de dispor de sua sexualidade. Resta um enorme caminho a percorrer nesse domínio; ele implica provavelmente que certos tabus sejam quebrados, e também que uma mudança do *status* econômico da mulher permita sua emancipação.

Nos países de credo católico, é preciso acabar com a proscrição do preservativo como um dos meios de prevenção. A hierarquia católica deveria refletir sobre suas responsabilidades a esse respeito.

Podemos contribuir para essas mudanças? Sem dúvida alguma, e entre outras coisas por uma ajuda econômica apropriada, pela formação de formadores, de educadores. Com freqüência, as organizações não governamentais (ONGs) demonstram uma ação local muito eficaz e seu trabalho complementa o esforço dos governos, que devem compreender a necessidade de ajudá-las financeiramente.

Uma atitude funesta seria considerar que, uma vez que em nossos países o problema é "suportável", podemos ignorar o que se passa no Sul ou esperar cinicamente que a natureza se encarregue de regular os problemas de superpopulação. Na verdade, a AIDS não regulará coisa alguma, ao contrário. Ao atingir as pessoas mais ativas, os adultos jovens, ela deixará um população de assistidos composta de órfãos e de velhos, agravando os déficits econômicos, desestabilizando a situação política desses países. Por outro lado, cada indivíduo imunodeprimido é um caldo de cultura, permitindo a ressurgência de infecções conhecidas, como a tuberculose, ou a emergência de germes ainda desconhecidos. Essas epidemias secundárias, mal contidas pelos antibióticos, podem se alastrar no mundo inteiro. Além de nosso dever de solidariedade elementar para com as populações desfavorecidas do planeta, nosso interesse bem avisado é igualmente ajudá-las. O que se passa em Kinshasa, em Kampala ou em Kigali nos concerne a todos.

Mas nossas esperanças são também as que vêm da pesquisa. Está ela caminhando nas boas direções? Nossas estruturas atuais estão adaptadas?

Como vimos ao longo deste livro, subsistem muitas incógnitas. Se os espíritos simplistas tivessem razão e a AIDS fosse uma doença viral como as outras, já teríamos uma vacina. Desmontar o mecanismo dessa "longa doença": esta me parece ser a prioridade das prioridades.

Aqui e ali aparecem críticas: a pesquisa sobre a AIDS seria demasiado parcelar, demasiado especializada, demasiado isolada do resto das pesquisas. É verdade que a AIDS é muitas vezes confundida pelos próprios pesquisadores com uma especialidade: a retrolentivirologia. Com excessiva freqüência, talvez, os jovens especialistas carecem de uma cultura biológica geral e se interessam mais pelo vírus, gerador de promoções e créditos, que pelo doente. No entanto, uma descoberta no mecanismo da replicação do vírus pode conduzir a futuros medicamentos. À pesquisa aplicada, que parte do leito do doente, que vai do clínico para o laboratório de campo, deve fazer eco uma pesquisa mais básica.

Por isso, para favorecer as trocas, é necessário trabalhar ali onde a epidemia se encontra e criar laboratórios-observatórios na África, na Ásia. Já existem alguns. Esses centros, de nível igual ao dos laboratórios europeus ou americanos, deveriam também prestar atenção às propostas locais que tenham uma base científica, aos medicamentos tradicionais à base de plantas, por exemplo. Diante de um flagelo como esse, não se deve negligenciar nada, nem os dados empíricos. Por fim, esses laboratórios deveriam poder servir de base logística para os futuros ensaios de vacinas. Pode-se contestar que esse procedimento não tem muito sentido, quando falta tudo nesses países em que grassam a parasitose, a malária, a tuberculose, a desnutrição. Ao contrário, isso poderia ter um efeito de soerguimento sobre as outras infra-estruturas, de tal modo que a luta contra a AIDS sirva de catalisador para políticas sanitárias coerentes.

Os pesquisadores não devem se fechar num gueto científico em nenhuma circunstância. O perigo existe: aos primeiros exploradores do vírus, sucedeu-se um *establishment* poderoso e bem azeitado, organizador de conferências bem balizadas, adaptado a receber e distribuir verbas públicas. Etapa necessária, inevitável, mas que não favorece forçosamente a criatividade. É possível escapar disso de duas maneiras: apoiando-se na pesquisa biológica de base, a que devem ser incorporados pesquisadores de disciplinas diferentes — químicos, físicos e matemáticos —, mas também criando-se várias estruturas concorrentes.

É por isso que a ajuda privada deve constituir uma fonte de financiamento em nível igual ao da ajuda pública. Mais flexível e mais rápida, ela a completará eficazmente. Os muitos doadores que confiam em nós compreenderam isso, e eles nos proporcionam ao mesmo tempo um apoio moral muito precioso. Isso só aumenta as responsabilidades dos pesquisadores e médicos. Tanto mais que a pesquisa sobre a AIDS pode conduzir a descobertas e a progressos imprevistos em outros domínios, para outras doenças infecciosas e imunitárias, doenças nervosas degenerativas (esclerose em placas, doença de Alzheimer), cânceres, doenças auto-imunes e até cardiovasculares.

É falso, portanto, o debate que opõe o esforço de pesquisa consagrado à AIDS àquele exigido pelos outros domínios. Assim como é errôneo opor pesquisa e trabalho de campo. Não esqueçamos jamais que a pesquisa raramente avança em linha reta, tendendo a tomar caminhos imprevistos. Cabe a nós descobrir, e logo, os atalhos!

NOTAS

CAPÍTULO 1

1. Trata-se de bactérias que perdem sua parede rígida, sob a ação da penicilina. Algumas, longe de morrer, continuam a se multiplicar e assumem formas esquisitas. A Sra. Klineberger-Nobel, emigrada da Áustria, chamou-as de "L", de Lister, nome do instituto que a havia acolhido na Inglaterra. Ela descreveu o retorno das bactérias a seu aspecto normal, na ausência de penicilina. Tratava-se de um efeito patológico devido ao antibiótico, ou de um ciclo natural favorecido por este? A questão ainda não está completamente resolvida. Existem também pequenas bactérias sem parede que provavelmente perderam definitivamente a informação genética necessária à fabricação de suas membranas e que foram descritas pela primeira vez em 1898 por dois pasteurianos (Nocard e Roux): trata-se em particular do agente responsável por uma pneumonia da vaca. Outras doenças animais são devidas a esse tipo de bactérias, que foram chamadas *Pleuropneumonia-like organisms*, ou PPLO, e depois rebatizadas de "micoplasmas". Elas são tão pequenas que, tal como os vírus, não são retidas pelos filtros utilizados, por exemplo, para os produtos sanguíneos.

2. Outros trabalhos, realizados na universidade Rockefeller, em Nova York, por Jim Darnell e David Baltimore, iriam confirmar esses resultados sobre um outro vírus a ARN, o da poliomielite. Mas éramos os primeiros, e tive o orgulho de assinar, com Kingsley Sanders, na revista *Nature*, um artigo *princeps* sobre a "forma replicativa" do ARN do vírus da encefalomiocardite do camundongo.

3. Havia dois tipos deles: pequenos vírus a ADN, o polioma do camundongo, ou o SV40 de símios. E também vírus a ARN, na origem de leucemias ou de sarcomas no pinto e nos roedores. Chamados hoje de retrovírus, na época não se conhecia seu modo de replicação.

4. Numa revisão sobre a replicação dos vírus cancerígenos que tive de fazer para o congresso sobre as leucemias comparadas que se realizou nesse ano em Chery-Hill, perto da Filadélfia, considerei explicitamente essa hipótese, entre outras; estive até a ponto de fazer a experiência que teria permitido verificá-la.

5. Eles enviaram seu trabalho à revista *Nature*, mas seu texto só foi publicado um ano depois. Nesse ínterim, com Philippe Vigier, obtive os mesmos resultados, mostrando além disso que o tal ADN viral estava associado ao ADN dos cromossomos, portanto bem integrado. Um de nossos amigos da Califórnia, Marcel Baluda, que passou por nosso laboratório, transmitiu a notícia aos laboratórios americanos, que começaram a acreditar nessa história. Esse resultado completava admiravelmente os trabalhos de Baltimore e Temin.

6. Anteriormente, Alice Goldé e Raymond Latarjet tinham sido os primeiros na França a dissociar, pelas radiações, o gene "câncer" dos outros genes do retrovírus.

7. Só dispúnhamos para isso de meios limitados. O resultado foi um semifracasso. Voltei-me então para as modificações das propriedades das membranas por fosforilação. Com um visitante italiano, Giuseppe Piedimonte, demonstrei uma atividade enzimática considerável, associada à membrana externa das mitocôndrias das células cancerosas. O papel que as mitocôndrias — essas organelas que são as "baterias" energéticas das

células — desempenham no câncer é uma velha história. Ela data dos anos 20, do tempo em que o fisiologista alemão Otto Warburg observou que as mitocôndrias das células cancerosas funcionam mal e que essas células têm tendência a utilizar como fonte de energia uma outra cadeia de transformação da glicose, sem oxigênio, o que lhes permite sobreviver e se multiplicar mesmo quando as condições de vascularização sanguínea — e portanto de oxigenação — são medíocres. Mas essa modificação metabólica será uma causa, como o pensava Warburg, ou uma conseqüência?

8. O nome dado pelos pesquisadores japoneses era ATLV, de *Adult T Leukemia Virus*, mas depois eles aceitaram o nome dado por Robert Gallo.

9. Contrariamente ao que foi relatado por historiadores americanos, Françoise Barré-Sinoussi não trabalhou com Robert Gallo sobre o HTLV e não aprendeu nenhuma das técnicas de cultura de linfócitos T. Ela não teve, aliás, no laboratório de Gallo, nenhum contato com o grupo que trabalhava com o HTLV.

CAPÍTULO 2

1. O sistema imunitário repousa, no homem, sobre órgãos (gânglios, baço, timo, medula óssea) que produzem glóbulos brancos, ou linfócitos, encarregados de defender o organismo contra as agressões exteriores. Os linfócitos T (assim chamados porque dependem do timo) se subdividem em diversos grupos. Os linfócitos T4, em particular, desempenham um papel de regente de orquestra: são eles que estimulam as outras células do sistema imunitário. Os sinais que eles emitem ativam os linfócitos T8, que estão encarregados de matar as células infectadas pelos agentes patogênicos. Eles mobilizam igualmente os linfócitos B, que secretam anticorpos e neutralizam o agente infeccioso.

2. Tumor maligno que afeta os tecidos linfóides, isto é, os órgãos constitutivos do sistema imunitário (gânglios linfáticos, folículos fechados do intestino, baço, timo), produtores de linfócitos.

3. Trata-se de capelas especiais em que uma cortina de circulação de ar impede todo germe ou esporo de entrar ou sair do espaço de manipulação. Não só o operador fica assim protegido de toda contaminação, como também os frascos de cultura de células ou de vírus ficam livres da contaminação que poderia ser causada pelos microorganismos trazidos pelo operador.

4. Os linfócitos do gânglio estão contidos em um estroma bastante duro; é preciso portanto liberá-los por meio de uma pressão de fricção não muito forte para não destruir as células. Para isso, utilizei uma bola de vidro como êmbolo que corria num tubo de vidro: é o homogeneizador de Dounce, em geral utilizado para o preparo de células de tecidos moles, como o fígado. Para favorecer a dissociação, cortei os gânglios em cubinhos com a ajuda de uma tesoura curva. A capela existe até hoje, mas não é mais utilizável, pois a madeira se desconjuntou e ela foi removida para um depósito.

5. Na verdade, hoje sabemos que essa proteína bacteriana, que tem a propriedade de fixar os anticorpos, só é ativante graças a certas impurezas que contém, que são superantígenos. A proteína A produz uma ativação bastante suave, sem aglutinar demais as células, e todos os tipos de linfócitos são ativados.

6. A fonte desse fator, fornecida por Robert Gallo, estava esgotada havia vários meses. Consegui que Didier Fradellizi, que trabalhava no serviço de Jean Dausset no hospital Saint-Louis, me arranjasse esse precioso fator em estado não purificado. Atualmente, a interleucina 2 é obtida em estado purificado a partir de bactérias que contêm o gene humano que codifica para a sua síntese.

7. A adição de soro antiinterferon tinha por objetivo evitar que interferon sintetizado pelos linfócitos impedisse a multiplicação do vírus pesquisado.

8. De fato, os linfócitos de recém-nascidos são isentos de infecções por certos vírus de herpes e mais facilmente transformáveis pelo HTLV que linfócitos de adultos.

9. Uma das três famílias de retrovírus, que compreende igualmente vírus que induzem doenças lentas e não cancerosas no carneiro e na cabra. Um dos mais conhecidos é o vírus Visna do carneiro, que induz uma encefalite nesse animal. Nos anos 50, esse vírus provocou uma epidemia na Islândia.

10. Quanto aos pacientes em fase de AIDS avançada, somente 20 e depois 40% tinham anticorpos detectáveis por esse teste. A porcentagem subiu em abril de 1984, quando passamos a dispor de testes de laboratório mais sensíveis.

11. Nesse mesmo dia, o Institut Pasteur depositou na Europa o primeiro pedido de patente para proteger o teste de diagnóstico da AIDS baseado na detecção de anticorpos anti-LAV.

12. Ao receber esta amostragem, Mika Popovic, do laboratório de R. Gallo, assinou o compromisso de não utiliza-lá para fins comerciais.

13. Para manter um pH neutro dos meios de cultura tamponados por bicarbonato, é necessária uma concentração da ordem de 5% de gás carbônico no ar das incubadoras. Mas para que esse ar carregado de CO_2 circule na vizinhança das culturas, é preciso que estas sejam efetuadas em recipientes não hermeticamente fechados, placas de Petri ou frascos desarrolhados. Disso podem resultar passagens de aerossol entre recipientes, e portanto de vírus. Conhecendo esses inconvenientes, sempre utilizei frascos previamente gaseados durante alguns minutos por uma mistura rica em CO_2, depois hermeticamente tampados. O risco de contaminação fica assim muito diminuído. Mas as culturas de LAI e BRU nem sempre foram feitas nessas condições, especialmente no laboratório do Chermann, que possuía incubadoras com circulação de CO_2.

14. A abreviatura BRU/MT2 significa que se trata da cepa BRU, cultivada sobre linfócitos T e células precursoras de medula óssea após uma segunda passagem.

15. O vírus BRU/MT2 se desenvolveu também nessa linguagem e um perseverante trabalho de dois meses o melhorou. David Klatzmann enriqueceu as células que exprimiam ao máximo a molécula CD4, receptor do vírus. Depois Jacqueline Gruest clonou as células em ágar, cada célula formando uma colônia, cuja capacidade de produzir o vírus foi testada. Com rapidez, clones extremamente produtivos foram enviados à DP, no outono de 1984. Essa linhagem produzia de fato um vírus melhor que a linhagem H9 de Gallo. Além disso, ao contrário desta última, não exprimia moléculas celulares (HLA), que são incorporadas na capa do vírus e podem dar origem a reações de anticorpos falsamente positivas. Posteriormente, o conhecimento dos genes do vírus permitiu fabricar as proteínas do vírus à vontade, por engenharia genética, e chegar à perfeição dos testes de detecção atuais.

16. O grupo californiano de Jay Levy, em São Francisco, tinha também isolado um vírus da AIDS de maneira inteiramente independente da descoberta do LAV-HTLV3, e o seqüenciou ativamente sob a direção de um jovem biólogo molecular, Paul Luciw. No verão de 1984, Paul me telefonou uma noite — eram apenas cinco horas da tarde em São Francisco — e ditou o mapa de restrição de seu vírus. Ele era diferente do par LAV-HTLV3B, reforçando minhas suspeitas quanto à origem do 3B.

17. Simon Wain-Hobson era de origem inglesa.

18. Para desenvolver nosso teste diagnóstico nos Estados Unidos, havíamos escolhido em 1984 a sociedade Genetic Systems, na época uma pequena companhia de biotecnologia de Seattle, fundada por Robert Novinsky. Instaurou-se assim uma colaboração exemplar, que permitiu o desenvolvimento, com peptídios, de testes de detecção mais sensíveis, chamados de segunda geração. Os trabalhos de pesquisa permitiram também a primeira identificação de um anticorpo monoclonal que neutralizava o anel V3, tão importante para a elaboração de uma vacina.

19. O acordo assinado em julho de 1994 foi um arranjo financeiro mais equilibrado em favor do Institut Pasteur, dado o reconhecimento pelas autoridades americanas da utilização abusiva, para fins comerciais, do vírus isolado na França.

CAPÍTULO 3

1. Hervé Guibert, *À l'ami qui ne m'a pas sauvé la vie*, Paris, Gallimard, 1990, p. 15-16, col. "Folio".

2. Trata-se de uma glicoproteína (donde a abreviatura gp), o que significa que ela carrega uma "cabeleira" molecular feita de cadeias à base de açúcares.

3. Em 1993, Ara Hovanessian e seus colaboradores sugeriram que um outro receptor celular, o CD26, poderia ser indispensável para a penetração do HIV nas células: se o CD4 serve de ponto de fixação das partículas virais na célula, o CD26 serviria de porta de entrada. Quando a partícula viral encontra o receptor CD4, ocorre primeiro o reconhecimento do receptor, depois uma fixação muito forte da gp120 numa parte do receptor CD4. Uma outra região da gp120 se fixaria então num outro receptor, o CD26, o que acarretaria uma mudança de conformação da molécula viral.

4. Um estudo britânico recente sugere que a evolução poderia ser mais lenta nos hemofílicos.

5. A tuberculose é causada pelo bacilo de Koch. Segundo a OMS, em 1992, 1,7 bilhão de indivíduos se infectaram com esse bacilo. Nos países industrializados, graças à melhoria das condições de vida e a tratamentos eficazes, sua incidência vinha diminuindo havia 30 anos. Essa tendência se inverteu desde 1985. Na França, 8 a 14% dos sujeitos infectados pelo HIV têm uma tuberculose. A partir de 1988, observou-se uma transmissão nosocomial, isto é, no interior dos serviços hospitalares. O problema da tuberculose está se tornando mais agudo agora em razão do aparecimento de certas cepas de bacilo resistentes aos antibióticos. Na África, onde atinge um aidético em dois, ela constitui geralmente uma forma reativada de uma tuberculose antiga. Desenvolvem-se formas extrapulmonares que não eram mais observadas havia muitos anos. A duração do tratamento antibiótico múltiplo é geralmente de nove meses.

6. A pneumocistose pulmonar se deve ao protozoário *Pneumocystis carinii*. O germe penetra nas células pulmonares e está na origem de uma pneumonia grave.

7. A toxoplasmose se deve ao *Toxoplasma gondii*, protozoário intracelular cujo alvo privilegiado é o cérebro, onde induz abcessos. De maneira menos freqüente, atinge os olhos e o pulmão.

8. O sarcoma de Kaposi continua sendo um tumor de origem e natureza misteriosas. Parece ter como ponto de partida uma proliferação anormal de células endoteliais da parede dos capilares sanguíneos, ligada a uma quantidade anormal dos fatores de crescimento presentes nessas células. A presença muito mais freqüente dessa doença nos homossexuais poderia sugerir que há um fator infeccioso na origem dessa proliferação anormal. Parece que não somente o HIV está em causa, já que pessoas soronegativas também apresentam sarcomas de Kaposi. Ele poderia ser causado por um outro vírus, ou por um micoplasma ainda não identificado. É certo, contudo, que a imunodepressão induzida pelo HIV acarreta proliferações rápidas desse tumor, com localizações viscerais que podem estar na origem de hemorragias mortais.

9. O linfoma é um tumor dos gânglios potencialmente maligno. Na origem de metade dos casos de linfoma B, foi encontrado um agente infeccioso que é um vírus do grupo herpes, chamado vírus de Epstein-Barr (EBV). Em crianças africanas, ele aparece associado a um tumor ganglionar, o tumor de Burkitt. Como todo tumor, passa por várias fases. A fase de proliferação inicial parece ligada à ação direta de genes do

EBV, depois sobrevém uma modificação cromossômica que provoca a superexpressão de um oncogene e a emergência de um clone tumoral muito proliferativo. De fato, a maioria das pessoas tem células desse tipo em alguma parte de seus tecidos celulares, mas sua proliferação é permanentemente reprimida por seu sistema imunitário, sobretudo pelas células citotóxicas T8. É o enfraquecimento dessa defesa, devido indiretamente ao enfraquecimento dos T4 pelo HIV, que acarreta a emergência do tumor.

10. Recentemente, um estudo revelou as particularidades virológicas e imunológicas desses pacientes. Ao que parece, desde a infecção, a replicação viral é bloqueada por uma forte resposta imunitária no nível dos gânglios, com importante participação dos linfócitos T8. O vírus ficaria bloqueado nas células, em estado de latência. Portanto, não se multiplicaria. Essa reação de imunidade celular T8 dependeria da produção de citocinas pelos linfócitos T4 "*helpers*" de tipo 1 (TH1) em relação à dos T4 "*helpers*" de tipo 2 (TH2). A evolução para a doença seria, ao contrário, marcada pela emergência de uma linhagem muito patogênica com taxa de replicação considerável. O equilíbrio entre os TH1 e os TH2 se deslocaria em benefício dos TH2, inibindo a resposta T8 e favorecendo portanto a replicação do vírus e o desenvolvimento da doença. Essas hipóteses sugerem que se deveria fazer tudo para reforçar a imunidade TH1.

CAPÍTULO 4

1. Mirko D. Grmek. *Histoire du SIDA*. Paris, Payot, 1990.

2. A luta contra a toxicomania é regida na França pela lei de 31 de dezembro de 1970, que estabelece o princípio do delito de uso, passível de pena de prisão. A punição do usuário faz dele um clandestino e o impede de ter acesso aos tratamentos. No entanto, se o toxicômano aceita ser tratado num estabelecimento especializado, o procurador da República pode suspender as ações judiciárias. Esse dispositivo, muito contestado por diversas associações, permitiu a muitos usuários de drogas intravenosas entrar em contato com terapeutas. Para avaliar a importância desse passo basta lembrar que, num período de mais de dez anos, 30 a 40% dos toxicômanos conseguem sair da dependência, ao passo que 10 a 20% morrem e 30 a 40% continuam dependentes.

CAPÍTULO 8

1. O único adjuvante cujo uso no homem está autorizado é o hidróxido de alumínio, mas ele confere um poder imunogênico pouco elevado às proteínas virais solúveis. Realizam-se pesquisas para melhorar o suporte que apresentará as proteínas virais, por exemplo, ligando estas últimas a detergentes ou lipídios (lipossomos).

2. A função da proteína Nef, sintetizada na célula infectada mas não na partícula viral, permanece misteriosa. No início, pensamos que ela regulava de maneira negativa a replicação do vírus, daí seu nome, que vem de *negative factor*, pois as cepas virais destituídas do gene *nef* se replicam mais depressa nas células em cultura. Atualmente, porém, pensa-se, ao contrário, que um vírus possuidor de um gene *nef* produz maior quantidade de partículas virais, pois as células infectadas morrem menos rapidamente. Nef impediria a reciclagem do receptor CD4 na superfície da célula e, assim, a reinfecção desta pelas partículas virais já produzidas.

CAPÍTULO 9

1. Molécula dotada de forte poder imunodepressor, especialmente sobre os linfócitos, o que diminui a reação de rejeição do enxerto.

CAPÍTULO 10

1. *Libération*, 27 de outubro de 1987.

2. Há muita confusão a este respeito e recebi dezenas de cartas propondo o aquecimento do sangue para evitar as contaminações. Isso é ignorar que as células vivas têm uma margem de temperatura muito estreita para permanecer viáveis.

3. O caráter hemofílico é transmitido pelo cromossomo X (a mulher é XX e o homem XY), mas é recessivo, o que significa que, se for associado a um X são, é neutralizado e a mulher é portadora e pode transmiti-lo, mas não é doente. Se não for compensado por esse X são, mas por um Y, obtém-se XY, isto é, um menino doente. Um pai hemofílico gera filhos sempre sãos e filhas sempre portadoras. Uma mulher portadora tem uma possibilidade em quatro de gerar uma filha portadora, um filho hemofílico ou um filho e uma filha normais.

4. Os crioprecipitados são preparados a partir de algumas bolsas de plasma. Contêm os fatores anti-hemofílicos, mas também muitas impurezas e só eram utilizados para fins terapêuticos e não profiláticos.

5. Em geral, no caso de doenças infecciosas, a presença de anticorpos numa pessoa é a marca de uma infecção antiga e indica uma proteção contra ela. Por exemplo, quando encontramos anticorpos da rubéola numa mulher grávida, sabemos que ela está imunizada e não a vacinamos.

6. Em 1984, o IPP foi cindido em duas partes, a Diagnostics Pasteur, associada à Sanofi, e a Pasteur Vaccins, associada à Rhône-Poulenc e ao Institut Mérieux.

7. Trata-se de linfócitos B imortalizados pelo vírus de Espstein-Barr, tomados de linhagens tumorais provenientes de linfomas de Burkitt.

8. Uma análise das autorizações de comercialização dos diferentes testes nos Estados Unidos revela que nosso pedido de patente foi depositado em 5 de dezembro de 1983, o de Gallo em 23 de abril de 1984. O serviço de patentes americano concedeu a autorização do teste de Gallo em 28 de maio de 1985, quando o nosso pedido sequer fora examinado. A Genetic Systems, parceira da Diagnostics Pasteur nos Estados Unidos, só obteve licença para comercializar nosso teste nos Estados Unidos em 18 de fevereiro de 1986. Nessa data, já estava claro que o vírus utilizado por Gallo e a Abbott para o teste diagnóstico da AIDS tinha sido o LAV isolado no Institut Pasteur. É preciso observar também que a Abbott, que havia pedido o monopólio dos testes para os bancos de sangue nos Estados Unidos, teve de retirar seu teste do mercado rapidamente para propor um outro de melhor desempenho: além de dar "falsos positivos", o que se sabia, esse teste dava também "falsos negativos", o que é muito grave para um banco de sangue, pois deixa passar produtos contaminados.

9. Na verdade, as doações ao Institut Pasteur quadruplicaram entre 1980 e 1990, para atingir hoje 25% do orçamento (600 milhões de francos), sem contar os *royalties* ligados ao teste de detecção. A direção decidiu, aliás, reduzir a parte desses *royalties* que cabia aos inventores.

BIBLIOGRAFIA

ASPECTOS MÉDICOS

Histoire du SIDA, Payot, Paris, 1900.

Le traitement précoce de l'infection par le VIH, sob a direção de J. Dormont, Flammarion, 1991.

AIDS in the World — A global report, J. Mann, D. Tarantola, Thomas W. Netter. Harvard. 1992.

Cancer, SIDA et société, C. Jasmin, G. Bez, International Council for Global Health Progress. 1992.

Prise en charge des personnes atteintes par le HIV, sob a direção de J. Dormont. Flammarion. 1992.

Sexualité et sciences sociales, organizado por M. Bozon e H. Héridon. INDP PUF. 1993.

Les sciences sociales face au SIDA: cas africains autour de l'exemple ivoirien. J.-P. Dozon e L. Vidal. Orstom. 1993.

Le SIDA en Afrique: Manuel du praticien. P. Piot. B. Kapita. E. Ngugl et al., OMS. Genebra, 1993.

Thérapeutique et pratique du SIDA. L. Belec. Medline. 1993.

Le SIDA. Guide du praticien. B. Hirschel. Médecine. 1993.

Le praticien face au SIDA. S. Kernbaum. Flammarion. 1993.

AIDS E SOCIEDADE

Le SIDA. rumeurs et faits. E. Hirsh. Cerf. 1987.

Les homossexuels et le SIDA. Michael Pollak. A.-M. Métaillié. 1988.

Homossexualité et le SIDA. Groupe de Recherche. GFC. 1991.

Rapport de la Comission d'enquête sur l'état des connaissances scientifiques et les actions menées à l'égard de la transmission du SIDA au cours des dix dernières années en France et à l'étranger. Assembléia Nacional. França. 4 de fevereiro de 1993.

Travail sexuel et drogue. F. R. Ingold. setembro de 1993.

Droit et SIDA — Comparaisons internationales. dirigido por Jacques Foyer e Lucette Khaïat. CNRS Éditions. 1994.

Droit et SIDA. Aides. LGDJ Montchrétien. 1994.

L'Homme contaminé, Jacques Lanversin, Autrement, nº 130, PUF, 1992.

La transmission administrative du SIDA, Michel Massenet, Albin Michel, 1992.

L'Affaire du sang, A.-M. Casteret, La Découverte, 1992.

De l'hémophilie en général et du crime en particulier, Edmond-Luc Henry, Le Pré au Clerc, 1992.

Pouvoirs contre SIDA, de la transfusion sanguine au dépistage: décisions et pratiques en France, Grande-Bretagne et Suède, M. Setbon, Sociologie, Le Seuil, 1993.

Vários artigos das principais revistas especializadas internacionais estão resumidos e comentados em revistas francesas, podendo ser solicitados nos endereços abaixo:

— *Transcriptase*: 192, rue Lecourbe, 75015 Paris.

— *Le Journal du SIDA*: 13, boulevard Rochechouart, 75009 Paris.

— As publicações da associação AIDES: 247, rue de Belleville, 75019 Paris.

Para qualquer informação complementar, em Paris:

— Sida Info Service: telefone: 05.36.66.36

— Centre Régional d'Information et de Prévention du Sida: 192 rue Lecourbe, 75015 Paris, telefone: 53.68.88.88.

Glossário

Ácido aminado ou aminoácido: molécula que contém um grupo amina (NH2) e um grupo ácido (COOH). Conhecem-se 21 ácidos aminados diferentes na matéria viva. Sua ligação permite a síntese das proteínas, mas eles podem também assegurar outras funções.

Ácido nucléico: polímero cujas cadeias são formadas pela união de nucleotídeos. Um nucleotídeo resulta da associação de uma base (púrica ou pirimídica), de um açúcar (ribose ou desoxirribose) e de um radical fosfato. Distinguem-se dois tipos de ácidos nucléicos: os ácidos ribonucléicos, ou ARN (cujo açúcar é uma ribose) e os ácidos desoxirribonucléicos (cujo açúcar é uma desoxirribose).

Adjuvante: substância que aumenta o poder imunogênico das vacinas.

ADN: ácido desoxirribonucléico, constituinte essencial dos cromossomos, suporte da informação genética, existe em geral sob a forma de uma hélice dupla.

Anergia: estado de uma célula do sistema imunitário que a torna incapaz de responder ao estímulo de ativação e portanto de cumprir seu papel.

Anticorpos: proteínas produzidas pelos linfócitos B para responder à presença de antígeno. Os anticorpos têm um importante papel de proteção e de defesa no curso das infecções. Os anticorpos neutralizantes impedem o vírus de se fixar sobre seus alvos.

Antigenemia p24/p25: presença no sangue de uma proteína interna do vírus HIV, indicadora de uma taxa elevada de replicação viral.

Antígeno: substância geralmente presente na superfície de uma célula ou de um microorganismo e que, introduzida num organismo estranho, provoca o aparecimento de um anticorpo específico, capaz de "reconhecer" o antígeno e de se fixar sobre ele e neutralizá-lo ou destruí-lo.

Apoptose: morte programada das células, envolvendo o corte do ADN em pequenos fragmentos por enzimas de origem celular.

ARN: ácido ribonucléico, polímero formado de nucleotídeos cujo açúcar é a ribose. São conhecidos pelo menos quatro espécies: o ARN dos ribossomos, o ARN de transferência, o ARN mensageiro, que desempenha o papel de matriz para a formação das proteínas, e o ARN que constitui o genoma dos vírus a ARN.

Capsídeo: ver vírus.

Catabolismo: degradação das moléculas fornecidas pelos alimentos, geradora de energia.

CD (*Cluster of Differentiation*): proteínas presentes na superfície dos linfócitos, definidas pelos anticorpos específicos que as reconhecem. Há um grande número delas (mais de cem), entre as quais as CD4 e CD8.

Citocinas: proteínas secretadas pelas células do sistema imunitário, que podem agir como fator de crescimento sobre outras células desse sistema, sendo também capazes de, ao contrário, ter um efeito negativo sobre o crescimento ou o funcionamento de certas células.

Citoplasma: parte da célula eucariótica limitada por uma membrana externa e que contém um citoesqueleto, membranas internas, o aparelho de síntese das proteínas e diversas organelas.

Cromossomos: ver ADN.

Doenças oportunistas: doenças que aparecem num ser humano ou num animal cujas defesas imunitárias se tornaram deficientes, e que resultam da ação de agentes infecciosos variados que se aproveitam dessa circunstância para se desenvolverem.

Enzima: proteína que, em pequena quantidade, tem a propriedade de catalisar uma reação bioquímica.

Fagocitose: mecanismo que permite a uma célula, de tipo polinuclear ou macrófago, reconhecer um microorganismo estranho, integrá-lo em seu citoplasma e depois destruí-lo e digeri-lo para finalmente liberar os produtos de degradação.

Fatores de crescimento: proteínas secretadas por células do organismo e capazes de estimular a multiplicação de outras células do mesmo organismo.

Gene: elemento hereditário composto de ácido nucléico e que contém a informação necessária para a síntese de uma proteína.

Genoma: conjunto dos genes presentes na(s) célula(s) de um ser vivo ou no nucleocapsídeo de um vírion ou ainda num provírus.

Hemofilia: doença hemorrágica hereditária ligada ao déficit de um fator de coagulação.

Hibridoma: célula híbrida formada pela fusão de uma célula normal produtora de anticorpos e de uma célula tumoral. O resultado é uma célula que possui certas propriedades dos dois pais: é imortal e produz o mesmo anticorpo que a célula parental.

Interferon: substância produzida pelas células infectadas por um vírus e que possui ação antiviral.

Interleucina: fator de crescimento da família das citocinas; os soropositivos apresentam um déficit de interleucina 2 circulante.

Leucemia: câncer que pode resultar da proliferação anormal de linfócitos B ou T ou de outras células sanguíneas.

Linfócitos B (B de bolsa de Fabricius)**:** classe particular de leucócitos que secretam os anticorpos.

Linfócitos T: classe particular de leucócitos, assim denominados porque dependem do timo. Subdividem-se em vários grupos, entre os quais os linfócitos T4 e T8.

Linfócitos T4: linfócitos auxiliares cujo papel é estimular as células do sistema imunitário.

Linfócitos T8: os linfócitos T8 foram classificados em dois subgrupos: os linfócitos citotóxicos, que reconhecem as células portadoras de antígenos estranhos e as matam, e os linfócitos supressores, que têm por papel modular a multiplicação dos clones linfocitários CD4 e CD8 em reação a um antígeno, para evitar uma disparada do sistema imunitário.

Linfocinas: fatores de crescimento secretados pelos linfócitos especificamente estimulados, que por sua vez regulam outros linfócitos, entre os quais os linfócitos B para os anticorpos e os linfócitos T8 para os linfócitos *killers*.

Linfoma: tumor maligno que afeta os tecidos linfóides, isto é, os órgãos constitutivos do sistema imunitário (gânglios linfáticos, folículos fechados do intestino, baço, timo), que produzem os linfócitos.

Linhagem imortal: cultura de células que se multiplicam ao infinito. No homem, em certas circunstâncias, esse fenômeno está na origem de cânceres em decorrência do fato de que o potencial de multiplicação das células supera as mortes por apoptose.

Metabolismo: conjunto de processos bioenergéticos necessários à manutenção da vida, no nível da célula e do organismo.

Mitocôndrias: organelas presentes no citoplasma das células eucarióticas e que desempenham um papel importante na respiração celular e na síntese dos compostos químicos ricos em energia (ATP). As mitocôndrias são de certo modo as baterias da célula.

Mutação: modificação da informação genética contida num gene por mudança de uma ou mais bases do ácido nucléico.

Nucleotídeo: substância que constitui o ADN e o ARN, formada por um açúcar, uma base (púrica ou pirimídica) e uma molécula de ácido fosfórico.

Oncogene: gene que favorece o aparecimento de tumores.

PCR (*Polymerase Chain Reaction*)**:** técnica que permite amplificar seqüências de ADN viral presentes em pequena quantidade em células infectadas ou no plasma.

Primo-infecção: primeiro contato de um organismo vivo com um agente infeccioso, podendo ou não ser acompanhado de sinais clínicos.

Proteína: molécula biológica composta de cadeias de ácidos aminados. As proteínas são os constituintes essenciais da matéria viva, servindo de elementos de sustentação, de reconhecimento ou de catálise (enzima).

Protozoário: ser vivo constituído por uma única célula. Podemos distinguir dois tipos de protozoários: os que vivem como parasitos, como *Pneumocystis carinii*, e os que são autônomos, como os ciliados que vivem nas águas estagnadas.

Provírus: genoma viral integrado no genoma celular.

Replicação: multiplicação de maneira idêntica de uma molécula, como o ADN, ou de um vírus.

Retrovírus: vírus cujos vírions possuem um genoma formado de ARN e cujo nucleocapsídeo está envolto por uma capa. Para replicar-se, ele precisa de uma enzima específica, a transcriptase reversa, que permite a retrotranscrição do ARN em ADN.

Sarcoma: câncer do tecido conjuntivo, isto é, de um tecido de células que não se tocam e estão separadas por uma substância intercelular.

Sarcoma de Kaposi: afecção cancerosa caracterizada pela multiplicidade de lesões de caráter hemorrágico que podem se manifestar na pele, nas vísceras e nos gânglios.

SIV (*Simian Immunodeficiency Virus*)**:** vírus que infecta os símios. Nos macacos, provoca uma doença semelhante à AIDS do homem. No mangabey e no macaco-verde esse tipo de vírus acarreta uma soroconversão, mas não doença.

Sistema imunitário: repousa, no homem, sobre órgãos (gânglios, baço, timo, medula óssea) que produzem glóbulos brancos, ou leucócitos, encarregados de defender o organismo contra agressões externas.

Soroconversão: aparecimento de anticorpos específicos contra um agente infeccioso no sangue de um sujeito.

Soropositivo: qualifica o estado de um ser humano ou de um animal cujo soro contém anticorpos contra um agente infeccioso. No caso da AIDS, o agente é o HIV.

TNF (*Tumor Necrosis Factor*)**:** fator capaz de destruir células tumorais.

Transcriptase reversa: proteína que permite, no retrovírus, a transcrição do ARN viral em ADN, que, ao se integrar ao genoma da célula hospedeira, constitui o provírus e permite em seguida a produção de novos vírions.

Vírion: partícula viral infecciosa que atingiu a maturidade.

Vírus: agente infeccioso formado de unidades muito simples, chamadas vírions, que comporta um genoma constituído de ácido nucléico (ARN ou ADN) e de uma capa protéica, eventualmente envolta num invólucro membranoso. A capa protéica leva o nome de capsídeo, e o genoma e o capsídeo formam o nucleocapsídeo. Os vírus são parasitos intracelulares absolutos, isto é, só podem se reproduzir parasitando células.